KB039023

한국장애인재단 기획총서 VIII

장애 인문학

Changing Social Attitudes Toward Disability

장애에 대한 사회적 태도의 변화

David Bolt 저 | 전지혜 역

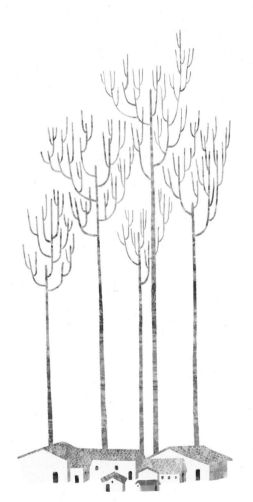

학지사

Changing Social Attitudes Toward Disability:
Perspectives from historical, cultural, and educational studies
by David Bolt

Korean Translation Copyright © **2018** by Hakjisa Publisher, Inc.
The Korean translation rights published by arrangement with
Taylor& Francis Group.

Copyright © 2014 selection and editorial matter David Bolt;
individual chapters, the contributors
Authorized translation from English language edition published by
Routledge, a member of the Taylor & Francis Group.

3

3

한국장애인재단 번역출간사업 기획총서7

발간사

아침저녁으로 쌀쌀하게 불어
오는 바람이 겨울을 실감케 하는
12월입니다. 추운 겨울이 한 사
람, 한사람의 온기로 1도씩 올라
가듯이, 서로의 다름을 인정하
고 다름이 힘이 되는 따뜻한 세
상이 되었으면 합니다. 소소한

추억에 잠기게 되는 이 겨울,『장애 인문학: 장애에 대한 사회적 태
도의 변화』를 탐독하며 인문학적 장애학에 한 발 더 다가갈 수 있기
를 바랍니다.

 2011년부터 시작된 한국장애인재단 번역출간사업은 장애인·
비장애인·학계·장애계 현장에서 모두 유용하게 사용될 수 있
지만 판매수익 우선순위에 밀려 번역되지 못하고 있는 도서를 발
굴·번역·출간하고 있는 사업입니다. 또한, 이를 통해 대중의 장
애 관련 정보접근성을 높이고, 장애 정책, 제도, 인식의 변화를 위
한 학문적 자료로 활용 될 수 있도록 하고 있습니다.

그렇게 지난 6년간 발간된「WHO세계장애보고서(2012년)」,「장애 문화 정체성(2012년)」,「장애인 중심 사회서비스 정책과 실천(2013년)」,「장애인과 전문가의 파트너십(2014년)」에 이어「장애와 사회 그리고 개인(2015년)」총 5권을 발간하게 되었고, 2016년에는 여섯 번째 기획총서인「장애와 재현의 위기: 미학적 불안감」을 발간하게 되었습니다.

이번 기획총서인『장애 인문학: 장애에 대한 사회적 태도의 변화』는 장애 연구에 대한 전통적인 접근뿐만 아니라 문화적 · 교육적 접근을 동시에 취해야 한다는 내용을 다루고 있습니다. 이 책을 통해 모든 사고의 기반이 되는 언어에서부터 장애를 대하는 우리의 태도를 재정의하고, 나아가 다양한 분야에서도 장애에 대한 사회적 태도를 전환하는데 큰 계기가 될 수 있길 바랍니다.

끝으로 일곱 번째 기획총서가 나오기까지 긴 시간 번역에 수고를 아끼지 않으신 전지혜 교수님께 수고의 인사를 드립니다.

앞으로도 한국장애인재단은 인식의 기반이 되는 장애학에 꼭 필요한 우수도서를 번역 · 출간하여 장애인에 대한 인식개선에 앞장서 나가겠습니다. 많은 관심과 격려 부탁드립니다.

2017년 12월 13일
한국장애인재단 이사장
이성규

5

역자 서문

이 책은 장애에 대한 사회적 태도가 역사적·문화적·교육적 관점에서 어떻게 변해 왔고, 현재 왜 중요한 이슈로 삼는지 밝히고 있다. 장애학의 필독서를 번역·진행하면서 의미 있고 소중한 책임을 다시 한번 느꼈고, 무엇보다 좋은 책이 번역되어 나올 수 있도록 기획부터 전반의 일을 추진해 주신 한국장애인재단에 감사드린다.

이 책은 역자의 세 번째 번역서이다. 번역은 할 때마다 어렵고 힘들어서 다시는 하지 말아야겠다고 생각하게 된다. 하지만 한 문장 한 문장 장애에 대한 사회적 태도의 고민과 저자가 서술하고 있는 그들의 역사와 문화 그리고 철학을 알게 되면서 그 가치를 생각하며 다시 힘을 내어 마칠 수 있었다. 또한 번역 작업에 도움을 준 인천대학교 사회복지학과의 윤현용 학생과 김종규 학생에게도 고마움을 전한다. 주변의 지원과 도서의 가치에 대한 공감 덕분에 번역을 마무리할 수 있었다.

사회과학도들에게 이 책이 다소 난해하고 불필요하다고 느껴질지도 모르지만, 다학제간 통합적 연구인 장애학 연구 모델로서 그 의미와 역할이 크다. 장애 관련 연구에서 주로 다루는 장애인에 대한 소득보장, 의료보장, 주거보장, 고용보장, 교육보장, 접근성 보장 등의 이슈와 대등하게 장애 인식 개선은 중요한 국가 정책의 목표가 되어야 한다. 그리고 인식이나 태도의 문제가 문화, 역사, 교육과 연관되어 있기에 일부 난해한 인문학적 수사가 많다고 느껴질 수 있지만, 그 핵심에는 장애인에 대한 사회적 태도 변화를 이끌어 가야 한다는 앞으로의 한국 장애 정책의 방향이 담겨 있다. 때문에 본 역자는 인문학도뿐만 아니라 사회과학도들에게도 이 책을 권한다.

장애인 권리 보장의 역사를 다시 쓴 2000년대 이후 대한민국에서 우리는 법적·제도적인 측면의 장애인 사회참여와 동등한 생활을 위한 하드웨어적인 준비를 마쳤다. 하지만 정말 중요한 것은 장애인을 대하는 사회 구성원 한 사람 한 사람의 마음이며, 그 마음이 장애와 비장애에 대한 차별을 두지 않을 때 비로소 통합적 사회를 구현할 수 있을 것이다. 개인과 개인이 서로에 대한 생각과 태도를 판단하는 것은 해당 사회의 역사와 문화에 깊이 연관되어 있고, 이는 교육이나 방송, 문학이나 영화 예술 작품을 통해 전승되고 확산된다. 이 책이 한국적 코드와 역사와 문화를 다루고 있지는 않지만, 대신 서구 사회에서 어떻게 오늘날 장애인에 대한 태도가 형성되었는지 알 수 있다. 그리고 한국과 크게 다르지 않음을 알 수 있다. 장애에 대한 에이블리즘과 디스에이블리즘으로 대표되는 차별적이고 비정상화된 태도가 우리 사회에서 없어질 수 있도록 이 사회를 재구성하는 일은 우리의 몫이라고 생각한다. 그동안 역사·문화·교육을 통해서 우리가 만들어 온 장애에 대한 잘못된 태도를 이제는 바꿀 차례이다.

다원주의부터 렉시즘에 이르는 수많은 이야기가 이 책에 녹아
있다. 역자는 장애와 비장애의 경계에서, 때로는 서구 사회에서 공
부했던 타자화된 연구자로서의 경험을 바탕으로 이 책의 많은 저
자의 입장과 시각에 공감할 수 있었다. 이 책을 통해 장애학 내지
장애와 사회의 이슈에 관심 있는 독자들도 세상을 보는 눈, 연구하
는 힘을 한층 업그레이드할 수 있을 것이라 생각한다. 마지막으로
다시 한 번 출판사와 한국장애인재단에 감사를 전한다.

2017년 12월 파리에서
전지혜

9

장애 인문학: 장애에 대한 사회적 태도의 변화

국제적으로 그리고 국가적으로 장애인들을 위한 입법이 진행되는 동안에도 장애인들에 대해 만연하고 깊이 배어든 태도와 같은 장벽은 계속해서 존재한다. 이러한 사회적 태도는 부족한 지식에 원인이 있고, 잘못된 고정관념으로 영구화되었으며, 궁극적으로 법률과 정책 변화들도 장애에 대한 태도 변화에 효과적이지 않다.

이 책은 다면적인 장애를 향한 사회적 태도 변화를 탐사할 책으로써 꼭 필요하다. 장애에 대하여 역사적, 문화적 그리고 교육적인 3개의 조사 접근방법을 채택한 이 책은, 장애에 대한 사회적 태도 변화를 기록하고 지지하는 종합적이고 학제간의 접근방법을 제공하고자 했다. 또한 이 분야의 신흥 학자들에 의해 쓰였으며, 학문간 경계의 일부를 깨고 장애가 사회의 모든 측면에서 문제로 인식되고, 모든 형태로 그리고 모든 상황 속에서 독자에게 인식되는 것을 목표로 하고 있다.

사회적 태도를 변화시키는 이러한 다차원인 접근은 교육, 문화 및 장애 연구에서 활동하는 장애 학생 및 연구원, 그리고 장애에 대한 태도를 둘러싼 문제의식을 갖고 의견을 나누는 모든 사람에게 중요한 자료가 될 것이다.

감사의 글

처음 문화적인 면에 초점을 둔 장애연구센터에 대한 생각을 한 것은 랭커스터 대학교 장애연구센터의 명예연구원으로 있었을 때였다. 이 아이디어는 문해 & 문화 장애학 연구지(Journal of Literary and Cultural Disability Studies: JLCDS)의 편집위원들과 의사소통하면서 점차 커졌고, 클레이 바커, 루시 버크, 레너드 데이비스, 댄 구들리, 페트라 쿠퍼스, 리베카 올렛, 로버트 맥루어, 클레어 몰로이, 스튜어트 머리, 아이린 로즈, 카롤 토머스와의 대화를 통해 구체화될 수 있었다.

또한 리아 체인, 피터 클러프, 톰 쿠건, 헤더 커닝햄, 앤-마리 존스, 셜리 포츠, 로라 웨이트와 토니 에드워드, 바트 맥개트릭, 케네스 뉴포트, 제럴드 필라이, 준 윌슨의 지원과 지도에 감사의 마음을 전한다. 본 연구자는 리버풀 호프 대학에서 일을 시작했을 때 장애에 대한 연구에 집중할 수 있었고, 이후에 문화와 장애학 연구 센터(Centre for Culture and Disability Studies: CCDS)를 세울 수 있었다.

본 연구자가 CCDS의 책임자로서 이 책의 기반을 무엇으로 설정할 것인가에 대한 세미나를 조직하고 참여자를 선발했다. 이 과정에서 본 연구자는 연구 참여자들과 지지자들에게 감사의 뜻을 전하고, 특별히 첫 번째 초청자이자 세미나 서두에서 장애태도에 대한 목소리에 대해 증언한 리즈 크로가 있었다는 사실을 밝히는 바이다. 또한 본 연구자는 이 연구를 추천해 주고 훌륭한 연구계획서를 제출해 줌으로써 본 연구에 대한 격려를 보내 준 제임스 왓슨에게 고마움을 전한다.

연구를 시작하고 5년간 있어 본 연구자는 리버풀 호프 대학의 새로운 연구 동료인 오언 바든, 마리 캐슬린, 제시카 총, 앨런 홉킨슨, 클레리 핀케스에게 많은 도움을 받게 되었다. 또한 보조연구원인 필리파 리드라와 연구에 도움을 준 동료 캐런 도일, 쇼반 가버, 마크 존스, 아일린 캐비나, 크리스 라우리, 재클린 로이드, 크리스틴 패리에게도 많은 도움을 받았다.

책의 편집자로서 본 연구자는 연구를 하는 데 있어 조언과 예시를 제시해 주고 격려를 아끼지 않은 모든 이에게 감사의 마음을 전한다. 태미 바베리, 제임스 버거, 브렌다 조 브루그만, 존슨 추, 시몬 체스, 헬렌 도이치, 짐 페리스, 앤 핑거, 마리아 프라울리, 크리스 개버드, 마틴 할리웰, 다이앤 프라이스 헨들, 마사 스토더드 홈스, 리처드 잉그럼, 앨리슨 카퍼, 데버라 켄트, 조지나 킬리지, 피오나 쿠마리 캠벨 미리앰, 아라 크루멜, 스티븐 쿠시스토, 마돈나 미너, 데이비드 미첼, 마크 모즈먼, 펄리시티 누스바움, 제임스 오버보, 아토 퀘이슨, 캐리 샌달, 수잔 슈베이크, 데이비드 세린, 샤론 스나이더, 앤 발슈미트 그리고 나머지 JLCDS 편집자 분들의 적극적인 도움에 감사의 뜻을 전한다.

또한 이 책을 편집하면서 책에 글을 투고한 분들을 통해 많은 것

13

을 배울 수 있었다. 특히 동료 편집자인 엘리자베스 도널드슨과 줄리아 밀레 로다스, 편집위원인 마이클 베루베, 토마스 쿠르저, 미첼 데이비슨, 로즈메리 갈랜드 톰슨, 신시아 루이에키 윌슨과 토빈 시버를 언급하고 싶다.

이처럼 많은 동료와 친구가 될 수 있었던 건 본 연구자의 행운이다. 이들 중 몇몇은 어렸을 적 친구로 지금까지 친분을 유지하고 있다. 피터 바그넬, 데이비드 커디는 바쁜 회사일에도 불구하고 지속적으로 본 연구자의 방문을 받아들이고 있다.

또한 나의 부모님과 형제인 스테판, 의형제인 게리와 본 연구자의 딸인 니샤에게 특히 감사의 인사를 보내고 싶다. 마지막으로 본 연구자가 한 모든 것은, 특히 사랑하는 아내 하이디의 도움이 있었기에 가능했다. 이에 아내에게 감사함을 전하고 싶다.

들어가는 글
역사적·문화적·교육적 연구의 관점에서

David Bolt

행동에 비해서 태도는 그 문제의 심각성이 과소평가되거나 상대적으로 문제가 되지 않는 것처럼 여겨진다. 하지만 '행동은 말보다 크고, 태도는 행동보다 크다.'라는 문구도 있듯이, 사실 태도와 행동은 본질적으로 연결되어 있다. 따라서 행동이 의미 있는 발현을 하기 전에 장애에 대한 부정적인 사회적 인식이나 태도는 반드시 도전받아야 하고 바뀌어야 한다. 예를 들면, 영국에서 시각장애인이 안내견을 동반하여 식당을 이용하기를 원할 때 이를 거부하는 식당주인이 있다면 이에 법적으로 대항할 수 있다. 하지만 여기서 주목할 점은 법이 있다고 해서 식당 주인이나 관리인이 장애에 대한 부정적 태도를 바꾸지는 않는다는 것이다. 불행히도 이러한 예는 도처에 있으며, 교육, 여가, 적응, 고용 등의 다양한 이슈와 관련하여 감각적 · 인지적 · 신체적 · 정신적 · 학습 및/또는 이동 장애를 진단받은 우리들은 유사 시나리오를 계속해서 경험하게 된다. 장애인이 지속적으로 경험하는 이러한 시나리오들 뒤에는 '태도'의 장벽이 자리 잡고 있다. 그리고 이것은 이후 설명할 변칙적인 실행 사례의 대표적인 예시가 된다. 사실 변화는 우리가 인식하지 못할 정도로 느리게 진행되고 있다(Shakespeare, 2006). 수 세기 동안 사람들은 장애인에 대한 부정적 태도를 지녀 왔고, 그 결과 차별과 편견 어린 행동이 나타났다. 물론 동시에 이것을 해결하기 위한 정책과 법률 입안의 노력도 있었다. 언어, 문화, 교육 그리고 고용 정책의 영역에까지 차별과 부정적 태도를 없애고자 노력해 왔다(Isaac et al., 2010; Harpur, 2012). 이 같은 현상들은 이번 장을 통해 탐구될 것이며, 특히 문학에서 표현된 장애에 대한 사회적 인식, 기타 다른 책에서 다루어진 장애 인식을 예시로 들어 기술하고자 한다.

장애에 대한 조사 연구

장애학 초창기 시절부터 저명한 몇몇 인물들이 장애 연구의 본질에 대해 문제제기를 해 왔다. 이때 주요 문제제기는 연구나 사회 분석을 통해 그간 장애에 대한 사회적 인식이 잘 드러나지 않았다는 점과, 기존 연구는 장애를 장애로 만드는 사회적 관계 속에서 수행되었다는 점이다(Finkelstein, 1980). 왜냐하면 장애를 결핍으로 보는 연구자들은 장애를 개인의 한계 또는 무능력으로 만들 가능성이 있기 때문이다(Harrison, 1995). 장애에 대한 사회적 태도에 대한 지식은 그 지식을 얻게 된 환경적 조건과 분리해서 생각할 수 없으며(Finkelstein, 1980), 어떠한 연구도 실질적으로 정책에 거의 영향을 미치지 않았고 장애인의 삶을 개선하는 데 아무런 기여도 하지 않았다는 점을(Oliver, 1992) 고려해 볼 때 이러한 비판이 가능했다. 당시에 장애 연구는 지식을 둘러싼 환경적 요인과 관계가 없다고 여겨지기도 했고, 장애 그 자체가 사회문제의 최악의 한 부분이라고 여겨지기도 했으며, 이는 점차적으로 장애화로 규정되는 환경을 만들어 낸다고도 여겨졌다.

감사하게도, 앞에서 언급된 비판과 한계의 일부는 연구 조사방법이 다양화되면서 다르게 연구될 수 있다. 1990년대 이전에는 주로 양적인 실증연구에 기반을 두었는데, 다양한 이론적 방법을 받아들인 연구자들은 장애에 대하여 경멸적이고 편협한 태도를 전제했다. 이때의 무수한 태도 연구는 태도와 방법론이라는 단순하지 않은 개념을 단순화한 채 진행했다(Söder, 1990). 그러나 이러한 한계들에도 불구하고, 장애에 대한 사회적 태도가 문화적으로 널리 공유된 가치들이 상충되면서 나타난 결과로 해석되었다(Söder, 1990). 이것은 전제된 태도의 개별성과 고정성을 문제시하고 사회적 이데올로기 간의 연계성을 추적하는 데 도움이 되었다. 게다가, 비록 사회심리학은 전통적으로 평가 척도를 사용해 왔지만, 이후에 질적 연구 방법이 장애에 대해 보다 풍부하고 포괄적인 설명을 제공할 것이라는 주장도 제기되었다(Deal, 2003). 이러한 연구들은 영국의 장애모델에 적용되었다. 이 모델은 장애에 대한 태도에 대해 개인보다는 주변 환경적 요인을 인식하는 데 도움을 주었다.

실제로, 1990년대의 급진적 사회모델에 대한 인식이 커지면서 이 익집단인 정치인, 정책 입안자, 전문 학자들보다도 장애 해방 연구 논의를 찾기 시작한 연구자들에게 추진하는 데 상당한 영향을 미 쳤다(Barnes, 2003). 기존 장애 연구의 주요 관심사와는 별개로 해 방적 연구들은 변화를 위한 투쟁과 직접적인 관련을 맺으면서 정 책에도 영향을 주고 장애인의 삶의 질을 높이는 데에도 기여할 것 이라고 논의되었다.

지난 수십 년 동안 다양하게 다루어졌음에도 불구하고, 장애 연 구가 지니는 문제점들은 여전히 남아 있다. 영국의 경우 장애인에 대한 명확한 조사 데이터가 없고, 효과적인 장애인 조사 연구 방법 도 부족하기 때문에 장애인들을 위한 사회 정의에 관한 논의 수준 이 당사자들을 만족시키지 못하고 있다(Purdam et al., 2008). 한편, 미국에서는 참여 연구, 내담자 기반 연구, 지역사회 상담 등과 같은 우리가 생각할 수 있는 연구 방법론을 점차 많이 사용하고 있는 추 세이다(Snyder & Mitchell, 2006). 그런데 이러한 연구 방법론에는 장 애 연구가 혁파하고자 하는 기존의 구조가 다시 나타날 위험이 있 다. 따라서 이 책은 텍스트 기반 분석을 활용하여 사람 기반 연구 의 한계를 보완하고자 한다(Snyder & Mitchell, 2006). 이러한 연구를 통해 장애화로 인지되는 사회의 산물들이 문화적 텍스트의 읽기를 통해서 더 면밀히 드러날 것이다. 즉, 텍스트 분석은 디스에이블리 즘(disableism) 및 에이블리즘(ableism)과는 관계없이 장애에 대한 사회적 태도를 탐색하는 한 방법을 보여 줄 것이라는 의미이다.

에이블리즘과 디스에이블리즘

영국의 장애 연구에 따르면, 손상, 장애, 배제 등의 이슈와 관련하여 누가 장애인이고, 누가 비장애인인지에 대해 보편적으로 쓰는 언어 표현을 바꾸는 것이 궁극적으로 장애에 대한 전체적인 사회적 태도를 바꾸는 데 필수적이라고 한다(Tregaskis, 2000). 이러한 맥락에서 나는 이 책에서 사용하는 두 가지 중요한 단어에 대해 논의하고자 한다. 첫 번째, 서구의 여러 수많은 학회에서 통용되는 에이블리즘(ableism)은(Campbell, 2008; Bolt et al., 2012; Harpur, 2012) 정상성에 대한 주의를 환기시키기 위해 장애인 당사자들이 사용하는 정치적 용어이다(Davis, 1995). 두 번째, 디스에이블리즘(disableism)은 배제의 이슈에 주목하는 사람들이 사용하는 언어로서(Deal, 2007; Madriaga, 2007), 성차별주의, 인종 차별, 동성애 혐오와 일맥을 같이한다(Thomas, 2004). 이러한 비판적인 개념들은 같은 관념, 즉 동전의 양면의 모습으로 해석할 수도 있다. 에이블리즘은 장애인이 아닌 사람들을 우월하게 취급하는 경향에 주목하고, 한편 디스에이블리즘은 장애인에 대한 어떤 태도와 행동을 의미한다. 즉, 에이블리즘과 디스에이블리즘의 의미 관계는 가부장주의(patriarchy)와 여성혐오행위(misogyny)의 의미 관계로 이해할 수 있다.

이제 우리는 겨우 에이블리즘과 디스에이블리즘을 규정하는 여러 방식을 탐색하는 단계에 와 있다. 가장 명백하게 언어는 어떤 사회가 정의되는 문화의 가장 기본적 측면이라는 점이다. 때문에 우리는 언어를 분석함으로써 사회적 태도의 변화에 대하여 더 많이 배울 수 있다. 예를 들어, 우리가 모두 아는 저널 『장애와 사회』
(1986)가 처음 발간되었을 때, 소제목은 '장애, 불리한 조건 그리고
사회'였다. 1993년에 제목이 수정되었으며, 이는 10년간 발간된 책
이 이끌어 낸 사회 인식의 변화를 의미한다. 한 실증연구에 의하면
'배우는 것을 어려워함 또는 학습장애(learning difficulties)'라는 용
어는 정신적으로 불리한 조건 또는 정신장애(mentally handicapped)
라는 용어보다 조금 더 긍정적인 의미를 내포하고 있다. 한편, 정신
적으로 불리한 조건(mentally handicapped)과 정신적으로 정상 이
하(mentally subnormal)라는 용어에는 차이가 없는 듯하다. 하지만
사람들은 정상 이하라는 용어보다 학습장애라고 할 때 긍정적으로
받아들일 수 있다. 실제로 배우는 것을 어려워하는 새로운 이웃이
있다고 할 때, 그 이웃에 대하여 더 높은 수용성을 보였다(Eayrs et
al., 1993). 이러한 예시를 보면 언어와 문화를 바꾸는 것이 장애인
의 평등을 위한 전쟁의 무기가 될 수 있음을 감지할 수 있고(Hapur,
2012), 이러한 사회적 태도의 변화는 언어학적 개념과 단어의 수정
에서부터 시작될 수 있다.

　하지만 20세기 후반 학계에서는 언어의 문화적 파급력에 의문
을 갖게 되었다. 새로운 용어가 긍정적인 태도를 가져올 거란 생각
에 의심이 생긴 것인데, 이는 새로운 어휘도 결국 편파적인 의미의
변화 없이는 의도한 바와는 다른 의미로 사회에 전파될 수도 있다
는 것이다(Kirtley, 1975). 사실, 문화-교차적이고 역사적 관점에서
파키스탄의 예를 보면 용어도 바꾸고, '비차별'이라는 용어를 만들
었음에도 불구하고 바뀐 단어 안에는 낙인감을 부여하는 의미가 내
포되어 있었다(Miles, 1992). 수많은 심도 깊은 연구들의 결과를 볼

때 (Barnes, 1933; Oliver, 1996; Lunsford, 2006; Rodas, 2009; Vidali, 2010; Bolt, 2014), 용어적인 변화가 사회적 인식을 긍정적으로 변화시킬 수 있다는 생각에 분명한 문제를 제시하고 있다.

언어를 바꾸는 것이 장애에 대한 사회적 태도를 바꾸는 선행조건이라는 전제에 일반적으로 합의가 된다고 하더라도, 이 책에 어떤 용어가 바람직한지에 대해서는 정확히 제시할 수 없는 한계가 있다. 미국과 캐나다 등에서 흔히 사용되는 장애가 있는 사람이라는 용어는 장애를 가지고 있는 사람을 지지하는 사회적 태도와 인식을 바탕으로 한다(Shakespeare, 2006). 하지만 영국의 사회적 모델에서 봤을 때 장애가 있는 사람은 장애인이 사회적으로 장애를 가졌음을 기반으로 만들어진 단어라는 근본적인 한계점을 가진 것으로 생각한다(Barnes & Mercer, 2003; Shakespeare, 2006). 게다가, 국제적으로 장애라는 단어의 의미가 이것저것 복합적이라는 문제점도 있다. 예를 들어, 인도의 경우 불편이라는 용어는 장애에 대한 부정적인 태도(손상, 장애)를 줄여 사용한 언어이다(Rao, 2001). 반면, 일본에서는 과거부터 차별을 인정하고 '불리한 조건' '장애'라는 영어 표현을 그대로 번역하여 사용하고 있다(Valentine. 2002). 우리가 사용하는 장애 관련 언어 표현의 문제는 기본적으로 장애를 표현하는 언어가 비장애인의 관점에서 나왔다는 점이다(장애차별주의자적 언어는 아닐지라도 비장애인이 더 우월하다는 것을 전제한 용어라는 뜻). 장애운동가들과 학계에서는 손상과 장애라는 용어가 분명히 다르다고 새로운 의미로 정의했음에도 일반적인 장애 표현에는 여전히 한계가 있다.

이러한 이슈는 영국이 자기옹호적인 언어를 선호한다는 것과 관런하여 잘 설명했다(Nunkoosing & Haydon-Laurelut, 2011). 영국에 서는 우리 중 다수가 스스로 학습에 어려움이 있는 사람이라고 표현했고, 일부 지역에서는 정신적 장애, 지적 장애, 지적 손상 등의 용어를 학습장애(learning disability)로 대체했다. 만약 저널『장애와 사회』에서 이러한 단어의 용도를 고려했다면 학습장애는 현재 가장 보편화된 장애 용어가 되었을 것이다. 하지만 장애전문가의 개념화 노력에도 불구하고 학습장애는 여전히 많은 사람에게 받아들여지지 않고 있다(Inglis, 2013). 즉, 장애를 자랑스러운 것으로 생각할 수 있다는 점은 받아들여지지 않았고(Harrison, 1995), 오히려 많은 사람에게 학습장애의 용어는 장애인 차별주의로 이해되는 디스에이블리즘을 갖도록 하였다.

그렇지만, 기본적으로 언어는 그 사회속에서 정의되는 고유한 문화적 양상이다. 예를 들어, 광고에 나타난 사회 인식과 실제 우리가 생활하는 사회적 관념의 연관성은 과거에도 수많은 연구자에 의해 확인되었다(Hunt, 1996; Brolley & Anderson, 1986; Barnes, 1991; Panol & McBride, 2001). 한 연구에서는 배움에 어려움이 있는 사람들에 대한 사회적 태도가 자선 광고에서 이들을 부정적으로 표현했기 때문에 이에 대한 영향을 받았을 거란 가설을 세웠다. 그리고 이를 확장시키기 위해 연구원들은 학교 아이들에게 두 개의 MENCAP 포스터(하나는 1980년대, 다른 하나는 1990년대)를 보여주었다(Doddington et al., 1994). 흑백으로 대비된 두 소년의 포스터인데, 한 명은 대학에 가고 한 명은 아무 곳도 갈 곳이 없다는 내용의 오래된 포스터로, 이를 본 아이들은 연민과 죄책감을 느끼될 경향이 높은 것으로 나타났다. 또한 학습장애가 있는 사람들이 그들 스스로를 돌볼 수 없다고 보는 경향이 나타났다. 특히, 이 비판적인 포스터를 보는 것이(Miller et al., 1993; Eayrs et al., 1994) 학교 아이들로 하여금 자선단체에 돈을 기부할지 말지에 관해서는 영향을 미치지 않는 것으로 나타났다. 이는 긍정적인 이미지를 사용한다 하더라도 기부금이 줄어들지 않을 것이라는 점을 시사한다(Doddington et al., 1994). 다시 말해서, 부정적인 연출은 오직 부정적인 태도만을 도출할 뿐이다. 이러한 장애에 대한 부정적 연출과 표현은 인간의 정상성에 대한 찬양을 한다는 점에서 에이블리즘에 기여하고, 손상에 대해 편협하게 의미 표현을 했다는 점에서 디스에이블리즘에도 기여한다.

비록 에이블리즘과 디스에이블리즘이 일반적으로 두 가지 논리로 작용하지만, 인간은 장애인이거나 비장애인이며, 장애에 대한 사회적 태도 속에서 손상으로 인한 계급화가 있는 것도 때로는 분명한 현실이다. 영국 사회 태도 조사(Social Attitude Survey, 2005)에 따르면, 주변 장애인이 자신의 상관이나 법적관계에 있을 때보다 이해관계가 얽혀 있지 않은 이웃으로 있을 때 더 편안함을 느끼고, 이러한 사회적 태도는 소위 말하는 정신적 장애에 대해 더욱 심하게 나타난다(Robinson et al., 2007). 이러한 현상은 이스라엘 학생들의 장애 태도 관련 비교 연구에서도 반복되어 나타난다. 이스라엘 학생들은 그들 스스로 장애인들을 지역사회로부터 배척하기보다는 지지하고 같은 사람이라고 인지한다. 하지만 정신적 장애를 가진 이들을 학습에 장애가 있는 사람들보다 더 배제하려는 경향이 나타났다. 심지어 정신적 장애를 가진 장애인을 더 대하기 힘들고 위협적이라는 인식도 보였다(Schwartz & Armony-Sivan, 2001). 게다가, 연구자들은 장애인 스스로도 다른 유형의 장애인 집단에 대해 서로 대하는 태도가 다르다는 것을 발견했다(Deal, 2003). 즉, 에이블리즘과 디스에이블리즘은 장애인과 비장애인 모두에 의해 유지되고 있으며, 손상의 계급화라는 결과를 초래했다. 그리고 이는 장애에 대한 후진적인 태도가 문화적 상상력에도 깊은 영향을 주었음을 의미한다.

변칙적인 실행
(정책과 입법 이후에도 장벽과 차별은 만연함)

서론에서 비교적 적게 언급된 변칙적인 실행은 장애에 대한 문제 있는 사회적 태도가 심각함을 보여 준다. 때로 어떤 정책과 입법은 급격한 사회 변화와 같이 변화하거나 뒤따라가게 된다. 20세기 말 미국과 영국, 북유럽 국가들에서는 장애인 자녀를 가진 부모들의 장애인 권익 운동이 성공하여 법과 제도, 지원 체계에서 변화를 가져왔으며, 그 결과 많은 장애아동이 소위 일반학교라 불리는 곳에 다닐 수 있게 되었다(de Boer et al., 2010). 이 기간에 사회적 변화에 대한 정책과 법제화가 실행되었고, 이는 장애에 대해 이전보다 덜 차별적으로 생각하도록 했으며, 장애에 대한 일반적 이해라고 할 수 있는 장애 헤게모니의 일부가 되었다(Hyland, 1987). 하지만 최근 역사를 통해 볼 때 항상 긍정적인 결과를 보이지 않는다는 것을 알 수 있다. 20세기 말 영국 1/8의 인구가 장애 범주에 해당하고, 「장애인차별금지법」(1995)이 도입되었음에도 불구하고 서비스

나 시설이 여전히 열악하다는 문제점이 있었다(Chamberlaina, 1998). 정부가 병원에게 장애인 고용에 대한 지침을 주었음에도 병원에서 일하는 장애인 노동자는 여전히 찾아볼 수 없었다(Chamberlaina, 1998). 미국 또한 「미국 장애인법(ADA)」(1990)이 통과되었음에도 여전히 노동 시장에서 장애인을 찾아보기란 쉽지 않았다(Hunt & Hunt, 2004). 게다가, 인도(Cobley, 2013), 이스라엘(Soffer et al., 2010), 한국(Kim & Fox, 2011), 시에라리온(Berghs, 2010), 터키(Bezmez & Yardmc, 2010)와 같은 나라에서도 장애 관련 입법이 발의되었음에도 불구하고 비슷한 문제들이 나타났다. 즉, (장애 차별을 없애고자 하는 무수한 노력들이) 변칙적인 실행 상황을 낳고 있는 것은 공공연하게 나타나는 국제적인 이슈이다.

　그 변칙적인 실행은 너무 광범위하게 나타나고 있어 그 자체로 논의되어야 한다. 그러나 동시에 장애인 관련 정책과 입법이 어떻게 변화해 왔고, 이에 따라서 장애인의 환경과 경험이 어떻게 변화해 왔는지 역사적인 요소를 면밀하게 들여다보는 일은 중요하다(Purdam et al., 2008). 영국 스카우트 협회가 편찬한『20세기 장애에 대한 태도의 변화(changing altitudes toward disability in the twentieth century)』를 보면 조직의 정책 입안자가 다양한 사회적 요인에 영향을 받는다는 것을 알 수 있다. 내전 기간 동안에 국가적 정책이 장애인과 비장애인의 분리를 조장할 때 진보적인 영국 스카우트 협회에서는 장애인의 통합을 이끌어내려고 노력하였다. 하지만 1959년에 분리를 조장하는 법안이 폐지되었을 때, 스카우트 협회에서의 정책은 모순적이게도 학습에 어려움이 있는 사람들을 모든 회원 자격에서 제외시키도록 하여 장애인을 차별하였다(Stevens, 1995).

스카우트가 오히려 역설적으로 장애인과 구성원 간의 분리정책을 실시하기도 한 이러한 사례는 진보적인 정책들이 어떻게 디스에이블리스트에 의해 채택될 수 있었는지 보여 준다.

이러한 변칙적인 실행을 하는 데에는 몇 가지 중요한 이유가 있다고 밝혀졌다. 영국 스카우트 협회의 경우 에이블리스트의 차별 행동의 원인을 그들이 장애인을 치료적 관점으로 봤기 때문이라 판단하였다(Stevens, 1995). 또한 「장애인차별금지법」은 초기 정책 실행단계에서 관련 기관의 모니터링이 없었기 때문에 변칙적 실행이 가능했던 것이다(Barnes & Mercer, 2003). 하지만 우리가 집중해야 할 부분은 미국이 「미국 장애인법(ADA)」를 도입했음에도 잠재적인 고용주와 공동 사업자들이 장애인에 대한 부정적인 태도를 유지하고 있어 정책 시행의 장애물이 된다는 점이다(Hunt & Hunt, 2004). 또한 세기의 전환기까지 모은 수많은 사례 연구는 장애인들이 여전히 사회적 태도에 의해 양산되는 다차원적인 학대에 처해 있다는 것을 보여 주었다(Calderbank, 2000). 핵심은 입법 이후에도 사회환경적인 장벽이 여전히 뿌리 깊게 만연하다는 것이다(Dejong & Lifchez, 1983). 더욱이, 이러한 사회적 태도는 장애 관련 지식의 부족과 거대한 사회적 편견 속에서 기인하였다(Hunt & Hunt, 2004). 이는 이를 해결하기 위한 노력이 없다면 사회적 편견이 장애인들 뒤에 계속해서 남아 있을 것이다.

주목할 것은 장애인의 존재(또는 접촉)가 에이블리스트와 디스에이블리스트의 태도 변화에 있어서 핵심 요소라는 점이다. 예를 들어, 20세기 후기에 봉사자들과 학습에 어려움이 있는 장애인들이 함께한 스페셜 올림픽은 참여자들의 장애 인식에 긍정적인 변화

를 이끌어내는 데 기여했다고 할 수 있다(Roper, 1990). 이러한 역
사적 사실은 영국의 한 병원에서도 관찰되었는데, 로얄 의학 대학
(The Royal College of Physicians)에서 밝혀낸 가장 중요한 사실은 개
인이 장애인에 대해 변화된 태도를 가지고 있으면 곧 이 변화가 학
교 전체로 퍼져 나가게 된다는 것이다(Chamberlaina, 1998). 게다가
장애아동을 두지 않은 학부모들은 장애아동과 비장애아동의 통합
교육에 긍정적인 반응을 보였는데, 이들은 통합교육이 자녀가 자
신과는 '다름'을 경험하고 배울 수 있는 좋은 기회라고 생각하였다
(de Boer et al., 2010). 이러한 예시들과 비슷한 사례들을 종합해 보
면, 장애인과 비장애인과의 접촉이 있었느냐 없었느냐에 따라 장
애인에 대한 인식의 변화가 나타난다는 것을 알 수 있다. 이는 단지
둘 간의 접촉이 부재했기 때문에 변화가 좀처럼 이뤄지지 않았다
는 것을 강조한다. 따라서 접촉이 변화의 핵심이며, 이 책에서 설명
하듯이 이러한 접촉이 없었기 때문에 장애인 차별주의자(에이블리
스트와 디스에이블리스트)들의 태도가 많은 방법으로 유지되고 꾸며
진다는 것을 알 수 있다.

개요

본 연구의 초반부는 우리 사회에서 종종 등한시되는 장애에
대한 태도가 연구의 중요한 부분이라는 것을 보여 준다(Stevens,
1995). 데이비드 도아(David Doat)의 장에서는 선사시대를 바라보
는 다원주의를 다시 돌아보고 자급과 개인의 역량에서 분리할 것

을 제안하며, 사회적·도덕적·문화적 발전의 핵심 조건인 취약성, 상호 의존성을 살펴볼 것이다. 알렉스 탄카드(Alex Tankard)는 과거 서부의 독 홀리데이(Doc Holliday)라는 장애인 총잡이의 사회 인식과 태도가 시간이 흐름으로써 어떻게 변화하였는지 연구하였다. 에멀린 버뎃(Emmeline Burdett)은 인류 역사상 가장 어두운 시기인 나치 독일의 학살 프로그램의 비인간적 태도에 대해 알아볼 것이다. 앨리스 홀(Alice Hall)은 최근 장애 역사에 초점을 맞추고 아프가니스탄에서 부상당한 두 명의 포토 저널리스트인 질스 둘리(Giles Duley)와 조앙 실바(João Silva)의 경험을 바탕으로 사례를 들어 일상에서 신체적 장애에 대한 사회적 태도를 도전적으로 탐구할 것이다. 비슷한 맥락에서 캐서린 프렌더개스트(Catherine Prendergast)의 항정신 약물에 관련된 회고적 실험을 언급하면서 첫 번째 부분을 마무리할 것이다.

확실한 것은 장애해방 연구의 의제가 사회적 가치와 태도가 공유하는 문화적 산물을 피해서는 안 된다는 것이다. 본 연구자가 이와 같은 말을 언급한 것은 표현방법론이 사회적 태도 변화에 대한 이해를 도울 수 있도록 창조적인 방법으로 활용될 수 있기 때문이다. 과거의 한 연구에 따르면, 상당히 기본적인 수준에서 독서를 통해 장애인을 접한 사람은 비장애인을 똑같은 상황에서 접한 것 보다 더 부정적인 감정을 가지고 있는 것으로 나타났다(Vilchinsky et al., 2010). 사회적 태도에 영향을 미치는 이 능력은 장애의 의미에 변화를 대표하는 수단으로서 활용된다. 예를 들어, 영국의 텔레비전은 방송 제작자에게 장애인이 창의성을 가진 주체로서 표현될 수 있게 하는 일종의 가이드라인을 만들어 적용함으로써 장애인과 시청자 간의 사회적 장벽을 무너뜨리는 데 기여했다. 이를 통해 우리는 인종적, 또는 성별보다는 정치적 관심사로서의 장애에 대한 인식이 낮다는 사실을 발견할 수 있다(Sancho, 2003). 대표방법론은 사회적 문화 상징물을 통해 에이블리스트와 디스에이블리스트의 변화 양상과 변화 정도를 탐색해 낼 수 있다. 이러한 이유로 본 연구의 두 번째 부분에서는 사회문화적 표현과 사회적 장애 태도에 영향을 미칠 수 있는 헤게모니의 잠재력에 초점을 맞추고 있다. 2개의 장은 톰 쿠건(Tom Coogan)의 연구와 수 스미스(Sue Smith)의 장애를 입은 영웅에 대한 공상과학소설을 통해 신체장애인에 대한 사회적 태도에 대해 알아보고자 한다. 스텔라 볼라키(Stella Bolaki)의 장에서는 다시 정신분열증에 대한 삶의 기술과 관련하여 패트릭(Patrick)과 헨리 코번(Henry Cockburn)의 회고록을 통해 정신건강 문제를 집중적으로 다룰 예정이다. 장애 문학 연구에서 백인이 가지고 있는 편견을 폴린 에어(Pauline Eyre)를 통해 리부시 모니코바(Libuše Moníková)의 소설에서 장애를 어떻게 표현했는지 다시 한번 돌아보는 장을 두었다. 본 연구자의 장에서는 눈에 보이는 장애에 대한 광고를 문학과 병치하여 비교·분석함으로써 논지를 이어나가고자 한다.

　세 번째 부분에서는 사회적 상황을 조성하는 데 중요한 역할을 담당하는 교육을 반영하고자 한다(Hyland, 1987). 결국, 문화적 상상에 의해 정신건강 문제가 자주 발생하기는 하지만 목적지향적 교육이 정신분열증에 대해 긍정적인 태도를 가지게 하는 데 도움이 된다는 것이 밝혀지기도 하였다(Holmes et al., 1999). 비슷한 사례로 인간발달에 대한 수업을 수강하고 있는 학생들에게 강의 첫

날과 마지막 날에 조사를 실시하였는데, 학생들에게 교과적인 수업과 더불어 과제로 지역에서 다운 증후군을 가지고 있는 사람을 인터뷰하게 한 결과 학생들의 장애에 대한 태도가 긍정적으로 변한 것을 관찰할 수 있었다(Campbell & Gilmore, 2003). 하지만 본 연구에서는 교육에 대해 비판적으로 접근하고자 한다. 앨런 홉킨슨(Alan Hodkinson)은 학교 인트라넷 사이트에서 장애를 없애기 위해 노력하였다. 이러한 우려와 같은 맥락으로 클레리 핀케스(Claire Penketh)의 장에서는 장애인을 위한 특수교육의 요구에 대해 알아보고자 한다. 오언 바든(Owen Barden) 또한 특수교육 요구에 비판적인 견해를 가지고 있다. 그는 장애에 대한 제도적 태도를 설명하기 위해 학습장애인 난독증을 활용하였다. 마지막으로, 마리 캐슬린(Marie Caslin)의 장에서는 현재 영국 교육 제도의 논의 속에 행동적·감정적·사회적 어려움을 겪고 있는 학생을 위한 논의가 없기 때문에 장애의 사회적 태도의 변화는 소망되는 것이 아닌 필수적인 이슈라고 주장했다.

　본 장을 끝마치는 데 있어 본 연구자는 이 책의 전제를 강조해야 할 필요성을 느꼈다. 교육은 문화와 매우 밀접한 관련을 가지고 있으며, 때로는 문화가 사회를 묶을 수 있는 접착제라고도 표현되곤 한다. 따라서 장애에 대한 사회적 태도 변화에 대한 탐구는 장애 연구에 대한 보다 전통적인 접근뿐만 아니라 문화적·교육적 접근을 동시에 취해야 한다. 따라서 본 연구는 역사·문화·교육 연구를 통해 주요 관심사를 옮기는 삼자 구조를 가지고 있다. 이 구조의 다분야성은 각각의 장의 학제적 내용에 의해 강화되며, 장애와 관련하여 변화하는 사회적 태도가 과소평가되어서는 안 된다는 가장 중요한 주장에 궁극적으로 기여한다. 분명 이 같은 논의는 비판적으로 문서화되고 적극적으로 지지되어야 할 것이다. 물론 우리는 장애 태도의 변화가 충분하지 못한다는 것을 깨달을 수 있다. 하지만 장애 태도, 인식의 변화는 사회평등의 길로 나아가는 전제조건임을 잊어서는 안 될 것이다.

참고문헌

Barnes, C. (1991). Discrimination: disabled people and the media. *Contact*, 70, 45–48.

Barnes, C. (1993). Political correctness, language and rights. *Rights Not Charity*, 1(3), 8.

Barnes, C. (2003). What a difference a decade makes: reflections on doing emancipatory'disability research. *Disability and Society*, 18(1), 3–17.

Barnes, C. & Mercer, G. (2003). *Disability*. Cambridge: Polity.

Berghs, M. (2010). Coming to terms with inequality and exploitation in an African state: researching disability in Sierra Leone. *Disability and Society*, 25(7), 861–865.

Bezmez, D., & Yardmc, S. (2010). In search of disability rights: citizenship and Turkish disability organizations. *Disability and Society*, 25(5), 603–615.

Bolt, D. (2014). *The Metanarrative of Blindness: A Re-reading of Twentieth-century Anglophone Writing*. Ann Arbor: University of Michigan Press.

Bolt, D., Rodas, J. M., & Donaldson, E. J. (Eds.) (2012). *The Madwoman and the Blindman: Jane Eyre, Discourse, Disability*. Columbus: Ohio

State University Press.

Brolley, D., & Anderson, S. (1986). Advertising and attitudes. In M. Nagler (Ed.), *Perspectivs on Disability*. Palo Alto: Health Markets Research.

Calderbank, R. (2000). Abuse and disabled people: vulnerability or social indifference? *Disability and Society*. 15(3), 521–534.

Campbell, J., & Gilmore, L. (2003). Changing student teachers'attitudes towards disability and inclusion. *Journal of Intellectual and Developmental Disability*, 28(4), 369–379.

Campbell, F. (2008). Exploring internalised ableism using critical race theory, *Disability and Society*. 23(2), 151–162.

Cobley, D. S. (2013). Towards economic participation: examining the impact of the convention on the rights of persons with disabilities in India. *Disability and Society*, 28(4), 441–455.

Chamberlaina, M. A. (1998). Changing attitudes to disability in hospitals. *The Lancet*, 351, 9105, 771–772.

Davis, L. J. (1995). *Enforcing Normalcy: Disability, Deafness and the Body*. London: Verso.

Deal, M. (2003). Disabled people's attitudes toward other impairment groups: a hierarchy of impairments. *Disability and Society*, 18(7), 897–910.

Deal, M. (2007). Aversive disablism: subtle prejudice toward disabled people. *Disability and Society*, 22(1), 93–107.

de Boer, A., Pijl, S. J., & Minnaert, A. (2010). Attitudes of parents towards inclusive education: a review of the literature. *European Journal of Special Needs Education*, 25(2), 165–181.

DeJong, G., & Lifchez, R. (1983). Physical disability and public policy. *Scientific American*, 248(6), 40–49.

Doddington, K., Jones, R. S. P., & Miller, B. Y. (1994). Are attitudes to

33

people with learning disabilities negatively influenced by charity advertising? *Disability and Society, 9*(2), 207–222.

Eayrs, C. B., Ellis, N., Jones, R. S. P., & Miller, B. Y. (1994). Representations of learning disability in the literature of charity campaigns. In I. Markova & R. Farr (Eds), *Representations of Health, Illness and Handicap.* New York: Harwood Academic.

Eayrs, C. B., Ellis, N., & Jones R. S. P. (1993). Which label? An investigation into the effects of terminology on public perceptions of and attitudes towards people with learning difficulties. *Disability, Handicap and Society, 8*(2), 111–127.

Finkelstein, V. (1980). *Attitudes and Disabled People.* Washington: World Rehabilitation Fund.

Harpur, P. (2012). From disability to ability: changing the phrasing of the Debate. *Disability and Society, 27*(3), 325–337.

Harrison, T. (1995). *Disability: Rights and Wrongs.* Oxford: Lion.

Holmes, P., Corrigan, P. W., Williams, P., Conor, J., & Kubiak, M. A. (1999). Changing attitudes about schizophrenia. *Schizophrenia Bulletin, 25*(3), 447–456.

Hunt, C. S., & Hunt, B. (2004). Changing attitudes toward people with disabilities experimenting with an educational intervention. *Journal of Managerial Issues, 16*(2), 266–280.

Hunt, P. (1966). *Stigma: The Experience of Disability.* London: Geoffrey Chapman.

Hyland, T. (1987). Disability and the moral point of view. *Disability, Handicap and Society, 2*(2), 163–173.

Inglis, P. A. (2013). Reinterpreting learning difficulty: a professional and personal challenge?. *Disability and Society, 28*(3), 423–426.

Isaac, R., Raja, B. W. D., & Ravanan, M. P. (2010). Integrating people with disabilities: their right-our responsibility. *Disability and Society*, 25(5), 627–630.

Kim, K. M., & Fox, M. H. (2011). A comparative examination of disability anti-discrimination legislation in the United States and Korea. *Disability and Society*, 26(3), 269–283.

Kirtley, D. D. (1975). *The Psychology of Blindness*. Chicago: Nelson-Hall.

Lunsford, S. (2006). The debate within: authority and the discourse of blindness. *Journal of Visual Impairment and Blindness*, 100(1), 26–35.

The National Centre for Social Research (2005). *The British Social Attitudes Survey*. London: The National Centre for Social Research.

Madriaga, M. (2007). Enduring disablism: students with dyslexia and their pathways into UK higher education and beyond. *Disability and Society*, 22(4), 399–412.

Miles, M. (1992). Concepts of mental retardation in Pakistan: toward cross-cultural and historical perspectives. *Disability, Handicap and Society*, 7(3), 235–255.

Miller, B. Y., Jones, R. S. P., & Ellis, N. (1993). Group differences in response to charity images of children with Down's Syndrome. *Down's Syndrome Research and Practice*, 1, 118–122.

Nunkoosing, K., & Haydon-Laurelut, M. (2011). Intellectual disabilities, challenging behaviour and referral texts: a critical discourse analysis. *Disability and Society*, 26(4), 405–417.

Oliver, M. (1992). Changing the social relations of research production?. *Disability, Handicap and Society*, 7(2), 101–114.

Oliver, M. (1996). Defining impairment and disability: issues at stake. In C. Barnes & G. Mercer (Eds), *Exploring the Divide: Chronic Illness and Disability*. Leeds: Disability Press.

Panol, Z. S., & McBride, M. (2001). Disability images in print advertising: exploring attitudinal impact issues. *Disability Studies Quarterly*, 21.

Purdam, K., Afkhami, R., Olsen, W., & Thornton, P. (2008). Disability in the UK: measuring equality. *Disability and Society*, 23(1), 53–65.

Rao, S. (2001). A little inconvenience: perspectives of Bengali families of children with disabilities on labelling and inclusion. *Disability and Society*, 16(4), 531–548.

Robinson, C., Martin, J., & Thompson, K. (2007). *Attitudes towards and Perceptions of Disabled People–Findings from a Module Included in the 2005 British Social Attitudes Survey.* Disability Rights Commission.

Rodas, J. M. (2009). On blindness. *Journal of Literary and Cultural Disability Studies*, 3(2), 115–130.

Roper, P. (1990). Changing perceptions through contact, disability. *Handicap and Society*, 5(3), 243–255.

Sancho, J. (2003). *Disabling Prejudice Attitudes towards Disability and its Portrayal on Television*, London: British Broadcasting Corporation, the Broadcasting Standards Commission and the Independent Television Commission.

Schwartz, C., & Armony-Sivan, R. (2001). Students'attitudes to the inclusion of people with disabilities in the community. *Disability and Society*, 16(3), 403–413.

Shakespeare, T. (2006). *Disability Rights and Wrongs.* Oxon: Routledge.

Snyder, S. L., & Mitchell, D. T. (2006). *Cultural Locations of Disability.* Chicago: University of Chicago Press.

Söder, M. (1990). Prejudice or ambivalence? Attitudes toward persons with disabilities. *Disability, Handicap and Society*, 5(3), 227–241.

Soffer, M., Rimmerman, A., Blanck, P., & Hill, E. (2010). Media and the Israeli disability rights legislation: progress or mixed and contradictory images?. *Disability and Society,* 25(6), 687–699.

Stevens, A. (1995). Changing attitudes to disabled people in the Scout Association in Britain (1908–1962): a contribution to a history of disability. *Disability and Society,* 10(3), 281–294.

Thomas, C. (2004). How is disability understood? An examination of sociological approaches. *Disability and Society,* 19(6), 569–583.

Tregaskis, C. (2000). Interviewing non–disabled people about their disability–related attitudes: seeking methodologies. *Disability and Society,* 15(2), 343–353.

Valentine, J. (2002). Naming and narrating disability in Japan. In M. Corker & T. Shakespeare (Eds), *Disability/Postmodernity: Embodying Disability Theory.* London: Continuum.

Vidali, A. (2010). Seeing what we know: disability and theories of metaphor. *Journal of Literary and Cultural Disability Studies,* 4(1), 33–54.

Vilchinsky, N., Findler, L., & Werner, S. (2010). Attitudes toward people with disabilities: the perspective of attachment theory. *Rehabilitation Psychology,* 55(3), 298–306.

차례

Part 1

장애, 태도 그리고 역사

1. 진화와 인간의 독특함

선사 시대, 장애 및 찰스 다윈의 예기치 않은 인류학

데이비드 도아(David Doat)

에이블리스트의 인류학은 진화론의 가장 과학적인 부분에 기반을 둔 학문이다. 이 학문에서 말하는 장애는 결점이 있는 인간으로 취급되고 인류의 진화 과정에서 긍정적인 의미나 기능을 갖지 못한다. 왜냐하면 장애는 진화론자들의 담론에서 제외되거나 우생학자들의 논쟁적 이슈에서 제약이 되는 주제이기 때문이다. 이는 이들의 관점이 장애에 대한 적절치 못한 행동과 태도를 내포하고 있음을 암시한다. 이번 장에서는 찰스 다윈(Charles Darwin)의 저서를 다시 해석함으로써 현대 학계에 깊게 뿌리 내린 사회적 편견을 반박하고, 자연선택설을 주장한 찰스 다윈이 현대의 우생학이나 사회적 다윈주의자를 옹호하는지 아닌지를 명확히 밝혀 보고자 한다. 나는 선사 시대의 인간 무리에서 장애인이 어떻게 생존을 했는지에 대해 초점을 두고 새로운 학제간 연구 분야의 적합성도 주장하고자 한다(Finlay, 1999). 에이블리즘은 과거에 대해 현대에 해석되고 쓰여진 서사이기 때문에 인류 진화의 역사가 어쩌면 인간의 정상성을 덜 강조할지도 모른다는 점에 착안하여 철학적이고 과학적인 선사역사 연구에 초점을 두고자 한다.

과학적 담론을 기반으로 한 에이블리스트의 인류학

우리는 평가와 논의를 거친 현대 연구자들의 인간 진화론에 대해 별다른 의심 없이 받아들이고 있다(Huxley, 1941; Dobzhansky, 1962; Jones et al., 1994; Mayr, 2001; Dunbar, 2004). 특히나 교육적 요소는 언어, 환경 적응, 인간 지능의 발달에 초점을 두었기 때문에 더욱 의심의 여지가 없다고 생각한다(Potts et al., 2010; Roberts, 2011). 그럼에도 불구하고 이러한 많은 이론은 인류의 불완전한 비전으로 평가받고 있다. 왜냐하면 인류의 취약성과 장애에 대한 보편적인 사실을 고려하지 않았기 때문이다.

인류를 구성하는 일부는 장애로 인해 '정상적인 힘'을 잃는 경우에 그로 인한 영향을 받게 된다. 그들은 인류의 성공적 진화에 기여하는 가장 좋은 구성요소를 개발하는 데 하찮고 불필요한 존재로 나타난다. 인간 진화에 대한 현대 과학의 평가는 결론적으로 취약성과 장애는 없어져야 한다고 보고 있다. 기껏해야 장애인들은 자연선택설에 따라 '형편없고 야수 같은' 진화적 단계의 수준에서 값이 매겨지고 있다고 해석될 뿐이다(Monod, 1974; Dawkins, 2006). 존재의 유용성을 진화와 발전의 본질적인 것으로 보는 진화론적 틀에서 장애인 개인에 대한 '중증도'의 '가치'를 입증하는 것은 매우 어렵다. 결국, 에이블리스트의 관점처럼 장애인이 인간의 발전에 아무런 도움이 안 될 거란 해석과 인식이 있는 한 우생학이나 인간 진화에 대한 생각은 장애에 대한 명확한 설명이자 답이 될 수밖에 없다.

경제 및 정치 분야의 학술적 연구에서 일어나는 역동은—이미 강조되어 왔듯이(Kittay, 1999; Nussbaum, 2006)—생물학 및 진화론 분야에서도 그대로 일어난다. 인간을 독립적 개체로 보는 것이다. 진화론자들이 재해석한 과거의 연구에서 에이블리스트의 특성을 관찰할 수 있다(Finlay, 1999; Le Pichon, 2007). 인간은 합리적 이익을 따르는 자발적인 존재이며, 인간관계는 이러한 인간의 규범적인 이해와 모든 인지 및 신체 능력을 이미 보유하고 있다는 것을 전제조건으로 한다. 이것은 진화론적 윤리설, 게임 이론 등으로부터 나온 인류학적 가정으로, 수학적·경제적인 모델링의 범위에서 인간의 이기적인 행동, 이타적인 행동을 모두 설명하기 위해 포함된 조건이다(Sober & Wilson, 1999; Bowles & Gintis, 2013). 인간사회에서의 이러한 유형의 모델링을 보면 일상 속에서 사회적 의존을 경험하는 개인이나 사례를 관찰하기가 매우 어렵다. 이타주의는 생존을 위해 고군분투하는 '자기-지지자' 개인(또는 그룹) 간에 발생한 것이라고 해석된다.

이러한 인류학적 편견 아래 항상 취약하거나 장애를 가진 이들은 고려되지 않았다. 우리는 이론적으로 '최선의' 해석을 해 온 에이블리스트의 모델을 꼼꼼히 살펴볼 것이다. 인간의 취약성과 장애를 인류학적 및 진화론적 관심으로부터 배제함으로써 일부 학자들(Rachels, 1991; Singer, 2011)은 인간이 존재론적으로 독립적이라는 철학적 허위에 과학적이고 윤리적인 틀을 씌워 자신의 주장에 설득력을 얻으려 하고 있다(즉, 일부 사람들이 '협력은 상호의존이다'라고 주장했던 것을 단순히 선천적으로 독립적이고 이성적인 개인들 간의 상호적이고 자발적인 협력으로 본 것이다).

찰스 다윈의 업적을 보는 새로운 시각: 고릴라 같은 인간?

진화론과 철학적인 인간을 중요하게 생각하는 현대 인류학의 지배적인 시각으로 인해 인간의 취약성과 장애는 진화론의 역사 속에서 중요하지 않은 요소로 남겨져 왔다. 19세기와 20세기의 '퇴보(degeneration)' 개념에 대한 관심이 보여 주듯이, 학계에서는 일부 개인의 적응 능력 부족이 인간 사회의 진보적 발전을 방해할 수 있다고 생각했다. 이러한 두려움의 반응으로 19세기에는 다윈의 이론에 기초한 많은 우생학적 정책이 탄생하게 되었다(Stiker, 1999). 하지만 현대 생물학의 설립자는 이러한 모든 이론을 완전히 받아들이지 않았다. 비록 그는 당시의 부르주아-자유주의 문화에 영향을 받았지만, 사회에서 취약한 구성원들의 재생산을 거부하거나 장애를 가진 구성원들의 재생산을 낙담시키려는 구체적인 제안들이 오히려 다윈이라는 사람을 비인간적이고 도덕적으로 의심받게 만들었다(Paul, 2003: 233). 사실, 그의 인류학적 가정을 살펴보면 다윈은 '약점' '힘' '능력' 등의 개념과 관련하여 자연과 인류의 취약성을 이미 인식하고 있음을 알 수 있다(Tort, 2001; Paul and Moore, 2010). 따라서 당시 우생학자들과는 달리 다윈은 장애인을 '돌보는 것'이 인간 집단에서 무의미하거나 불리한 행동이 아니라는 철학적이고 과학적인 이유를 제시하였다.

다윈의 철학적 인류학은 사회적 다윈주의, 유전학, 사회-생물학과 근본적으로 다르다. 우생학의 창시자 프란시스 갈톤(Francis Galton)은 다윈의 사촌이다. 하지만 다윈과 그가 나눴던 사적인 편지와 공적인 서적 모두 다윈이 그의 사촌의 생각과는 완전히 다르다는 것을 보여 준다(Tort, 2008). 이러한 이유는 바로 다윈의 인류학이 인간의 취약함을 인정하고 있기 때문이다. 다윈은 개인의 자발성을 주장하기보다 사회인지적인 발달과 도덕적인 감각을 다루는 '공동체 선택' 이론을 발전시켰다(Richards, 2003: 101-109). 이 이론은 인간의 취약성을 날카롭게 인식하는 것과 사회 속 인간의 상호의존성의 관계의 균형에 기여하는 합리적인 과정에 기반을 두고 있다.

『종의 기원』의 출판 20년 후, 다윈은 인류가 그들의 본래 형태의 '연약함' 없이는 훌륭한 정신적 능력을 발전시키지 못해 왔을 거라는 인간의 유래를 주장하였다. 다윈은 인간이 고릴라나 원숭이에서 진정으로 유래되었는지 의심하였고, 인간의 유래에서 다음과 같이 적었다.

신체적인 크기나 힘에 관련하여 인간이 침팬지와 같은 작은 종에서 유래한 것인지, 고릴라만큼 강력한 것에서 유래한 것인지 우리는 알지 못한다. 즉, 우리는 인간이 그의 조상보다 크고 강해졌는지, 더 작고 약해졌는지 여부를 말할 수 없다. 하지만 우리가 고릴라처럼 스스로를 모든 적으로부터 지킬 수 있는 큰 덩치에 힘이 세고 흉포한 동물이었다면 아마 사회화가 되지 않았을 것이다. 그리고 이것은 동정이나 사랑과 같은 높은 수준의 정신적 소양에서 가장 두드러지게 나타났다. 따라서 인간이 다른 동물에 비해 비교적 약한 생물체로부터 나타난 것은 엄청난 이점이었을 것이다. 인간은 스스로를 강한 적들로부터 자신의 신체를 지킬 정도로 강하지는 않지만, 사회성을 가진 동물이기를 원했다. 이것은 인간이 그들 스스로 무기, 도구를 만드는 것과 같은 지적 능력을 활용해 동료와 도움을 주고받는 사회적 자질의 균형을 이루는 것 이상의 의미를 지닌다.

(Darwin, 1874: 63-64)

다윈 전문가 패트릭 토트(Patrick Tort)는 다윈이 주장한 것처럼 방어 본능과 같은 고릴라의 힘이 사회화의 걸림돌이 되는지, 또 사회화가 정신적으로 인간과 비슷한 성향을 갖는지를 관찰하였다(Tort, 2008). 인간의 취약성은 위험에 직면한 인간들을 서로 동맹하게 하는 이점으로 나타난다. 이것은 협력과 상호 원조를 요구한다(Tort, 2008). 또한 인간의 취약성은 자신을 방어할 수 없는 상태를 가정함으로써 인간의 지능 발전에 기여하였다. 즉, 다윈은 진화론적 승리가 오직 높은 인지적 능력, 문화 기술 또는 언어에 의한 것이라고 보지 않았다. 또한 이는 사회보장이 인류의 취약성, 상호 의존성 성향과 반드시 연관되어 있음을 보여 준다(Finkelstein, 1998: 28).

실용주의의 창립자 중 한 명인 존 듀이(John Dewey)는 이 주제에 대해 흥미로운 진화론적 논의를 제안했다.

우리는 생존에 취약한 대상들을 어떻게 보호했는지에 대해 의문이 생길 때 초기 사회 집단의 지도자를 예시로 들 수 있다. 이 초기 사회의 지도자는 다른 집단과의 존재를 위한 투쟁 속에서 생존에 취약하고 나이 든 집단에게 이점을 주기 위해 존재했다. 이러한 맥락에서 우리는 다음과 같이 생각해 볼 수 있다. '아니, 우리는 이러한 이점을 지키기 위해 취약 계층을 보호해 왔다. 사회적 취약 계층이 자원을 추가로 소모하고 사회를 유지시키기 위해 다른 구성원에게 추가적인 세금이 부과되는 것은 사실이다. 하지만 우리가 이들을 돌볼 때 우리는 선견지명과 예지력, 보다 성숙한 사회를 발전시킬 수 있을 것이다. 이를 통해 우리는 집단의 충성도와 연대감을 기를 수 있고, 이는 공동체 의식을 강화시켜 우리 모두를 한 사회에 묶어 줄 것이며, 모든 사회 구성원을 돌보는 것을 통해 그간 경험하지 못한 새로운 사회적 위협으로부터 우리를 견딜 수 있게 할 것이다.' 한마디로 이러한 행위는 도덕적으로 칭찬받을 수 있을 뿐만 아니라, 존재를 위한 투쟁에 긍정적인 기여를 한다. 만약 집단이 비상사태를 조정할 수 있는 방법을 찾으면 아무도 이 연설의 논리를 부정할 수 없을 것이다. 의존 기간의 연장뿐만 아

니라 이러한 형태의 사회적 발전은 지능적 예지력 및 계획성
의 증가와 사회 통합의 진보를 의미한다. 누가 이러한 사실들
을 존재를 위한 투쟁의 긍정적인 도구가 아니라 하며, 이러한
힘을 추구하고 요구하는 사람들이 '생존하기에 적합한 사람들'
중에 있지 않다고 이야기할 수 있을 것인가?

(Dewey, 1898: 326)

여기서 말하는 '덜 유능한 인간'이란 인간의 취약성, 상호 의존
성, 또는 상호 간의 돌봄 행위에 주의를 기울이지 않는 인간과 일치
한다. 또 앞서 언급한 '돌봄'은 돌봄을 받는 사람과 제공하는 사람
사이의 관계가 서로 균형을 이뤄야 함을 가정한다. 이와 관련하여
데이비드 볼트는 다음과 같이 썼다. '장애인이 비장애인에게 의존
한다는 인식이 있지만, 비장애인 돌봄 제공자와 장애인 수급자 간
의 구별을 모호하게 하는 많은 문학에서 묘사된 바와 같이 그 반대
의 경우도 종종 발생한다'(Bolt, 2008: para. 11). 한편, '돌봄 행위'는
'치료 행위'와 반드시 구별되어야 한다. 왜냐하면 돌봄 행위는 의학
분야에만 한정된 것이 아니기 때문이다. 실제로 양육, 사회 교육 개
발, 전문 분야 활동, 종교 및 문화적 요소, 정치, 우정 등은 인간 사
이에 다른 돌봄의 관계를 암시한다. 보다 광범위하게 보면 돌봄은
필요(욕구)를 충족시키고 우리 자신과 다른 사람들의 세상을 유지
하는 것과 관련된 신체적인 잠재력이다. 이는 '인간이 번영과 성장
을 추구하는 생물이지만 인류의 상호 연관성과 상호 의존성도 인
정하고 있다는 것이다'(Hamington, 2004: 3). 돌봄은 '개인이 그들의
욕구를 충족시키고, 능력을 개발하거나 유지하며, 불필요하거나

원치 않는 고통과 고통을 피하거나 완화하도록 돕는 우리가 하는 모든 것을 포함하는 인간의 행동으로 정의될 수 있다. 또한 이러한 돌봄을 통해 장애인이 사회에서 생존하고 발전하며 기능할 수 있게 한다'(Engster, 2007: 28).

우생학 이론과는 반대로 다윈의 인류학에 대한 새로운 해석은 사회가 결함이 있는 취약한 구성원을 제거함으로써 진화해왔다는 생각을 부정하고 있다. 실제로 우리의 힘뿐만 아니라 한계와 불완전함 또한 우리를 진보할 수 있게 만들기 때문이다. 진화는 우리를 특별하게 만든 연약함에 대해 관계적이고 합리적인 보상이다. 이러한 인류학에 대한 가설은 다윈의 다음과 같은 언급에 잘 표현되어 있다.

> 우리는 문명화된 사람들이다 ⋯ 제거 과정을 점검하기 위해 최선을 다하라. 우리는 마비된 자, 불구가 된 자, 병든 자를 위해 보호시설을 지었다. 빈민법을 제정하였다. 그리고 우리의 의료인은 마지막 순간까지 모든 사람의 목숨을 구하기 위해 최선을 다할 것이다.
>
> (Darwin, 1874: 133)

이때 '치료적 대상'과 '수혜적 대상'이라는 시대에 뒤떨어진 요소가 다소 내포되어 있지만, 중요한 것은 현대 생물학의 설립자가 열생학(Tort, 2008: 86)[1]을 주장했다는 것이다. 실제로 인간발달을 통

---

1) 역자: 열생학(dysgenics)은 자연상태에서 소멸될 운명을 가진 개체가 특별한 보호를 받기 위하여 집단 속에 축적되는 상태를 말한다.

해 널리 알려진 요인들에 따라 다윈은 다음과 같이 덧붙였다.

> 그렇기에 우리는 약한 이들의 생존과 번식의 필연적인 나쁜 영향을 견뎌야 한다(다윈은 종의 '퇴보'에 관한 우생학 이론의 개념을 언급하고 있다). 왜냐하면 '우리 본성의 고귀한 부분에 변질 없이 경제적 이슈와 관련된 어려운 이유에 연관되어 있음에도 불구하고 장애인을 향한 인간의 동정이 있기 때문이다'.
>
> (Darwin, 1874: 134)

여기서 말하는 '우리 본성의 고귀한 부분'은 본질적인 인간성에 의해 요구되는 동정과 돌봄의 행동과 함께 인간의 취약함과 불완전함의 형태를 말한다. 이것이 바로 불완전하고 연약한 몸을 가진 장애인이 모든 인간의 역사 속에서 상징적인 의미로 드러나는 윤리적 · 존재론적 힘을 가지고 있는가에 대한 이유이다.

인류에 대한 이 '포괄적인' 비전에서는 취약한 존재(장애로 인해 비난받을 수 있는 사람)와 강력한 개인(장애인 및 비장애인 모두) 사이에 더 이상 정당한 격차는 없다. 19세기와 20세기에 우생학 정책을 끌어낸 이러한 이분법은 현대적이고 기능적이며 자율적인 주체가 자신의 진정한 힘이 취약성과 개방성에 뿌리를 두고 있음을 잊어버렸을 때 강조되고는 한다.

> 다른 동물들에 비교하였을 때 인간이 가진 불완전성은 짐이 아니라 우리를 인간으로 만드는 필수적인 특징 중 하나로 여겨질 수 있다. 이런 관점에서 장애인은 가장 인간다운 존재이

다. 장애인을 비장애인 무리로부터 배제하는 것은 비인간적인 행위일 뿐만 아니라, '장애화'로 논의되는 소수의 지식과 '정상성'과 관련된 대중의 지식 사이의 틈새를 만들어 인류를 이해하는 데 걸림돌이 되는 교육적 장벽을 만들어 내게 된다.

(Finkelstein, 1998: 29)

즉, 만약 우리가 인간의 사회성을 포함한 진화 과정에 대한 이해를 더욱 높이고자 한다면 우리는 대다수 인구가 생산적이고 안전하며, 자급자족할 수 있다는 고전적 가정을 이해해야 한다(Dettwyler, 1991). 이 가정은 의존성과 약점이 인간 공동체 속에 있는 '가장자리' 범주에 속한 특성이라는 것을 의미한다. 또한 인간의 복잡성을 비장애인과 장애인, 강한 사람과 약한 사람, 생산적인 사람과 그렇지 못한 사람처럼 고정된 두 집단으로 사상적으로 축소시키는 또 다른 공식을 말해 주기도 한다. 이러한 사상적 구분 때문에 20세기에 진화론자에 의해 발표된 연구들을 보면 장애인들은 사회에 기여하지 않는다는 현대 서구 사회에 흔한 편견을 전제로 한 경우가 일반적이었다. 당시 과학자들(Solecki, 1971; Gould, 1988; Trinkaus & Shipman, 1993; Vilos, 2011; Gorman, 2012)에 의하면 장애인은 오직 비장애인의 온정 덕분에 살아남은 것이라 한다.

이 같은 관점과는 반대로 장애 연구, 페미니스트 연구와 같은 포스트모더니즘 접근법에서는(Finlie lstein, 1998; kittay, 1999; Hamington, 2004 참조) 인간 집단에서의 연속되는 의존성은 항상 '중간 지점'을 목표로 하고 있으며, 따라서 '과도하게 의존하거나 독립하는 것은 미신'이라 지적하였다(Bolt, 2014: 65). 왜냐하면 인간 집단에는 가장 적게 또는 가장 많이 의존하는 다양한 인간이 모두 같은 집단에 속해 있다는 인류학적 연속성 때문이다. 즉, 우리는 고전적 가정을 바꾸어 장애가 있거나, 있다고 해도 임시적이거나, 일시적이거나, 영구적이거나 모든 사람이 인간 구성원이라고 생각해야 한다. 결론적으로 사회적 상호의존성과 돌봄은 인류에게 항상 존재해 왔던 사실이다.

톰 셰익스피어(Tom Shakespeare)에 따르면 "생명의 위기는 더 많은 사람을 손상시켰을 수 있다. … 손상과 제약은 삶에 있어 '고약하고 잔인하고 짧음'을 의미한다. 그러므로 신체적으로 건강한 사람과 장애인 간의 구분이라는 우리들의 개념은 개정될 필요가 있다"(Shakespeare, 1999: 101). 이것은 현대 진화론자들이 가정하는 장애의 의미보다 좀 더 포괄적인 철학적 인류학의 시선에 초점을 맞춰 장애의 의미를 새로 정립해야 한다는 것을 의미한다.

고고학적 · 병리학적 발견: 인간 진화에 대한 새로운 시각

선사 시대의 장애인의 상황에 대한 관심은 고고학과 병리학의 진보와 함께 시작되었다(Finlay, 1999). 이 새로운 연구 분야는 우생학에 대한 다윈의 입장을 더 잘 이해하기 위해 본 연구자가 이 장에서 채택한 '포괄적인' 인류학에 대한 경험적인 주장일지도 모른다. 실제로 정상적인 기능에 어려움이 있는 장애를 가지고 있는 장애인에 대한 병리학적 증거가 선사 시대 유적에서 다수 발굴되고 있다(Ortner, 2003). 이러한 경험적 발견은 선사 시대 인간집단에서 나타난 장애인과 비장애인과의 상징적인 관계를 포함한 인류, 인간화, 사회적 돌봄이 서로 상관관계가 있음을 보여 준다.

　이러한 상관관계 속 첫 번째 단서는 랄프 솔레키(Ralph Solecki, 1971)가 이라크의 자그로스 산 속 동굴에서 찾은 발견으로 매우 유명하다. 솔레키가『샤니다르, 최초의 꽃의 사람들(Shanidar, The First Flower People)』라고 이름 붙인 그의 책에서 최초의 병리학적 발견을 공론화시켰을 때 그의 선사 시대의 장애에 관한 포괄적인 태도에 대해 많은 과학자가 강한 의구심을 표현하였다(Le Pichon, 2009: paragraph 17). 그때부터 선사 시대에도 장애인을 돌보는 일이 예외가 아니었다는 것이 입증되어 왔다(Hublin, 2009). 실제로 유골과 유적 분석을 통해 오늘날 많은 고고학자와 병리학자들은 돌봄(caring practices)이 10,000년도 더 넘게 존재해 왔음을 인정하고 있다(Berkson, 2004). 그 말은 호모 사피언스의 진화 이전부터 비록 장애인의 배제가 특징적으로 나타나고 있지만, 장애에 대해 보상하려는 포괄적인 반응 또한 인간 사회 속에 존재해 왔다는 것을 의미한다.

　병리학적 유적은 선사 시대의 장애와 관련하여 가장 중요한 문제를 제기하고 있으며, 고고학과 장애 연구에 참여한 학자들은 이 문제에 대하여 신중하게 조사해야 한다(Southwell-Wright, 2013). 이에 대하여 셰익스피어는 다음과 같이 적었다.

　　고고학자들이 장애가 언제부터 존재했는지에 대한 질문에 직면하고, 고고학의 관행과 역사적 · 비역사적 기록을 모두 조사하기 시작한 것은 시기적절하고 고무적이다. 여기서 가장 흥미로운 것은 과학과 인문학 사이에 놓여있는 고고학의 역할이다. 장애학은 장애화에 대한 지배적인 의료적 접근법으로부터도 구별되면서 발전하였고, 해부학, 생리학 및 병리학의 이슈에도 크게 집중했다. 한편, 고고학은 인간 몸의 문제를 시간에 따라 재검토하고, 몸의 이슈를 사회문화적 논의와 연결시킬 수 있는 능력이 있다. 이것은 기회이기도 하고 위기이기도 하다.

(Shakespeare, 1999: 99-100)

실제로, 장애학 학자와 병리학자, 고고학자들은 많은 도전에 직면해야 한다. 뼈의 기록을 살펴볼 때 '비정상'으로 진단한 것은 개인 또는 집단에서 삶을 사는 데 어려운 장애로 정의될 수 있다(Roberts, 1999: 81). 고고학자 크리스토퍼(Christopher)는 다음과 같이 이야기했다. "우리는 장애의 정의와 장애에 대한 반응이 과거에서뿐만 아니라 현재의 집단 사이에서도 매우 다를 것임을 염두에 두어야 한다"(Knüsel, 1993: 32). 생각해 보면 선사 시대에서는 난독증이 장애였을 리가 없다. 게다가 행동이 화석화되지 않기 때문에 선사 시대 사람들이 장애에 대해 어떻게 행동해 왔는지 진단해 볼 수 있는 경험적 자료가 적다. 예를 들어, '희생양'으로 대우하기 위해 죽지 않도록 장애인을 돌보는 일은 병리학적 자료로 명확히 파악할 수 없다(Dettwyler, 1991). 물증은 '질병이나 외상의 영향을 보여 주는 것이 가능하지만, 그것만으로 결정적으로 사람의 삶의 문화나 사회의 단면을 보여 줄 수는 없다'(Metzler, 1999: 64). 마지막으로 현재의 장애 인식을 고려하는 방법이 유용할 수도 있는 반면

(Roberts, 2013), 현대 연구자들의 개념과 인식은 시간이 지남에 따라 상당히 변할지도 모르는 상황에서 그들의 생각으로 과거를 유추하는 것은 한계가 있을 수 있다(Roberts, 1999: 81). 모든 어려움에도 과거와 현재의 장애를 연결할 수 있는 현대 문학은 흥미로운 장애 문제와 역설의 일부를 밝혀 낼 수 있고, 더 많은 연구와 학문을 위해 상당한 역할을 담당할 수 있다'(Shakespeare, 1999: 101).

결론:
공동체의 사회적 믿음을 변형시키는 것

장애를 배척하는 행동과 태도는 인간 역사와 모든 인간 사회에서 항상 존재해 왔다. 그리고 이것은 명백하고 반드시 장애 연구의 핵심 초점이 되어야 한다. 하지만 우리가 배척에 초점을 둘 때 가끔 이론적 편견을 지지하는 위험을 겪는다. 이론적 편견이란 인간 집단의 포괄적인 관행이 '자연 상태(즉, 주어진 것)'를 무시한다는 것이다. 예를 들면, 우리는 '신체적, 감각적 또는 인지적 손상이라는 라벨을 가진 사람들에 대한 사상적·물질적 배제를 감수하고 받아들일' 수도 있다(Goodley, 2010: xi)는 것이다. 만약 에이블리스트와 디스에이블리스트들의 태도가 주어진 것으로서 선험적으로 고려된다면 인간 집단 간의 '자연스럽게 발생하는'(장애) 포괄적인 행동은 불가능한 것처럼 보일 수 있다. 이것이 바로 본 연구자가 다윈의 업적을 다시 검토하여 선사 시대의 장애에 대한 사회적 태도를 탐색한 이유이다. 민족학의 한 실증연구에 의하면(Silk, 1992; de Waal,

2009; Fashing & Nguyen, 2011), 일부 동물 사회에서는 다친 구성원을 보살피고 그들 집단 내에 포함시키기 위해 그들 스스로 조직을 구성한다. 다윈에게는 인간과 동물 사이에 단절이나 자연적인 틈이 없었는데, 왜 인간이란 동물은 이 '본래의' 연속성에 빠지지 않는 것일까? 게다가 집단 차원에서 돌봄이 공생을 유도하기 때문에 돌봄을 발전시키는 것이 다윈의 진화론적 관점에서 인류 사회에 유리하다고 가정하는 것은 자연 선택설에 위배되지 않는다. 이러한 주장을 통해 선사 시대의 장애에 전념하는 새로운 연구 분야에 과학적 관심을 증가시켜야 할 것이다. 왜냐하면 이 같은 연구가 더욱 균형 잡힌 인간 기원의 역사를 재구성하는 기대 이상의 역할을 담당하기 때문이다.

참고문헌

Berkson, G. (2004). Intellectual and physical disabilities in prehistory and early civilization. *Mental Retardation, 42*(3), 195-208.

Bolt, D. (2008). *Symbiosis and Subjectivity: Literary Representations of Disability and Social Care.* Online. Available www.disability-studies. leeds.ac.uk/files/library/bolt-Smimbiosis-and-Subjectivity.pdf (accessed 24 September 2013).

Bolt, D. (2014). *The Metanarrative of Blindness: A Re-reading of Twentieth-century Anglophone Writing.* Ann Arbor: University of Michigan Press.

Bowles, S., & Gintis, H. (2013). *A cooperative Species: Human Reciprocity and Its Evolution.* Princeton: Princeton University Press.

Darwin, C. (1874). *The Descent of Man, and Selection in Relation to Sex.* London: John Murray.

Dawkins, R. (2006). *The Selfish Gene.* Oxford, New York: Oxford University Press.

Degusta, D. (2002). Comparative skeletal pathology and the case for conspecific care in middle Pleistocene Hominids. *Journal of Archaeological Science*, 29(12), 1435–1438.

Dettwyler, K. A. (1991). Can paleopathology provide evidence for 'compassion'?. *American Journal of Physical Anthropology*, 84(4), 375–384.

de Waal, F. B. M. (2009). *The Age of Empathy: Nature's Lessons for a Kinder Society.* New York: Three Rivers Press.

Dewey, J. (1898). Evolution and ethics. *The Monist*, VIII, 321–341.

Dobzhansky, T. (1962). *Mankind Evolving: The Evolution of the Human Species.* New Haven: Yale University Press.

Dunbar, R. I. M. (2004). *The Human Story.* London: Faber and Faber.

Engster, D. (2007). *The Heart of Justice.* Oxford: Oxford University Press.

Fashing, P. J., & Nguyen, N. (2011). Behavior toward the dying, diseased, or disabled among animals and its relevance to Paleopathology. *International Journal of Paleopathology*, 1(3–4), 128–129.

Finkelstein, V. (1998). Emancipating disabling studies. In T. Shakespeare (Ed.), *The Disability Reader: Social Science Perspectives.* London: Continuum International Publishing Group Ltd.

Finlay, N. (1999). Disability archaeology: an introduction. *Archeological Review form Cambridge*, 15(2), 1–6.

Goodley, D. (2010). *Disability Studies: An Interdisciplinary Introduction.* London: SAGE.

Gorman, J. (2012). Ancient bones that tell a story of compassion. *The*

58

New York Times. Online. Available www.nytimes.com/2012/12/18/ science/ancient-bones-that-tell-a-story-of-compassion.html (accessed 24 September 2013).

Gould, S. J. (1988). Honorable men and women. *Natural History,* 97(3), 16–20.

Hamington, M. (2004). *Embodied Care: Jane Addams, Maurice Merleau-Ponty, and Feminist Ethics.* Urbana: University of Illinois Press.

Hublin, J. J. (2009). The prehistory of compassion, *Proceedings of the National Academy of Sciences,* 106(16), 6429–6430.

Huxley, J. (1941). *The Uniqueness of Man.* London: Chatto and Windus.

Jones, S., Martin, R. D., & Pilbeam, D. R. (1994). *The Cambridge Encyclopedia of Human Evolution.* Cambridge, New York: Cambridge University Press.

Kittay, E. F. (1999). *Love's Labor: Essays on Women, Equality, and Dependency.* New York: Routledge.

Knüsel, C. J. (1999). Orthopaedic disability: some hard evidence. *Archaeological Review from Cambridge,* 15(2), 31–53.

Lebel, S., Trinkaus, E., Faure, M., Fernandez, P., Guerin, c., Richter, D., Mericer, N., Valladas, H., & Wagner, W. A. (2001). Comparative morphology and Paleobiology of middle Pleistocene human remains from the Bau de l'Aubesier, Vaucluse, France. *Proceedings of the National Academy of Sciences,* 98(20), 11097–11102.

Mayr, E. (2001). *What Evolution Is.* New York: Basic.

Metzler, I. (1999). The Paleopathology of disability in the middle ages. *Archaeological Review from Cambridge,* 15(2), 55–67.

Monod, J. (1974). *Chance and Necessity.* London: Fontana.

Nussbaum, M. C. (2006). *Frontiers of Justice: Disability, Nationality, Species Membership.* Cambridge: Harvard University Press.

Ortner, D. J. (2003). *Identification of Pahtological Disorders in Human Skeletal Remains.* Amsterdam: Academic.

Paul, D. B. (2003). Darwin, social Darwinism and eugenics, In J. Hodge & G. Radick (Eds), *The Cambridge Companion to Darwin.* Cambridge: Cambridge University Press.

Paul, D. B., & Moore, J. (2010). The Darwinian context: evolution and inheritance. In A. Bashford & P. Levien (Eds), *The Oxford Handbook of the History of Eugenics,* Oxford: Oxford University Press.

Le Pichon, X. (2007). *Aux Racines de l'Homme: de la Mort àl'Amour* [To the roots of man. From death to love]. Paris: Presses de la Renaissance.

Le Pichon, X. (2009). Ecce Homo ('Behold Humanity'). *On Being.* Online. Available www.onbeing.org/program/fragility–and–evolution–our–humanity/feature/ecce–homo–behold–humanity/1561 (accessed 24 September 2013).

Potts, R., Sloan, C., & National Museum of Natural History (U.S.) (2010). *What Does It Mean To Be Human?* Washington: National Geographic.

Rachels, J. (1991). *Created from Animals: The Moral Implications of Darwinism,* Oxford: Oxford University Press.

Richards, R. J. (2003). Darwin on minds, morals and emotions. In J. Hodge & G. Radick (Eds), *The Cambridge Companion to Darwin.* Cambridge: Cambridge University Press.

Roberts, A. M. (2011). *Evolution: The Human Story.* London: Dorling Kindersley.

Roberts, C. (1999). Disability in the skeletal record: assumptions, problems and some examples. *Archaeological Review from Cambridge,* 15(2), 79–97.

Roberts, C. (2013). *Bioarchaeology and 'Disability': Using the Present to Inform Interpretations of Past Impairment.* Online. Available www.

meeting.physanth.org/program/2013/session43/roberts-2013-bioarchaeology-and-disability-using-the-present-to-inform-interpretations-of-past-impairment.html (accessed 24 September 2013).

Shakespeare, T. (1999). Commentary: observations on disability and archaeology. *Archaeological Review from Cambridge*, 15(2), 99–101.

Silk, J. B. (1992). The origins of caregiving behavior, *American Journal of Physical Anthropology*, 87(2), 227–229.

Singer, P. (2011). *The Expanding Circle: Ethics, Evolution, and Moral Progress*. Princeton: Princeton University Press.

Sober, E., & Wilson, D. S. (1999). *Unto Others: The Evaluation and Psychology of Unselfish Behavior*, Cambridge: Harvard University Press.

Solecki, R. S. (1971). *Shanidar, The First Flower People*, New York: Knopf.

Southwell-Wright, W. (2013). *Past Perspectives: What Can Archaeology Offer Disability Studies?* Online. Available www.academia.edu/3277906/Past_perspectives_What_can_archaeology_offer_disability_studies (accessed 26 September 2013).

Stiker, H. J. (1999). *A History of Disability*. Ann Arbor: University of Michigan Press.

Tilley, L., & Oxenham, M. F. (2011). Survival against the odds: modeling the social implications of care provision to seriously disabled individuals. *International Journal of Paleopathology*, 1(1), 35–42.

Tort, P. (2001). *Darwin and the Science of Evolution*. New York: Harry N. Abrams.

Tort, P. (2008). *L'effet Darwin: sélection naturelle et naissance de la civilisation* [The Darwin effect: natural selection and the birth of civilization]. Paris: Seuil.

Trinkaus, E., & Shipman, P. (1993). *The Neanderthals: Changing the Image of Mankind.* New York: Knopf.

Vilos, J. (2011). *Bioarchaeology of Compassion: Exploring Extreme Cases of Pathology in a Bronze Age Sekeltal Population from Tell Abraq, U.A.E.* Online. Available www.digitalscholarship.unlv.edu/thesesdissertations/967 (accessed 24 September 2013).

진화와 인간의 독특함

2. 황량한 서부의 폐병을 가진 총잡이

독 홀리데이의 사후 쇠퇴

알렉스 탄카드(Alex Tankard)

1882년 콜로라도 주의 기자들은 황량한 서부의 총잡이를 인터뷰했다. 존 헨리 '독' 홀리데이(John Henry 'Doc' Holliday, 1851~1887)는 50명을 죽인 것으로 유명한, 공포라는 것을 찾아볼 수 없는 냉혈한이었다('Caught in Denver', 1882). 하지만 기자들은 그의 고상함에 놀랐고, 치료할 수 없는 폐결핵을 앓고 노쇠했다는 것에 또다시 놀랐다. 그의 신체는 동시대의 사람들을 매혹시키기에 충분했다. 왜냐하면 그가 가진 장애로 인해 전통적으로 낭만적이고 감성적인 장애인의 정체성과 잔인한 총잡이라는 정체성을 모두 가지고 있어 매력적이었고, 더 이상 신체적으로 폭력을 행사할 수 없는 상황에 처해 있었기 때문이다. 한 기자는 심지어 그가 가느다란 손목으로 총을 잡는다는 것에 경탄했다('Awful Arizona', 1882). 앞선 묘사들은 무엇보다도 그의 세련된 매너와 절묘한 복장과 같은 겉모습을 강조하였고, 폐결핵에 걸린 그를 환자처럼 동정받는 수동적인 대상이 아닌 침착함, 단정함, '그가 항상 언급했던 품위 있는 태도'로 비치는 것을 묘사하였다('Caught', 1882).

홀리데이의 동시대인들은 당당했던 그가 결핵이라는 큰 병에 걸린 것을 기뻐했다. 하지만 그 기쁨은 그의 죽음 이후에 오래가지 않았다. 이 장에서는 홀리데이의 명성이 일그러지는 사례를 통해 폐결핵을 보는 사회적 태도의 변화를 살펴볼 것이다. 1900년대에 들어서면서 장애에 대한 생체의학적 모델의 영향력과 전염병에 대한 공포가 증가하고 있었다. 이에 전통적으로 폐병을 바라보던 사회적 태도도 시대에 따라 변화하기 시작했다. 가냘픈 '폐병을 앓는(consumptive)' 허약한 몸은 병에 걸린 불쾌한 '폐결핵(tubercular)' 보균자의 몸이 되었다. 실제로 1946년 이래로 홀리데이를 다룬 6개의 주요 작품 중 5편에서 그의 폐병을 연기할 배우 캐스팅에 실패하였다. 그의 가녀린 체격은 1880년대의 그를 표현할 수 있는 결정적인 (그리고 매력적인) 측면이지만, 할리우드에서는 이를 스크린에 담지 않았다.

예외적으로 홀리데이를 묘사한 작품은 데니스 퀘이드(Dennis Quaid)의 제목은 〈와이어트 어프[1](Wyatt Earp)〉(1994)였다. 불행하게도 그의 연약한 몸을 스크린에 담는 것은 청중들에게 폭력적인 사회 속의 위태로운 홀리데이의 존재에 대해 통찰할 수 있었지

---

1) 서부 개척 시대를 배경으로 한 범죄/드라마 영화임.

만, 그의 장애에 대한 문화적 맥락을 무시함으로써 기회를 놓쳤다. 〈와이어트 어프〉에서 예외적으로 표현된 폐결핵을 앓는 신체는 사회적으로 견딜 수 없는 신체임을 강조하였고, 에이블리스트의 판단에 맞지 않는 역사적 증거들을 무효화했다. 이 영화에서는 홀리데이를 목격한 초기 목격자의 설명을 에이블리스트의 요구에 따라 홀리데이를 부정적인 신체를 가진 사람으로 묘사하는 실수를 범하였다. 홀리데이의 장애 정체성을 불안정하고 문제가 있는 상태로 보여 주었는데, 초기 목격자의 진술은 영화가 제작된 이후 홀리데이의 삶을 고찰하려 했던 작가들에게도 어떤 판단의 근거를 제시해 주었다. 결국 이후 평론가들은 홀리데이를 자신감 있고 품위 있는 사람으로, 의학적인 것을 벗어나 그의 삶과 죽음이 멋있었던 사람으로, 그리고 불치병 환자의 생명도 지켜야 한다는 명확한 주장을 한 사람으로 그에 대한 판단을 수정하였다. 즉, 아이러니하게도 〈와이어트 어프〉와 그 이후의 해석들은 폐질환을 가진 홀리데이를 매력적인 총잡이로, 파괴적인 잠재력을 가진 인물로 만들었다.

1900년 이전의 폐병에 걸린 총잡이

1880년대에 홀리데이는 폐병에 걸린 미국인 200,000여 명 중 한 명이었다('Talks', 1886: 4). 아마 그 당시 콜로라도 주 이주민 중 1/3이 건강을 위해 이주한 사람들이었을 것이다(Baur, 1959: 105). 홀리데이가 방문한 많은 지역은 폐병에 걸린 사람은 물론이고, 장애인들이 대규모로 올 정도로 유명한 건강 휴양지였다(Rothman, 1995: 3,

132; Roberts, 2006: 103, 160, 369). 결핵은 홀리데이 사례뿐만 아니라, 미국 서부에 있어서도 중요한 역할을 하였다.

1870년대에 치과의사가 되기 위해 공부 중이던 홀리데이는 폐결핵에 걸렸다. 그는 1873년 조지아에서 서부로 여행을 떠났는데, 해가 가면 갈수록 전문 도박꾼의 폭력적인 문화 속으로 빠져 들어 갔다(Courtwright, 1996: 82; 97 참조, 홀리데이가 살았던 마을의 살인통계 부분). 1882년에 그는 애리조나에서 자신을 적극적으로 변호하여 단 한 건의 살인만 인정하였다. 하지만 그는 자신을 변호한 행위로 인해 미국에서 악명을 떨치게 되었다. 그 당시 그는 "내가 한 모든 행위는 나로부터 강요받은 것이며, 나는 노력하였고 명예롭게 무죄 판결을 받을 것이다."라고 주장하였다(Leadville Democrat, 1884: 1495). 그는 말년에 콜로라도 광산캠프와 건강 휴양지에서 머물며 도박을 하면서 근근이 살았다. 1887년, 그는 고작 36세의 나이로 스파타운 호텔에서 폐결핵으로 죽었다.

그의 성인기 전반에 걸쳐 병에 걸렸다는 것을 생각해 보면, 결핵에 대한 생체의학적인 지식이 그가 겪은 경험들을 설명하는 데 도움이 될 수도 있다. 유기체인 결핵균은 기침에 의해 전파되고, 폐에서 발병된다. 결핵은 전형적으로 만성적인 증상을 가지고 있다. 몇 주 또는 수개월에 걸쳐 병이 진행되면서 환자는 피로감, 가슴 통증, 야간발열, 체중 감량으로 고통 받게 된다. 건강한 폐 조직에 구멍과 흉터가 생겨남에 따라 기침과 호흡곤란이 점점 더 악화된다(Williams & Williams, 1871: 1-11; Davies, 2003: 108-124). 이 병에 대한 항생제는 1940년 이전에는 없었다. 비록 폐결핵을 진단받은 후에도 몇 년간 살 수 있었지만(Newsholme, 1908: 449-450), 빅토리아 시대 후기의 결핵 환자는 대개 15세에서 25세 사이에 사망했다 (Dubos & Dubos, 1996: appendix D).

그의 친구들에 따르면 홀리데이의 몸무게는 빅토리아 시대 후기 성인 남성 평균 몸무게에서 40파운드나 적었으며('Doc Holliday', 1882: 6; Squire, 1893: 189), 그를 가녀리고 병약한 사람(Arizona Daily Star, 1882), '쇠약하고 구부러졌다'라고 표현했다('Death of J. A. [sic] Holliday', 1887). 1878년, 뉴멕시코를 여행할 때에는 열흘 동안 너무 아파 움직일 수 없었다고 한다(Mary Cummings'statement, 1977: 76). 이후, 1882년에는 애리조나 사냥꾼들과 같이 돌아다닐 정도로 충분히 건강해졌다고 한다. 하지만 1884년에는 병세가 다시 악화되어 급성 폐렴을 치료하였고, 이때 몸무게는 고작 122 파운드였다 ('Holliday bound over', 1884: 4). 이후 3년을 더 생존했음에도 불구하고, 그는 나약하고 술과 도박에 빠져 천천히 죽어가는 것으로 묘사되었다(Leadville Democrat, 1884: 1494). 많은 폐병에 걸린 미국인처럼 그는 그의 통증을 과음으로 달랬다(Davis, 1891: 120). 그의 상황은 그의 주변 사람들이 다 알 수 있을 만큼 악화되었다.

이러한 의학적 지식이 개입되었음에도 불구하고 두 가지 이유 때문에 정확한 통찰을 하기 어려웠다. 첫 번째는 장애의 경험은 생물학만큼이나 사회경제학자와 문화적 맥락에 의해 만들어졌다는 것이다(Hughes, 2002: 61; Lawlor, 2006: 6-7). 1884년, 홀리데이의 인터뷰에서 그는 폭력적인 하위문화 속에서 그의 신체적 불리함을 토로했지만, 이때 인터뷰의 초점은 그의 동료들일 뿐 홀리데이의 손상에 맞추어지지 않았다. 타인에게 흥미로운 이야기 거리인 홀리데이 인생에서 신체적 약점은 누구의 관심도 끌지 못했다

(Leadville Democrat, 1884: 1495).

두 번째 이유는 생체의학적인 요소가 장애인을 병적인 대상으로 만들어 사회적으로 소외시켜 억압하는 것이(Williams, 2001: 125-127; Hughes, 2002: 59) 장애에 대한 그 시대의 인식이었다는 점이다. 그렇지만 생체의학은 폐결핵에 걸린 홀리데이의 삶을 정의하는 결정적인 힘을 갖지는 못했다. 심지어 1882년 폐결핵이 전염병이라는 로버트 코흐(Robert Koch)의 연설 이후에도 콜로라도 주의 신문은 결핵이 '유전' 때문이라고 게재하였고('Talks', 1886: 4), 다른 기자는 홀리데이가 '폐에 박힌 총알' 때문에 서서히 죽어 갔다고 주장했다(Leadville Democrat, 1884: 1494). 사람들은 폐결핵에 대해 이해하지 못했고, 이는 폐병에 대해 어떻게 반응해야 하는지, 어떻게 이를 받아들일지 결정하지 못했다. 이는 곧 폐결핵의 생체의학 모델이 여전히 사람들에게 이해되기 힘들었음을 의미한다.

대신, 홀리데이의 정확한 폐병이라는 표현이 제대로 자리 잡지도 못했고 일관되지도 못한 상태에서 생체의학적인 결핵이 이해되기 시작했다. 이 때문에 좀 더 폐병에 대한 감성적, 종교적 또는 낭만적인 모델이 확립되기 쉬웠다. 전통적으로 폐병은 사람들에게 거부감 없는 질병이었다. 당시 사람들은 신체와 감정이 일치하다고 가정하였다. 또한 그리스도인의 '구원'이라는 이상과 세속적 사회와 낭만주의(폐결핵과 창조성, 진실성, 민감성)를 결합시켰다(Lawlor, 2006: 35-38, 53-58, 114-115). 심지어 1880년대의 의학적 맥락에도 여전히 이러한 낡은 생각에 의존하여 '폐병에 걸린 사람'을 정의하였다(Galton & Mahomed, 1882 참조).

물론 폐병에 대한 편견을 홀리데이에 적용하는 것은 그의 겉모

습과 거친 특성으로 인해 상당히 어려웠다. 덴버의 공화당원들은
홀리데이의 외모에 다음과 같이 경탄하였다.

> 그는 일반적으로 인식되어 오던 살인자하고는 달랐다. 홀리
> 데이는 가녀린 사람이다. … 그의 얼굴은 마르고, 그의 머리카
> 락은 회색빛이 감돌았다. 그의 이목구비는 뚜렷하고, 그의 눈
> 에서부터 느껴지는 결심에 찬 모습 말고는 특별히 놀라운 점
> 은 없었다. 이것은 그가 표정 관리를 아주 잘한다는 것을 의미
> 한다. 그의 손은 작고 여자처럼 부드러웠지만, 그가 해왔던 일
> 은 전혀 여성스럽지 않은 것이었다.
>
> ('Awful Arizona', 1882)

전형적인 '살인자'는 신경질적인 성격과 그에 걸맞은 육체적인
특성을 가져야 한다. 그런데 홀리데이의 겉모습은 그런 기대를 저
버렸고, 공화당의 리포터를 혼란스럽게 했다. 하지만 기자들은 현
대의 생체의학적인 개념을 사용하여 이러한 불일치를 줄이고, 그
의 손상된 신체를 좀 더 '과학적으로' 보기 위해 노력하였다. 홀리
데이의 친구 코웬은 이렇게 회상하였다.

> 홀리데이의 행동이 익숙치 않거나 인상학에 대해 잘 모르는
> 사람은 그를 별 볼 일 없는 사람으로 여길 수 있다. 왜냐하면
> 그는 마치 약국 바닥이나 계산대 위에 깔려 있는 카펫처럼 약
> 해보이기 때문이다.
> 홀리데이는 금발머리를 가진 중년 남성이었다. 그는 체격이

작았고, 보통 폐질환에 고통 받는 사람들처럼 급격히 건강이 안 좋아졌다. 그의 창백한 얼굴에서 두드러진 특징은 오직 뾰족해진 아래턱과 굳건한 푸른 눈이었다. 그는 숙녀의 남자도, 멋쟁이도 아니었지만, 옷차림은 깔끔하고 단정했다.

(Cowen, 1898: 5)

공정하고, 취약하고, 낭만적인 폐병과 새로운 생체의학적인 개념이 공존하였다. 결정적으로 코웬과 공화당원들은 현대 사이비로 인식되는 인상학으로 홀리데이를 이해하려고 했다. 그의 정체성을 보여 줄 수 있는 중요한 특징(즉, 눈과 턱)보다는 가녀린 뼈나 시들어 버린 머리카락과 같은 변동적인 신체적 특징을 인상학으로 분석한 것이다. 1880년대의 사이비 과학은 손상된 신체를 해석하고 유형화하고 묘사하는 체계적인 접근법으로, 폐병에 걸린 총잡이를 비인간화하거나 억압하기보다는 명확한 검증을 하기 위해 노력하였다.

실제로, 홀리데이가 직접 작성한 병에 대한 유일한 진술은 자기 자신을 질병의 희생자로 보기보다는 자신의 삶을 지키기 위해 생체의학을 활용했다는 것을 알려 준다. 그는 그를 위협했던 사람에 총을 쏜 혐의에 대해 법정에서 이렇게 이야기했다.

내 생각에는 그의 삶만큼이나 나의 삶도 좋았다. … 만약 내가 그의 손에 붙잡혔다면 난 갓난아이가 된 것 같은 상황에 처했을 것이다. 왜냐하면 앨렌의 몸무게는 170파운드였고, 난 고작 122파운드에 불과했기 때문이다. 나는 그동안 폐렴을

3~4번 겪었다. 따라서 난 그에게 대항하여 날 지킬 수 있는 힘
이 없었다.

('Holliday bound over', 1884: 4)

홀리데이에 의하면 손상이 장애를 일으킨다는 생체의학의 가정
이 완전히 억압적인 것은 아니라고 했다. 이 모델은 그가 받은 불이
익이 무시될 수 있는 공식적인 환경에서 그의 신체적인 차이로 생
긴 결과를 설명할 수 있도록 해 주었다. 결정적으로 그는 이러한 생
체의학적인 세부 내용과 그의 삶을 소중하게 생각한다는 주장이
양립할 수 있다고 생각했다.

그럼에도 홀리데이에 대한 현대 묘사는 그의 아픈 몸을 병리학적
으로 접근하기보다는 그의 세련된 복장을 좀 더 강조하는 방향으
로 표현되었다. 1883년의 묘사에 따르면 다음과 같다.

[홀리데이]는 [애리조나]에 있는 동안 별로 기분이 좋지 않
았다. 그리고 그의 독특한 재능을 펼칠 수 있는 환경이 있었지
만, 그의 건강 상태 때문에 그에게 당한 희생자 수가 많지 않았
다. … 그는 마르고 여위어 보이는 남자였다. 그의 회색빛 머
리는 항상 손질되어 있었고, 뽀얀 광택의 신발을 신었으며, 셔
츠와 잘 어울리는 아름다운 스카프를 하곤 했다. 그리고 그는
항상 깔끔한 자신을 자랑스러워했다.

('Leadville sketches', 1883)

이러한 진술은 홀리데이를 불쌍한 '폐결핵의 희생자'로, 폭력과

양립할 수 없는 자로 기록하였다. 그러나 앞의 진술은 그가 외모를 가꾸는 데 있어서 계획적이고 심혈을 기울였다는 것에 더 주안점을 두고 있다: 그의 세심한 몸단장, 아름다운 옷차림, 조심스럽게 달린 핀 그리고 자신의 깔끔함과 그에 대한 자부심이 그 근거이다. 여기서 코웬이 이야기한 깔끔함이라는 문구는 굳건함과 통제력에 관련이 있다.

비록 코웬은 홀리데이가 '멋쟁이'라는 것을 부정했지만, 그는 코웬이 만났던 아일랜드 멋쟁이의 오스카 와일드(Oscar Wilde, 1854~1900) 만큼이나 멋있었을지도 모른다(Rocky Mountain news, 1882; George, 2004: 7 참조, 모범적인 멋쟁이들 속에 둘러싸인 멋부림 거부). 사실, 홀리데이에 대한 이러한 묘사는 뷰 브룸멜(Beau Brummel, 1778~1840)과 맥스 비어봄(Max Beerbohm, 1872~1954) 그리고 폐병에 걸린 예술가 오브리 비어즐리(Aubrey Beardsley, 1872~1898)

의 억제되었으나 우아한 댄디즘을 생각나게 한다. 매튜 스터지스(Matthew Sturgis)는 비어즐리가 점점 나빠져만 가는 자신의 몸을 긍정적으로 표현하기 위해 댄디즘을 사용했다고 한다(Sturgis, 1998: 96-97). 따라서 홀리데이의 댄디즘도 비슷했다고 볼 수 있다. [그림 2-1](1880) 속의 홀리데이는 발목을 꼬고 우아하게 선 채로 작은 책이나 지갑을 들고 있고, 안경을 쓴 것으로 보인다. 그의 우아한 자세와 몸에 꼭 맞는 코트는 폐병에 걸린

[그림 2-1]
(톰스톤 타임즈의 허가로
사진 제공, 애리조나, 미국)

환자의 몸이 말랐다는 것을 보여 준다. 신체적인 연약함은 부정할 수 없다. 하지만 홀리데이는 그의 몸을 엄격하게 관리했다.

홀리데이의 옷은 은밀하게 제작되었고 그만큼 긴 시간이 걸렸다. 이것은 당시 폐병에 대한 개인 및 대중의 인식으로 해석될 수 있다. 당시 사람들은 그의 옷이 '진심으로 멋을 부리는 남자[(t)he genuine dandy]'라는 브랜드(Shannon, 2006: 135)로부터 제작된 옷이라는 사실에 대해 경외에 찬 눈으로 바라보았다('Murderer's methods', 1882). 그가 맞춤복을 선택한 이유는 그의 아픈 몸을 값싸고, 후줄근한 옷으로 숨기는 것보다는 자신의 취향을 표현하고, 신체에 꼭 맞는 옷을 입기 위해서였다. 이러한 사실은 홀리데이가 맞춤복을 입기 위해 많은 시간과 돈을 투자했다는 것을 의미한다. 이것은 정치적인 의도가 없는 순전히 개인적인 행동이다. 하지만 손상된 몸을 연민이나 병리학적 조사의 대상에서 장애인 자신을 예술의 행위자로서 공공연히 드러내도록 바꾼 측면에서 이는 정치적인 중요성을 가진다(Klages, 1999: 196). 하지만 불행히도 폐병 환자들의 자기표현은 오래가지 못했다.

쇠퇴: 20세기 폐결핵

1900년대에 폐결핵에 대한 사람들의 태도는 급격히 바뀌었다. 토마스 메이스(Thomas J. Mays)는 "이 병을 앓는 사람은 자신의 명예와 지위를 지키기 힘들 것이다."라고 이야기했다. 그들은 '호텔, 기숙사 및 건강 휴양지에서 따돌림 당하고' '때때로 친구와 가족으로부터 무시당했다'(Mays, 1905: 1). 전염병에 대한 대중의 공포로 인해 특정 장애에 대한 사람들의 낙인은 손상의 범위에 따라 그 사람의 삶을 평가하는 생체의학 장애모델의 영향력과 함께 커져 갔다(Bradock & Parish, 2001: 12). 캐럴 길(Carol Gill)은 이러한 낙인이 불치병 환자에게 '그들의 삶을 더 이상 유지할 수 없는 암시를 끊임없이 보내' 그들을 완전히 불구로 만들어 버린다고 주장하였다 (Gill, 2006: 184). 그리고 실라 로스먼(Sheila Rothman)은 20세기 미국 결핵 환자들이 "자기비난에 빠지고 화내며… 괴로움을 호소한다."라는 기사(Rothman, 1995: 6)를 찾아냈고, 1955년에 영국에서 실행한 정신의학 조사에 응한 54%가 심각한 불안과 우울증을 앓고 있다는 사실은 더 이상 놀랍지 않다고 했다. 그들은 자기무능감과 그들을 바라보는 사람들의 낙인, 사회적 거부로 인해 많은 상처를 받았다(Wittkower, 1995: 26-27).

상황이 점차 결핵 환자들에게 적대적으로 흘러가던 가운데 홀리데이에 대한 표현방식도 부정적인 태도를 소급하여 나타내기 시작했다. 1907년 그의 친구 '박쥐' 마스터슨(Masterson)은 다음과 같이 선언하였다.

신체적으로 독 홀리데이는 15살 소년과 싸워도 이길 수 없을 만큼 약골이었고, 사람들은 그보다 약한 사람은 없을 것이라 단언하였다. 어쩌면 이러한 사실이 그를 무기에 의지하도록 만들었을지도 모른다. 그도 위험에 빠질 때마다 자기 자신을 지켜야 하기 때문이다.

… 그의 외형뿐만 아니라 끊임없이 하는 기침을 통해 그가

건강하지 않다는 사실을 쉽게 알 수 있었다.

(Masterson, 1907: 35-36, 39-40)

1880년대의 작가들은 홀리데이의 연약함과 깔끔함을 묘사한 반면, 마스터슨은 홀리데이가 폭행을 이겨 낼 수 없는 신체를 가졌음을 가정하였다. 그는 홀리데이의 약함을 사악함과 연관지었다. 그리고 기침에 대한 언급은 이전에 잘 다루지 않았던 홀리데이의 조급함 또는 혐오감을 의미하는 것으로 해석되었다.

비슷한 맥락으로, 1880년대의 작가들은 폐병이 위험을 초래한다는 사실에 놀라워했지만, 20세기의 작가들은 불가피한 것이라 주장했다. 1931년 저명한 법률가 스튜어트 레이크(Stuart Lake)의 전기에는 〈와이어트 어프〉에서 어프가 홀리데이에 대해 말한 것을 꾸며 인용하였다. '숙명적인 용기, 그 용기가 나를 설득했다. 어쨌든 홀리데이는 병에 걸렸고 오래 살지 못했다는 깨달음, 그 본질로부터였을 것이다.'라고 꾸며 인용하였다.(Lake, 1994: 196). 폴라 미첼 마크(Paula Mitchell Mark)의 OK목장 총기 사건에 대한 연구에서는 그가 자살 충동이 있었다고 주장했다. 왜냐하면 그는 어쨌든 죽어 가고 있었기 때문이다(Marks, 1989: 36, 86). 그런데 결정적으로 레이크와 마크 둘 다 실질적인 증거를 제시하지 못했다. 하지만 로버츠(Roberts, 2006)를 제외한 많은 역사가, 소설가, 영화 제작자들은 아무런 의심 없이 그들의 생각을 따랐다(Tankard, 2013).

마크의 책은 홀리데이에 관한 영화 두 편을 만들어 냈고, 레이크는 할리우드의 자문위원으로서 일했다(Farager, 1995: 154-161). 그들은 홀리데이의 삶에 대해 무지했고, 이것은 그의 삶을 스크린에 부적절한 방식으로 나타나게 했다. 1946년부터 1994년 사이에 상영된 독 홀리데이에 대한 주요 6가지 영화는 다음과 같다. 빅터 머추어(Victor Mature)의 〈황야의 결투(My Darling Clementine)〉(1946), 커크 더글라스(Kirk Douglas)의 〈OK목장의 결투(Gunfight at the OK Corral)〉(1957), 제이슨 로바즈(Jason Robards)의 〈OK목장의 결투2 (Hour of the Gun)〉(1967), 스테이시 키치(Stacy Keach)의 〈독(Doc)〉 (1971), 발 킬머(Val Kilmer)의 〈툼스톤(Tombstone)〉(1993), 데니스 퀘이드의 〈와이어트 어프(Wyatt Earp)〉(1994)이다. 이 기간동안에 폐결핵은 치유할 수 있는 병이 되었다. 이후, 1990년대에는 인간 면역 결핍 바이러스(HIV/AIDS)가 폐결핵이 있던 자리를 대신했다 (Dormandy, 1999: 361-375, 384-386). 그러나 이러한 대변동에도 불구하고 영화 제작자들은 여전히 현실적인 결핵 환자의 몸을 스크린에 표현하는 것을 거부했다. 6명의 배우는 가끔 기침을 했고, 5명은 튼튼하고 강해 보였다. 데이비드 보위(David Bowie)는 〈툼스톤〉에 초기 캐스팅이 되었고(Blake, 2007: 162), 폭력적인 사회 속 홀리데이의 취약함을 강조한 원작 대본을 충실하게 반영하였다(Jarre, 1993: 3). 하지만 이 주제에 대한 관심은 분명하게 줄어 클레멘타인과 건파이터처럼 실제 홀리데이의 체격과는 완전 정반대되는 배우를 캐스팅하게 되었다. 영화 와이어트 어프라는 예외가 있기는 했지만, 1900년 이전까지 홀리데이의 몸을 현실적으로 표현한 영화는 찾아보기 힘들었다.

'그렇게 일어났다'?:
〈와이어트 어프(Wyatt Earp)〉에서
폐결핵이 있는 몸

퀘이드는 〈와이어트 어프〉를 준비하면서 이렇게 설명하였다.

폐결핵을 앓는 희생자들은 매우 마른 사람이 되는 경향이
있다. 그리고 난 배우다… 나는 내가 연기하는 대상에 대해 최
대한 많이 이해해야 하며, 그가 어떤 생각을 하고 있었는지 느
껴야 한다. … 난 그를 묘사해야 하며, 가능하다면 그에 가깝게
표현해야 한다. 과거의 나의 몸무게는 182파운드였고, 꽤 튼
튼했고 건강했었다. 그래서 나의 신체적인 모습이 바뀌어야만
했다. 난 내 몸무게의 43파운드를 빼야 했다.

('It happened that way', 1994)

퀘이드가 표현한 홀리데이는 금방이라도 쓰러질 것처럼 쇠약하
고, 기침을 자주 했고, 기침 소리도 매우 거칠었다. 그의 체격은 다
른 배우들과의 상호작용에 영향을 주었다. 한 장면에서는 다른 사
람이 홀리데이를 들어 올려서 운반하는 것에 대해 카우보이 역의
배우와 논쟁이 있었다. 이 장면은 약자의 굴욕감을 강하게 전달해
주었다. 사실 홀리데이는 두 번에 걸쳐 그를 거칠게 다루는 강자를
향해 총을 쐈는데('Holliday bound over', 1884: 4; Roberts, 2006: 128),
이는 퀘이드가 홀리데이의 총을 잡은 동기를 반영하기 위함이다.

　　퀘이드는 홀리데이의 삶에서 상징되는 경험을 재창조하면 그의
삶을 가장 직접적으로 체험할 수 있다고 생각했다. 하지만 로울러
(Lawlor)는 그 경험의 세부사항이나 의미가 역사적으로 명확한 것이
어야 한다고 지적하였다(Lawlor, 2006: 6-7). 영화 〈와이어트 어프〉에
의하면 문화가 홀리데이의 결핵 증상에 부정적인 의미를 부여했으
며, 이 문화는 역사를 무시하는 폐결핵과 장애에 대한 생체의학 모
델에 영향을 받은 것이라 판단했다. 영화 속 홀리데이들은 "폐결핵
으로 죽어가고 있어."라고 얘기했지만, 실제로 홀리데이는 생전에
그런 말을 한 적이 없었다.

　　1880년대에는 만성질환의 괴로워하는 삶을 밝히기보다는 폐결
핵으로 고통스러워하는 모습을 활용하여 장애가 고통이라는 깃을
'증명'하고, 그처럼 괴로워하는 사람의 삶을 무의미하다고 표현했
다. 퀘이드가 표현한 홀리데이는 와이어트에게 죽음을 환영한다고
했다. 왜냐하면 그는 다음과 같이 이야기했기 때문이다. "난 이보
다 최악은 없다는 걸 알아." "어차피 난 죽었어. 만약 네가 영광의
불길에서 벗어나고 싶다면 난 네 곁에 있을게."와 같이 이야기했
다. 이 영화는 홀리데이가 "어차피 죽었어."라는 대사를 진행했는
데, 이것은 캔자스에서 홀리데이가 총싸움을 피하기 위해 뛰어내
렸다는 유명배우 에디 포이의 진술과 모순된다(Roberts, 2006: 97).
마크는 아무런 증거 없이 홀리데이가 뛰어내린 이유를 '자살 시도'
라 주장했다(Marks, 1989: 86). 와이어트 어프는 포이의 진술과 마크
의 주장과는 다르게, 다른 사람들은 총알을 피하고 있었지만 홀리
데이는 자리를 지켰다고 '수정'했다.

　　와이어트 어프에게 홀리데이는 그저 토사구팽이었다. 홀리데이

는 친구들과 작별 인사를 하는 장면조차 없이 영화에서 사라졌고, 그의 죽음은 엔딩 장면에서 '그는 요양원에서 죽었다.'라는 글귀로 표현되었다. 이것은 굉장한 오류이다. 그 증거로서 홀리데이에 관한 두 개의 주요 전기만 해도 그가 의료기관이 아닌 호텔에서 죽었다고 했다(Myers, 1973: 209; Jahns, 1998: 282). 하지만 와이어트 어프는 20세기에 제도적인 차원에서 폐결핵 환자를 차별했다는 사실을 부정하였다. 오직 소수만이 병원에 들어갈 수 있었고, 1900년 이후에야 그들은 진료를 받을 수 있는 '결핵 환자'로 받아들였음에도 불구하고(Ott, 1996: 136-137) 6개 중 4개 영화에서 홀리데이가 결핵 환자 요양원에서 죽었다고 했다.

아마 가장 문제 있는 것은 와이어트 어프가 홀리데이의 깔끔한 몸가짐을 부정한 것이다. 퀘이드가 연기한 홀리데이는 무례하고 추잡하며, 숙녀들에게 욕설을 퍼붓는 사람이었다. 이는 용납할 수 없는 실수이다. 홀리데이를 실제와 다르게 몸단장과 위생에 신경 쓰지 않는 더러운 사람이라 표현한 것이다. 이것은 영화에서 홀리데이를 더러운 사람으로 표현한 것으로, 실제 '인증된' 목격자의 진술을 부정한다. 이러한 현실을 통해 (비록 홀리데이가 지나치게 깔끔하기는 했지만) 20세기의 전염병에 대한 불안은 무시해도 될 만한 것임을 드러냈다('Talk', 1886: 4).

아마 홀리데이의 스타일은 생체의학 모델과는 어울리지 않을 것이다. 그리고 영화 제작자에게는 생체의학 모델이 역사적인 증거를 무시할 만큼 흥미로웠을 것이다. 치료할 수 없는 폐결핵 환자의 몸은 더럽다는 와이어트 어프의 주장은 결국 폐병에 걸린 몸도 (약하기는 하지만) 깨끗하고 귀중하다는 홀리데이의 주장을 돋보이게 했다.

결론

폐결핵과 장애에 대한 사회적 태도는 홀리데이가 죽은 1887년의 인식과는 완전히 다르게 변해 왔다. 퀘이드가 현실적으로 보여 주고자 했던 폐결핵 환자의 몸은 19세기의 폐병과 얼마나 다른가이다. 이제 퀘이드가 표현한 결핵에 걸려 극도로 쇠약한 홀리데이는 실제와는 다르다는 것을 의심할 것이 아니지만 영화에서 홀리데이를 접한 사람들은 결핵에 걸린 다른 환자들도 저럴 것이라고 성급하게 판단할 것이다.

홀리데이의 친구들은 그의 1884년 (신체적·감정적·사회적) 상황을 연민의 단어로 묘사했다. 그들은 그의 매너와 깔끔한 복장에 익숙한 사람이었기에 더욱 그랬을 것이다. 그의 말년에는 14년간 폐결핵을 앓고, 물질을 남용하고, 도박에 빠져 있었기 때문에 그를 '쇠약하고 한풀 꺾인' 사람이라 표현했다. 하지만 두 기사는 여전히 그를 멋진 사람이라 묘사했다('Doc Holliday', 1886; 'Death of a notorious bunco man', 1887). 와이어트 어프가 혐오스럽다고 표현한 홀리데이의 몸은 한때 섬세하고 깔끔하고 매력적이었다.

이번에 홀리데이의 특이한 사례를 현대인들에게 알려 주어 앞으로 영화 제작자들이 장애에 대한 생체의학 모델을 무비판적으로 받아들이는 것을 막기를 기대한다. 생체의학적인 담론은 보편적이지도, 객관적이지도 않다. 오히려 그들 스스로를 부정하는데 더 적절한 관점이 될 것이다. 홀리데이의 경험을 통해 장애의 영향을 탐구하는 것 또한 필요하다. 하지만 영화 제작자들은 폐결핵에 대한 현대인들의 인식이 의학적 발견과 홀리데이의 죽음 이후에 나타난 사회적 낙인으로부터 생긴 것이라는 것을 알아야 한다. 홀리데이의 장애를 부정하는 것은 어리석은 것이다. 그렇기 때문에 쇠약한 폐병 환자의 몸을 현대의학적인 불안감으로 표현하는 것이 아닌, 역사적으로 적절하고 낭만적인 것으로 맥락에 맞게 두어야 한다.

초기 홀리데이에 대한 묘사는 그의 의학적 상황보다는 그의 신체가 어떠하였는지에 대해 주변인들의 말을 빌려 중점적으로 이야기했다. 무엇보다도 당시 사람들은 그의 깔끔한 모습에 대해 높이 평가하였다. 이러한 세심하고 꼼꼼한 그의 행위를 통해 (폐결핵의 증상보다는) 매력적인 장애인 총잡이라는 홀리데이의 정체성이 갖는 파괴적인 잠재력을 엿볼 수 있었다.

참고문헌

Arizona Daily Star (1882), 30 May [transcription online] Available www. tombstonehistoryarchives.com/?page_id=14 (accessed 29 July 2011).

Awful Arizona (1882). *Denver Republican,* 22 May.

Baur, J. (1959). The health seeker in the Westward movement, 1830–1900, *Mississippi Valley Historical Review.* 91–110.

Blake, M. (2007). *Hollywood and the OK Corral,* Jefferson: McFarland.

Bradock, D., & Parish, S. (2001). An institutional history of disability. In G. Albrecht, K. Seelman, & M. Bury (eds), *Handbook of Disability Studies.* Thousand Oaks: Sage.

Caught in Denver (1882). *Denver Republican,* 16 May.

Courtwright, D. (1996). *Violent Land: Single Men and Social Disorder from*

82

the *Frontier to the Inner City*. Cambridge: Harvard University Press.

Cowen, E. D. (1898). Happy bad men of the west: a reminiscence. *Salt Lake Herald,* 14 November, 5.

Davies, P. (2003). Respiratory tuberculosis. In P. Davies (Ed.), *Clinical Tuberculosis*. London: Arnold.

Davis, N. (1891). *Consumption: How to Prevent it and How to Live with it.* Philadelphia: F. A. Davis.

Death of a notorious bunco man (1887). *New York Sun,* November 20.

Death of J. A. [sic] Holliday (1887). In B. T. Traywick (1996). *John Henry: the 'Doc'Holliday story.* Tombstone: Red Marie's bookstore.

Doc Holliday (1882). *Atlanta Weekly Constitution,* 27 June, 6.

Doc Holliday (1886). *St Joseph Herald,* July 16.

Dormandy, T. (1999). *The White Death: A History of Tuberculosis.* London: Hambledon and London.

Dubos, R., & Dubos, J. (1996). *The White Plague Tuberculosis. Man and Society.* New Brunswick: Rutgers University Press.

Farager, J. (1995). The tale of Wyatt Earp: seven films. In T. Mico, J. Miller–Monzon, & D. Rubel (eds), *Past Imperfect: History According to the Movies.* London: Cassel.

Galton, F., & Mahomed, F. A. (1882). An inquiry into the physiognomy of phthisis by the method of 'composite portraiture'. *Guys Hospital Reports,* 25, 475–493.

George, L. (2004). The emergence of the dandy. *Literature Compass,* 1, 1–13.

Gill, C. (2006). Disability, constructed vulnerability, and socially constructed palliative care. *Journal of Palliative Care,* 22, Autumn, 183–191.

Holliday bound over (1884). *Leadville Daily Herald,* 26 August, 4.

Hughes, B. (2002). Disability and the body. In C. Barnes, M. Oliver, & L. Barton (Eds), *Disability Studies Today*. Cambridge: Polity Press.

It happened that way (1994). In *Wyatt Earp,* dir. by Lawrence Kasdan, Warner/Tig/Kasdan [2004 DVD].

Jahns, P. (1998). *The Frontier World of Doc Holliday* [1957]. Lincoln, London: University of Nebraska Press.

Jarre, K. (1993). *Tombstone: An Original Screenplay,* fourth draft, March 15. Online, available: www.dailyscript.com/scripts/tombstone.pdf (accessed December 22, 2011).

Klages, M. (1999). *Woeful Afflictions: Disability and Sentimentality in Victorian America.* Philadelphia: University of Pennsylvania Press.

Lake, S. (1994). *Wyatt Earp: Frontier Marshal* [1931]. New York: Pocket.

Lawlor, C. (2006). *Consumption and Literature: The Making of the Romantic Disease.* Basingstoke: Palgrave Macmillan.

Leadville Democrat (1884. 8. 20). In D. Griswold & J. Griswold (1996). *History of Leadville and Lake County, Colorado,* Boulder: Colorado Historical Society/University of Colorado Press, 1494–1495.

Leadville Sketches by a former resident. *Omaha Daily Bee,* (10 May, 1883), 2.

Marks, P. M. (1989). *And Die in the West: The Story of the OK Corral Gunfight.* New York: Simon and Schuster.

Mary Cummings'statement: the OK Corral fight at Tombstone: a footnote by Kate Elder. (1977). Bork, A. W. & Boyer, G. (Eds), *Arizona and the West.* 19.

Mays, T. J. (1905). *The Fly and Tuberculosis.* New York: A. R. Elliot.

Murderer's methods (1882). *Denver Daily Tribune,* 16 May.

Myers, J. (1973). *Doc Holliday* [London: 1957]. Lincoln: University of Nebraska Press.

Newsholme, A. (1908). *The Prevention of Tuberculosis.* London:

Methuen.

Ott, K. (1996). *Fevered Lives: Tuberculosis and American Culture since 1870*. Cambridge: Harvard University Press.

Roberts, G. (2006). *Doc Holliday: The Life and Legend*. Hoboken: Wiley and Sons.

Rocky Mountain News (1882). 16 April.

Rothman, S. (1995). *Living in the Shadow of Death: Tuberculosis and the Social Experience of Illness in American History*. Baltimore: John Hopkins University Press.

Shannon, B. (2006). *The Cut of his Coat: Men, Dress and Consumer Culture in Britain. 1860–1914*. Athens: Ohio University Press.

Squire, J. (1893). *The Hygienic Prevention of Consumption*. London: Charles Griffin.

Sturgis, M. (1998). *Aubrey Beardsley: A Biography*. London: Harper Collins.

Talks about tubercles (1886). *Buena Vista Democrat*, 19 May, 4.

Tankard, A. (2013). 'He laughed at death, while courting its embrace': reconstructing Doc Holliday's experience of illness. *WWHA*, VI(4), 3–14.

Williams, C. J. B., & Williams, C. T. (1871). *Pulmonary Consumption*. London: Longmans, Green and Co.

Williams, G. (2001). Theorizing disability. In L. Gary, G. Albrecht, K. Seelman, & M. Bury (Eds), *Handbook of Disability Studies*. Thousand Oaks: Sage.

Wittkower, E. (1995). *A Psychiatrist Looks at Tuberculosis*. London: NAPT.

Wyatt Earp (1994), dir. by Lawrence Kasdan, Warner/Tig/Kasdan [2004 DVD].

3. '다른 은하계의 존재들'

역사학자, 나치의 '안락사' 프로그램 그리고 반대론자의 문제

에멀린 버뎃(Emmeline Burdett)

'**다**른 은하계의 존재'라는 말은 역사학자 리처드 그룬버거(Richard Grunberger) 의 『히틀러 치하의 독일 사회사(A Social History of the Third Reich)』 (1971)에서 사용된 말이다. 그는 이 말을 당시 나치의 유대인 박해 (안락사 프로그램)에 대해 대중들의 공식적인 저항은 없었다는 사실 을 설명하기 위해 사용했다. 그는 안락사 프로그램이 사회 모든 영 역에서 큰 영향을 주고 있지만, 독일인들 사이에서는 유대인들의 고통이 그들과는 완전히 분리된 방향으로 영향을 주었다고 주장했 다. 이번 장에서는 나치 시대의 영미 역사학자들 사이에서 평행적 인 (어떤 면에서는 여전히 존재하는) 인식이 있었다는 것을 보여 줄 것이다. 본 연구자가 언급하고자 하는 것은 지난 수십 년간 안락사 프로그램에 대한 일관된 반응이 있었는지에 대한 것이다. 그동안 학자들은 나치의 학살 프로그램에 대한 저항을 강조했는데, 이는 바로 유대인 박해와 희생자를 완전히 배제하기 위함이었다.

뉘른베르크 의료재판에 따르면 나치의 안락사 프로그램은 '요양원, 병원, 수용소에서 노약자, 불치병, 기형아 등에게 가스, 약물 등을 통해 체계적이고 비밀스럽게 집행된 것'이라고 설명하고 있다 (NMT Indictment, 1946~1947: Paragraph 9, FO 646). 기소장에는 나치의 프로그램을 실행한 가해자들이 수십만 명의 희생자를 죽였다고 추산했다. 나치는 이들이 사회 자원을 비생산적으로 유출시킨다고 생각했다. 이러한 생각은 우생학과 관련된 서구 역사와 나치의 장애인에 대한 평가절하에서 잘 드러난다. 실제로 안락사 프로그램이 시작되기 전에 이러한 약자 계층에 대한 편견이 다양한 방법으로 표현되었다. 1933년에 도입된 법에는 선천적 질병을 예방하기 위해 불임수술을 강요했고, 이러한 강압적인 불임수술로 태어난 자의 자발적인 희생이라 표현하였다. 수학 교과서에서는 장애인의 삶을 평가하여 편익을 분석하게 했으며, 선전 영화를 통해 시설 이용자의 인성에 대해 논쟁하게 했다(Burleigh, 1994: 183-219).

안락사 프로그램은 1938년에 시작되었다. 이때 히틀러뿐만이 아니라 일반인들도 이를 지지했다. 맹인에, 한쪽 팔과 다리가 없는 '바보'인 아들을 둔 '자비로운 죽임을 당할만한 아기[1](Knauer baby)'의 아버지 또한 프로그램을 지지했다(Burleigh, 1994: 98-99). 안락사(mercy-killing)는 제2차 세계 대전 이후 이슈가 되었고, 아이를

---

1) 나치 정권 때 '자비로운 죽임'을 당하는 장애아동을 통틀어 'Child K' 등으로 불렸음.

포함한 약자들을 본격적으로 죽이기 시작했다. 이 살인을 위해 베른부르크, 브란덴부르크, 그라페네크, 하다마르, 하르트하임, 소넨슈타인에 각각 1개소, 총 6개의 센터가 지어졌다. 이 센터들은 교회의 저항에 의해 1941년에 폐쇄되었지만, 센터 외부에서 행해진 통제되지 않은 안락사는 1945년까지 이어졌다(Friedlander, 1995: 151) 본 연구자가 지금 제시한 사례로 보면 그동안 역사학자들은 안락사 프로그램에 저항하는 데에만 집중할 뿐, 수십만 명이 살해당했다는 사실에는 그다지 관심이 없었다. 때문에 이 마지막 요점은 매우 중요하다.

'분노한 인간의 감정': 1950~1970년

제2차 세계 대전 이후 앨리스 플래튼 할러먼드(Alice Platen Hallermund)를 제외한 독일의 역사학자들은 나치의 행위에 대해 적절한 태도를 취하지 못했다고 비판하고 있다(Burleigh, 1991: 318). 하지만 버레이의 기사를 살펴보면 그 말을 의심하게 되는데, 오히려 초기 몇 년 동안은 독일인이 아닌 타국의 역사학자들이 나치의 행위에 대해 오히려 무관심했다는 점이다. 이와 같은 상황은 두 가지 이유로 인해 발생하였는데, 첫째는 안락사 프로그램이 나치가 저지른 다른 극악무도한 행위에 묻혀 버렸기 때문이다. 둘째는 역사학자들이 나치가 자국민에게 행한 범죄보다 유대인과 점령당한 국가에 저지른 범죄에 더 신경을 썼기 때문이다(Mühlberger, 1997: 553).

이와는 대조적으로 안락사 프로그램의 피해자들과 가해자들은, 역사학자들과 대중들의 인식과는 반대로, 약자들을 안락사시키는 범죄적 특성에 대해 의심해 왔다(Kudlick, 2003). 이 장은 쿠들릭(Kudlick)의 설명을 바탕으로 당시 역사학자들은 장애인을 인식하는 방식으로 안락사 프로그램의 희생자를 인식했다고 한다. 예를 들어, 수십 년간 장애인들은 집에 갇혀 있거나 병원에 장기간 수용되었고, 그동안 역사학자들은 안락사 프로그램을 가벼운 윤리적 문제로 인식해 왔다. 결과적으로, 이는 역사학자들이 안락사 프로그램을 무시하거나 (비록 희생자들은 그런 적이 없지만) 안락사 프로그램 자체의 문제에만 집중하게 되었다. 작가이자 장애인 권리 활동가인 제니 모리스(Jenny Morris)는 시설 수용주의란 '사회적인 죽음'이라는 밀러(Miller)와 그윈(Gwynne)의 발언을 탐구하였으며, 이 발언을 수만 명의 희생자의 죽음을 무시해 버리는 역사학자들의 태도와 연결지어 생각해 보면 완전히 새로운 단계로서 고려해야 한다고 이야기했다(Morris, 1993: 130-131).

애초에 나치즘(Trevor-Roper, 1953; Bullock, 1964; Shirer, 1964)은 안락사 프로그램과 관계가 없다. 쉴러(Shirer)는 뉘른베르크 의료재판에서 나치 범죄의 광범위한 영역을 포함시켰지만, 여기에는 안락사 프로그램에 대한 언급은 없고 나치의 의료적인 실험만 포함되어 있었다.

같은 시기의 역사학자들은 완전히 다른 접근법을 제시했는데, 그 초점은 나치 독일에 관한 것이 아닌 유대인에 대한 나치의 박해에 맞춰져 있었다. 이 역사학자들은 가톨릭 교인들이 안락사 프로그램에 적극적으로 대항했음을 강조했다. 상상하건대, 사실이 아니더라도 그들은 이러한 주장을 끝까지 밀어붙였을 것이다. 추가

적으로 이 장 초반에 그룬버거가 이야기한 것처럼 역사학자들은
다음과 같은 견해를 밝혔다. 만약 독일인들이 프로그램의 희생자
가 보호받아야 한다고 느꼈다면 독일인들은 나치 정책에 저항했을
것이며, 안락사 프로그램은 저항의 주요 대상 중 하나였을 것이다.
라이트링거(Reitlinger)는 '비사회적 사람은 여론에 해롭더라도 여전
히 독일인이다. 하지만 만약 비사회적에 인종주의가 포함되어 있
다면 여론은 멍청한 것이다.'라고 적었다(Reitlinger, 1953: 126). 레
옹 폴리아코브(Léon Poliakov) 또한 비슷한 생각을 가졌다.

> 우리는 여기서 '인간의 감정'이 의미하는 바를 다시 이해해
> 야 한다. 안락사 프로그램은 교훈적인 예시가 되며, '국민의 의
> 지'가 얼마나 효과적인 요인이 되는지 알려 준다 … 우리가 어
> 떻게 해야 하는지 보여 준다 … 이러한 예와 비슷한 다른 프로
> 그램은 … 분노한 '인간의 감정'이 항의를 유도하기 때문에 멈
> 춰야 한다. 또한 소위 '쓸모없는 입'을 근절하는 것은 독일인의
> 삶 그 자체였다.
>
> (Poliakov, 1956: 282-283)

이와 비슷한 감정은 겐터 루이(Guenther Lewy)의『가톨릭 교회와
나치 독일(The Catholic Church and Nazi Germany)』(1964)에서도 찾
아볼 수 있다.

하지만 그들의 가족이 죽음에 놓였을 때 분노했던 대다수는
유대인들이 추방되어 가스실에서 죽어 가고 있을 때 분노하지

않았다 ··· 독일의 여론과 교회는 원칙을 지키는 힘이 되었고, 이것은 유대인들에게는 재앙이었으며, 히틀러의 안락사 프로그램의 원칙 유지에도 도움이 되었다.

(Lewy, 1964: 265-67)

라이트링거, 폴리아코브, 루이는 독일 대중과 독일 교인들이 나치에게 박해받는 유대인을 보호하지 않았다는 공통적인 주장을 펼쳤는데, 독일 대중과 교회가 유대인을 보호하지 않은 이유는 바로 반유대주의 때문이라고 판단했다. 또한 그들은 더 나아가 안락사 프로그램에 대항한 일부 예시를 보여 주며, 유대인들도 항의했다면 충분히 대항할 수 있었다고 주장했다.

하지만 이 주장은 일부 반대되는 가설에 대응을 하지 못한다는 한계가 있으며, 학자들은 자신이 주장하기 전에 이 가설들을 조사했어야 했다. 폴리아코브와 루이는 특히 안락사 프로그램의 희생자와 프로그램에 저항한 사람들과의 관계성을 강조했다. 더 나아가 그들은 안락사 피해자들의 사회적 위치가 과거에는 매우 안정적이었다는 사실을 밝혀냈다. 이는 프란시스 골턴(Francis Galton)과 제1차 세계 대전 당시 대학살과 같은 것의 대응으로 모인 기세에서 기원된, 유럽과 미국 사회가 생각했던 우생학의 역사 전체를 무시한 것이었다.

우생학의 역사는 후기 역사학자들의 노력에 의해 완성된 것이지만, 내가 언급한 3가지는 바로 그것에 대한 인식이다. 예를 들어, 레비(Lewy)는 1933년 제정된 유전병 예방에 대한 나치의 법령과 동시대에 있었던 미국의 다양한 수술을 통한 불임화 법률들을 비교했다.

(나치의) 법령이 시행된 첫해에는 32,268명을 대상으로 하였다. 1935년에는 73,714명을 불임화시켰으며, 그 다음해에는 63,547명이었다. 이 마지막 통계자료는 50년간 불임화 법령을 바탕으로 불임수술을 한 미국의 60,166건보다도 높다. 게다가 미국의 경우에는 자발적인 것이었다.

(Lewy, 1964: 265-67)

이 같은 사례는 수많은 의문을 일으킨다. 특히, 특정한 사람들에게 불임화가 합법인 사회에서 살고 있다면 스스로 불임화를 선택하는 것이 정말 자발적인 것일까? 그렇지만 루이의 주장은 미국의 우생학과 일반적인 우생학에 대한 궁금증을 풀고자 한 시도로 볼 수 있다.

루이, 폴리아코프, 라이트링거 모두 박해받은 유대인을 위해 유대인이 아닌 독일인이 항의하지 않은 것을 반유대주의로 설명할 수 있다고 주장해 왔다. 3명의 역사학자가 언급하지 않은 부분에서 유대인의 불안정한 지위는 불임화된 집단과 동일시 된 것이 아닌가 하는 의문이 든다. 루이의 불임화에 대한 언급과 안락사 프로그램의 유대인이 아닌 독일인 희생자에 대한 3명의 주장을 보면, 미국이나 독일의 불임화 정책이 정책 대상에게 차별을 하려는 목적을 갖고 한 것이 아니라는 뉘앙스를 가지고 있다. 이 의문은 근본적으로 장애를 제거하는 것이 장애에 대한 편견을 만드는 것은 아닌지 여부에 관한 것이다. 본 연구자가 정의했듯이, 이 의문은 계속될 것이다.

계속되는 추세: 1970~1990년

윌리엄 쉴러의 저서 『제3제국의 탄생과 멸망(The Rise and Fall of the Third Reich)』과 그룬버거의 저서 『제3제국의 사회사(A Social History of the Third Reich)』는 학술적이기보다는 대중적인 문학 작품이다. 그룬버거의 책은 나치 제도(예, '영화' '건강') 아래의 일상에 대해 논했다. 그는 나치의 안락사 프로그램을 상세히 논했는데, 내용을 깔끔하게 정리했다. 그는 이 사건의 중요한 시사점을 안락사 프로그램의 시행으로 적어도 수만 명의 사람들을 살해한 사실이 아닌 독일 대중의 반응(이것은 보편적인 비판 중 하나이다)에 있다고 보았다. 그룬버거 또한 계속해서 프로그램에 대해 '안락사(mercy-killing)'라 언급하였다. 다음을 통해 그가 어디에 프로그램의 중요성을 두었는지 알 수 있다.

> 전쟁과 점령의 영향은 오직 소수의 독일인들에게 문제의식을 가지게 하였고, 따라서 (불치병이나 정신적 결함을 가진 독일인을 안락사하는 것과는 달리) 독일의 여론은 흔들리지 않았다.
>
> (Grunberger, 1971: 52)

우리는 여기서 그가 3명의 역사학자의 주장을 인용한 것을 볼 수 있는데, 그 이유는 바로 안락사 프로그램에서 유일하게 주목할 만한 것이 그것에 대한 항의라는 것을 보여 주기 위해서이다. 하지만 그룬버거는 안락사 프로그램을 '정신적 · 육체적 장애인의 안락사 전시회'라 표현하는 것을 잠시 멈춘 후(Grunberger, 1971: 283) 두 가지 사실에 대해 언급하였는데, 이 두 가지 사실 모두 프로그램에 대한 저항의 보편적인 성격에 대한 의심을 바탕으로 하고 있다.

〈나는 비난한다(Ich Klage an)〉는 나치의 선전 영화인데, 젊은 여성의 이야기로 그녀의 의사 남편이 다발성 경화증을 진단받은 그녀를 죽이려 하는 내용을 담고 있다.

(Gallagher, 1990: 92)

그룬버거는 나치 당국이 이 영화 관객의 반응에 주목하였다는 것을 말하며 한 가지 논평을 인용하였다.

꽤 흥미롭게도 이 영화에서 표현된 사건들이 수용소에서도 똑같이 일어나고 있다. 우리 주변에서 이러한 행위가 발생하지 않을 거라 어떻게 보장하겠는가?

(Grunberger, 1971: 486 인용)

그룬버거는 다음과 같은 논평을 '수수께끼'라 표현했으며, '이러한 종류의 부메랑 효과'는 다른 영화의 관객에게서도 볼 수 있다고 하였다.

사회민주당은 민족적으로 섞여있는 동부지역의 식민지 해방 서사시를 관찰한 폴란드 사람들… 영화 속 반역자들과 그들을 동일시해 자극받을 수 있다는 우려를 표했다.

(Grunberger, 1971: 486)

그룬버거가 나치 안락사 프로그램에 대한 대중의 어떤 반응을 원하고 있는지 정확하게 아는 것은 어렵다. 그렇지만 그가 사회민주당 보고서를 언급한 것은 사람들이 예술(영화)을 모방할지도 모른다는 두려움을 보여 준 것이다. 하지만 이러한 설명은 만족스럽지 않다. 왜냐하면 청중들에게 인터뷰를 진행해 본 결과 영화에서 죽이는 행위는 수용소에서도 똑같이 일어나고 있고, 이러한 살인이 외부로 확대될지도 모른다는 두려움을 가지고 있었기 때문이다. 물론 우리는 관객이 어떤 종류의 확대를 상상했는지 모른다. 이것이 바로 그룬버거가 이 논평을 '수수께끼'라고 한 이유이다. 어쨌든 사회민주당은 누가 이 영화를 보고 찬성했는지 알지 못한다면 그룬버거가 인용한 이 보고서는 독일 대중들 중 최소한 한 명에게는 '정신병자를 죽이는 것'이 안락사의 '남용'으로 여겨지지 않았다고 알게 하는 증거가 될 것이다. 하지만 그룬버거는 이러한 해석에 대해 아무런 언급도 하지 않았다.

해석의 문제는 그룬버거가 나치의 안락사 프로그램이 실행되도록 한 몇 가지 사건을 설명할 때 한 번 더 나타난다.

나치 당국은 안락사 프로그램을 준비하기 위해 대학 의료계를 선도하는 구성원을 assessoren의 비밀 녹음실로 소집했다. 이때 assessoren은 안락사를 진행하기 위한 수용 시설을 의미한다. 이 일에 대항하여 의료계 선각자(에발트 교수)는 저항에 나섰지만, 그의 동료 교수 8명은 나서지 않았다.

(Grunberger, 1971: 397)

이 구절은 매우 중요하다. 예상대로 그룬버거는 (언급된 다른 역사가들과 마찬가지로) 그 중요성이 독일 대중에 있음을 주장하였다. 그는 나치 정책에 대한 독일인들의 태도에 관심을 가졌고, 이를 통해 우리는 그룬버거가 에발트의 동료 교수들이 안락사 프로그램에 동의했다는 명백한 증거를 제공할지도 모른다는 추가적인 논의를 기대할 수도 있다. 하지만 그룬버거의 관점은 연구를 진행하는 데 부분적으로 적합하지 않다는 한계를 가지고 있다. 그룬버거는 프로그램에 대한 논의를 진행하는 데 안락사(mercy-killing)라는 비판적이지 않은 표현을 사용함으로써 그 한계를 드러내고 있기 때문이다.

그룬버거의 나치의 안락사 프로그램에 대한 마지막 이야기에는 이 장의 제목 '다른 은하계의 존재들'의 이야기가 담겨 있다. 그리고 이 부분에서 다시 한번 프로그램 자체가 아닌 독일 사회 속에서 나타난 프로그램에 대한 저항이 중요하다는 그의 근본적인 평가로 끝을 맺었다.

이러한 성격을 가진 저항의 실현 가능성은 … 갈란 추기경의 안락사에 대한 비난에서 증명되었다. … 하지만 안락사 희생자는 독일인이었고, 그들의 죽음은 모든 사회 계급에 영향을 끼쳤다. … 뿐만 아니라 대다수의 사람은 유대인의 고통이 다른 은하계의 존재에게까지 영향을 끼쳤다고 생각했다.

(Grunberger, 1971: 584-585)

다른 역사학자들과 마찬가지로 그룬버거 또한 독일 대중이 유대인 박해에 대해 문제제기를 하지 않은 이유가 독일인들에게 깊게 뿌리내린 반유대주의 때문이라고 지적했다. 하지만 이를 뒷받침해 줄 증거를 찾는 데에는 실패했다.

이러한 관점은 비단 그룬버거처럼 유명한 역사학자뿐만 아니라 더 많은 학술적 연구에서도 나타났다. 이언 커쇼(Ian Kershaw)의 책 『여론과 정치적 이견(Popular Opinion and Political Dissent)』(2002)에서 친숙한 이야기를 활용하여 나치의 안락사 프로그램에 대한 저항이 자유주의적으로 이루어졌으며, 그 결과 나타난 희생자에 대한 도덕적 함의는 완전히 무시되었다고 이야기한다. 우리는 그간 '안락사 행위'가 전쟁이 시작된 후 히틀러의 비밀명령에 의해 시행된 것이라 전했다. 그리고 그때부터 공식적으로 안락사가 중단될 때까지 약 2년간 7만 명 이상이 죽었다고 주장했다. 이러한 커쇼의 예시들은 실제로 살해된 사람들에 대한 간략한 언급을 담고 있다 (Kershaw, 2002: 338). 그럼에도 이것은 전적으로 독일인의 저항에 대해 이야기를 하고 있다. 프로그램 자체에 대한 이야기는 책 12쪽 안락사 프로그램에 대한 대항 부분에 몇 줄만 언급했을 뿐이며, 희생자에 대한 언급은 숨겨 버렸다. 커쇼가 다음과 같이 주장한 것은 놀랍지 않다. "1941년 교인들이 '안락사 행위'를 중단시키는 유례없는 승리를 이끌어 냈다"(Kershaw, 2002: 272). 그는 각주에 프로그램이 끝나지 않았음을 밝혔지만, 이것이 독자들에게 영향을 미쳤을 거라 생각하기는 어렵다. 그리고 '쓸모없는 식자'에 대한 선전이 완전히 실패했다는 그의 발언과 나치가 안락사를 선동하기 위해 행한 여러 가지 행위에 대해 논의하지 않았다는 것 역시 중요하다. 커쇼의 견해에 따르면 이 체계적인 살인 프로그램은 어디에도 없었고, 반대자가 있었다면 바로 배제되었을 것이라고 했다. 이것은 부분적으로 나치 정책에 대한 대중의 반대 논의가 주로 담겨 있다고 설명될 수 있다. 그렇지만 이러한 접근법은 나치의 안락사 프로그램의 또 다른 사례를 무시할 수 있는 위험성이 존재한다. 왜냐하면 역사학자의 초점이 안락사 프로그램과 전혀 맞지 않는 곳에 있고, 이것이 나치에 대한 독일인의 저항 가능성을 은유적으로 상징할 뿐만 아니라 독일인의 반유대주의를 설명하기 때문이다.

이 시기의 영미 역사학자들의 나치즘 연구는 많은 측면에서 상당히 확장되었지만, 안락사 프로그램에 대한 관심은 아쉽게도 그리 많지 않았다. 그룬버거와 커쇼의 사례처럼 역사학자들은 근거와 출처가 완벽하게 있을 때조차도 그들의 가정에 의심을 하였다. 또한 명백한 증거에도 프로그램 자체에 대한 저항에만 주목했고, 실제로 안락사에 대해 의문을 제기하는 일은 없었다. 이 시기를 끝으로 나치의 '의료범죄'에 대한 연구가 시작되었다. 특히『나치 의사들(The Nazi doctors)』이라는 책은 안락사 프로그램이 나치 독일의 의학과 인종주의 간에 어떠한 연결점이 있었는지 등 다양한 주제를 다루었다. 서독일 역사학자 괴츠 알리(Götz Aly)는 나치 안락사 프로그램이 대중의 지지가 없었던 게 아니라며, 당시 장애아를 둔 많은 부모가 그들이 느낀 낙인을 없애고 싶어 프로그램에 자발적으로 참여했다고 이야기했다(Proctor, 1989: 194). 이때의 안락사는 '그저' 아픈 사람과 장애인뿐만 아니라 '열등한' 것으로 간주되는 집단까지 포함하는 '인종세탁의 극단적인 형태'라고 설명하였다(Weindling, 1989: 9-10). 웨인들링(Weindling)과 프록터(Proctor)

는 직접적으로 안락사 프로그램에 대해 조사한 것은 아니지만
(Kudlick, 2003: 787, footnote 81), 두 사람이 나치의 인종적 관점을
분명히 밝히고, 안락사 프로그램에 대한 저항을 깎아내리는 시도
가 없었다는 점에서 그들의 논의는 주목할 가치가 있다.

'참담한 주제': 1990년~현재

1995년 역사저널『아이시스(Isis)』에서는 영국의 역사학자 마
이클 버레이(Michael Burleigh)의 책『죽음과 구제: 독일의 안락사
(Death and Deliverance: Euthanasia in Germany 1900~1945)』(1994)를
"작가가 최초로 '참담한 주제'라 이야기한 연구"라 표현했다(Weiss,
1995: 680). 이 책은 5년 전에 나온 '참담한' 주제를 다룬 휴 그레고
리 갤러거(Hugh Gregory Gallagher)의 책『배반당한 신뢰: 제3제
국에서의 환자, 의사 그리고 살인면허(By Trust Betrayed: Patients,
Physicians, and the License to Kill in the Third Reich)』과 비교하면 확
실히 눈에 띈다. 갤러거의 책은 버레이의 참고문헌 목록에 나타나
지 않았다. 그리고 로버트 제이 리프톤(Robert Jay Lifton)의『나치의
의사들(The Nazi Doctors)』과 쉴러의『제3제국의 탄생과 멸망』, 그룬
버거의『제3제국의 사회사』처럼 학술적이기 보다는 대중적인 책이
었다. 이러한 불일치는 갤러거가 자료를 번역하여 사용했고, 전통
적인 역사학자의 '객관성'을 피해 자신의 이야기를 썼기 때문에 나
타났다. 그는 자신이 열아홉 살 때 소아마비의 영향으로 휠체어를
타게 됐다는 것을 밝히며, 우리에게 그가 생각하는 장애인과 비장

애인의 사회 구성원의 관계를 알리기 위해 노력하였다. 그의 책에는 젊은 독일 장애인권리활동가 3명의 이야기가 담겨 있는데, 독일에서 장애인의 권리가 어떻게 진보해 왔는지, 나치즘의 유산은 어떻게 남아 있는지에 대한 내용이다(Gallagher, 1990: 1, 275-281).『배반당한 신뢰(By Trust Betrayed)』역시 '다른 시간과 공간 속 장애인(The Handicapped in Other Times and Places)'에 대해 논의하는 장을 포함하였고(Gallagher, 1990: 24-44), 이는 사회정치적 목표를 염두에 두고 작성한 것이다.

갤러거의 접근법은 특히 장애에 대한 사회적 태도를 바꾸는 데 초점이 있다.『배반당한 신뢰(By Trust Betrayed)』의 서론에서는 책의 내용에 대한 개요와 함께 그가 장애인이 되고 나서 갖게 된 장애에 대한 두려움과 다른 사람들이 그를 보는 시선에 대해 다루었다. 이런 방법은 그동안 역사학자들이 한 것과는 정반대이다. 그는 그의 경험을 쓰는 방식으로 독자들에게 나치의 안락사 프로그램을 희생자의 관점으로 보게 하였다. 이것은 현재 장에서 보여 주는 것처럼 이전에는 불가능한 것이었다. 그렇다고 해서 갤러거는 희생자를 애매하게 표현하지도 않았다. 오히려 독자로 하여금 책을 읽고 희생자를 향해 공감하게 하였다. 추가적으로 갤러거는 다음과 같이 이야기했다.

> 장애에 대한 사회의 차별과 냉혹함은 흥미진진한 일이다. 가해자가 괴롭히는 대상은 외계인이나 소수인종이 아니다. 가해자는 결국 주변의 동료, 시민, 친구, 가족, 결과적으로는 자기 자신을 괴롭히는 것이다.

> (Gallagher, 1990: 3)

　게다가 그는 "나는 사회에서 장애인들이 공부를 해야 한다고 생각한다. 인류학자, 사회학자, 역사학자는 장애의 기원과 장애에 대한 사회적 태도, 장애와 관련된 행위의 발전에 대해 조사해야 한다."라고 이야기했다(Gallagher, 1990: 3). 이 말은 안락사 프로그램은 존재하지 않았으며, 독일 국민이 이 프로그램에 참여했을 리가 없다는 이전 역사학자의 주장에 도전하는 것이다. 'T4 작전의 기원(The Origins of Aktion T4)'라는 장에서는 자신의 주장을 확장하여 장애 접근법의 기원을 찾아 19세기 중반까지 거슬러 올라갔으며, 찰스 다윈의 『종의 기원(The Origin of Species)』도 언급하고 있다. 갤러거는 다윈이 주장한 종의 기원 이론이 단순함으로 인해 쉽게 왜곡될 수도 있다고 주장했다(Gallagher, 1990: 76-77).

　나치의 안락사 프로그램과 그 기원에 대한 갤러거의 관점에서 갤러거의 책은 버레이나 프리들랜더(Friedlander)의 책처럼 '상세한 연구의 결과'이다. 이 세 책은 안락사 프로그램에 대해 어느 부분에 중요성을 두었는지에 따라 차이점이 드러난다. 이 세 책은 모두 명시적으로 나치의 안락사 프로그램과 서구의 우생학 발전을 연결한다. 갤러거와 달리 버레이와 프리들랜더는 증거에 기반하여 직설적으로 썼다. 프리들랜더의 접근법은 버레이보다는 인종에 더 많은 초점을 두었다. 예를 들어, 버레이는 희생자가 수용소에 있었는지에 대해 그리 큰 중요성을 두지 않았다. "환자가 존재했다는 연구들은 정신분열증 환자에게 간질이 얼마나 일어났는지 합계하는 데 컴퓨터를 사용하는 경향이 있어 심히 걱정되는 접근법이다"(Burleigh, 1994: 285-286). 이와는 대조적으로 프리들랜더는 가해자가 희생자를 특정한 방법으로 표현하는 것에 대해 자기-만족적인 이유가 있었는지를 밝히는 것에 더 많은 중요성을 두었다.

　내가 증거를 보았을 때, 그동안 전통적으로 안락사 희생자들을 '정신병자(Geisteskranke)'라고 표현했던 것이 정확하지 않다는 것을 깨달았다. … 비록 희생자들이 주립병원과 요양원에 수용되었지만, 그저 몇 가지 정신질환을 앓았을 뿐이다. 많은 사람이 정신지체를 겪고, 보이지 않고, 들리지 않고, 간질이거나 신체적으로 기형이라는 이유만으로 병원에 수용되었다. 그들은 오늘날 미국의 「장애인법」에 보호받는 사회적으로 취약 계층인 환자였다.

(Friedlander, 1995: xi)

　이 두 진술을 버레이 관점에서 볼 때 결론적으로 안락사 프로그램에 의해 학살당한 취약 계층 희생자들을 의학적인 관점에서 고려하는 것은 정당화될 수 없다는 것을 의미한다. 프리들랜더는 이와 반대로 희생자의 의학적인 상황을 고려하는 것이 중요하며, 이 때문에 그들이 죽었다고 주장했다.

결론

　앞에서 언급한 책들이 가져온 태도 변화는 사회적 지표로서 곧바로 나타났다. 버레이의『죽음과 구제(Death and Deliverance)』와 프리들랜더의『나치 대량 학살의 기원(The Origins of Nazi

Genocide)』에서 발췌한 내용이 데이비드 세사라니(David Cesarani)의 『마지막 해결책: 기원과 이행(The Final Solution: Origins and Implementations)』, 오메르 바르토프(Omer Bartov)의 『홀로코스트: 기원, 이행, 그리고 여파(The Holocaust: Origins, Implementations, Aftermath)』, 로버트 겔레이틀리(Robert Gellately)와 네이선 스톨츠푸스(Nathan Stolzfus)의 『나치시대의 사회적 아웃사이더(Social Outsiders in Nazi Germany)』에서 나타났다. 아마도 이 책들이 역사가들의 나치의 안락사 프로그램에 대한 견해가 얼마나 개선되었는지 가장 명확하게 알려 주는 증거일 것이다. 또한 프로그램을 조사하기 시작한 역사학자들의 노력에 감사를 표한 책이기도 하다. 겔레이틀리와 스톨츠푸스는 편집자 소개에 이렇게 썼다.

> 대중에게는 무슨 일이 일어나고 있었는지에 대한 불안감은 있었지만, 결국 저항은 일어나지 않았다. 극히 일부분의 지역 주민만이 안락사 프로그램에 대해 끔찍하게 생각했을 뿐이었다. 한 여성은 그녀의 두 형제가 며칠 만에 병원에서 죽었다고 적었다. 그녀는 나치를 받아들임과 함께 '평화를 다시 찾기'를 원했다. 하지만 나치 의사는 「안락사법」에 따라 만성적인 고통에서 사람들을 '구제'하였고, 이는 곧 법에 의한 약자 살인이었다.
>
> (Gellately & Stolzfus, 2001: 11)

만약 버레이와 프리들랜더가 나치의 안락사 프로그램에 대한 역사학자들의 생각을 긍정적으로 생각했다면 갤러거는 어떠한가?

2003년, 장애학 역사학자 캐서린 쿠들릭은 〈미국 역사 리뷰(The American Historical Review)〉에 기사를 썼는데, 그때 그녀는 갤러거가 책을 낸지 10년이나 지났는데도 그의 책에 대해 전혀 언급하지 않았다. 이와는 대조적으로 수잔 에반스(Suzanne E. Evans)의 저서 『히틀러의 잊혀진 희생자들: 홀로코스트와 장애인(Hitler's Forgotten Victims: The Holocaust and the Disabled)』(2007)은 갤러거의 책을 꽤 많이 인용했다. 그녀는 책에서 그 이유를 이렇게 설명했다.

> 홀로코스트 기간에 희생된 장애인 대량학살에 대한 기억은 … (1) 현대 사회에서 어떻게/왜 장애인이 사람들에게 소외당하고 있는지와 (2) 홀로코스트가 발생하도록 만든 사회적 태도와 도덕적 결함을 이해시켰다고 하기에는 잔인하다.
>
> (Evans, 2007: 20)

나치의 안락사 프로그램을 현대와 관련지어 생기게 되는 질문에 답하기는 매우 어렵다. 에반스의 관점과는 다르게 2001년에 갤러거는 『장애정책 연구저널(Journal of Disability Policy Studies)』에 기사를 올리게 되었는데, 기사의 제목은 '나치의 안락사 프로그램이 장애인 억압에 관하여 우리에게 무엇을 이야기해 줄 수 있는가'이며, 그는 기사에서 다음과 같이 결론지었다.

> 미국의 장애인은 그들의 권리와 자유를 지키고 보존할 수 있는 수단을 가지고 있다. 나치 독일에서 억압받은 우리의 형제자매들은 이러한 수단이 없어서 결국은 희생당하고 말았다.

그들은 억압당했다. 우리 미국의 장애인은 앞으로 미국 헌법
이 존재하고 그에 따른 권리가 보장받는 한 결코 억압받지 않
을 것이다.

(Gallagher, 2001: 99)

앞에서 언급한 여러 가지 질문들은 아직 해결되지 않았으며, 여
전히 이에 대해 신중하게 접근해야 한다. 하지만 이 장에서 분명하
게 말할 수 있는 것은 나치의 안락사 프로그램에 대한 연구가 오래
전부터 시삭되어 왔으며, 시간이 지남에 따라 장애에 대한 사회적
태도에 긍정적인 변화를 반영했다는 점이다.

참고문헌

Bullock, A. (1964). *Hitler: A Study in Tyranny.* London: Penguin.

Burleigh, M. (1991). Surveys of developments in the social history of medicine: III euthanasia in the Third Reich: some recent literature. *Social History of Medicine*, 317-327.

Burleigh, M. (1994). *Death and Deliverance: Euthanasia in Germany. 1900-1945,* Cambridge: Cambridge University Press.

Evans, S. E. (2007). *Hitler's Forgotten Victims: The Holocaust and the Disabled.* Stroud: Tempus Publishing Ltd.

Friedlander, H. (1995). *The Origins of Nazi Genocide: From Euthanasia to the Final Solution.* Chapel Hill: University of North Carolina Press.

Gallagher, H. G. (1990). *By Trust Betrayed: Patients, Physicians and the License to Kill in the Third Reich.* New York: Henry Holt and Company.

105

Gallagher, H. G. (2001). What the Nazi 'authanasia program' can tell us about disability oppression. *Journal of Disability Policy Studies*, 12(2), 96–99.

Gellately, R., & Stolzfus, N. (eds) (2001). *Social Outsiders in Nazi Germany*. Princeton: Princeton University Press.

Grunberger, R. (1971). *A Social History of the Third Reich*. London: Weidenfeld and Nicolson.

Kershaw, I. (2002). *Popular Opinion and Political Dissent*. Oxford: Oxford University Press.

Kudlick, C. J. (2003). Disability history: why we need another 'Other'. *American Historical Review*, 108(3), 763–793.

Lewy, G. (1964). *The Catholic Church and Nazi Germany*. New York: McGraw-Hill Book Company.

Morris, J. (1993). *Pride against Prejudice: Transforming Attitudes to Disability*. London: The Women's Press.

Mühlberger, D. (1997). Review of Michael Burleigh's death and deliverance: euthanasia in Germany, 1900–1945. *English Historical Review*, 112, 446, 553–554.

Nuremberg Medical Trial Indictment (1946–1947). *U.S. v Karl Brandt et al.*, F.O. 646 Case 1 Medical, 10–11.

Poliakov, L. (1956). *Harvest of Hate*. London: Erek.

Proctor, R. (1989). *Racial Hygiene: Medicine under the Nazis*. Harvard: Harvard University Press.

Reitlinger, G. (1953). *The Final Solution*. London: Vallentine Mitchell and Co.

Shirer, W. (1964). *The Rise and Fall of the Thir Reich*. London: Pan.

Trevor-Roper, H. (1953). *Hitler's Table-talk*. London: Weidenfeld and Nicolson.

106

Weindling, P. (1989). *Health, Race and German Politics between National Unification and Nazism, 1870–1945.* Cambridge: Cambridge University Press.

Weiss, S. F. (1995). Review of Michael Burleigh's death and deliverance: euthanasia in Germany 1900–1945. *Isis.* 86(4), 680–681.

4. 이미지 시대의 장애와 포토저널리즘

앨리스 홀(Alice Hall)

최근의 문화적 비평은 '우리는 이미지 시대에 살고 있다.' 또는 보는 시대라고 선언해 왔다(Louvel, 2008: 31; Siebers, 2010: 121). 이렇게 보이는 것을 우선시하는 관점을 시작점으로 잡아 이 장에서는 현대 포토저널리즘 속 장애의 표현에 대해 탐구하고자 한다. 특히, 이 장에서는 질스 둘리(Giles Duley)와 주앙 실바(João Silva)의 작품과 미디어 표현을 검토함으로써 그들이 그간 장애인에 대한 틀에 박힌 선정주의와 시각적인 표현에 도전하여 새로운 종류의 인물사진(모습, 틀)을 만들었음을 보여 줄 것이다. 둘리와 실바의 '감정을 드러내는 이미지'(Hocks & Kendrick, 2005: 1)는 장애 연구와 사진이론을 바탕으로 글과 이미지/예술과 행동주 간의 역동적인 상호작용을 창조하면서 장애에 대한 전통적인 이분법적 이미지에 도전하였다고 평가할 수 있다.

나는 둘리와 실바가 현대 미디어와 온라인에서 장애인 이야기를 활용하는 방법을 생각해 내는 데 중요한 역할을 했다고 생각하며, 이는 장애에 대한 태도를 바꾸고 공교육에 기여했다고 본다. 광범위한 언론에 그들의 이야기를 보도하는 것은 공공 영역에서의 장애에 대한 현대 문화적/사회적 반응을 반영하고, 형성하는 데에도 도움이 된다는 점에서 중요하다. 또한 이러한 새로운 종류의 인물사진(형태)은 새로운 기술의 역할과 기술이 가진 개인의 경험을 빠르고 광범위하게 전달하는 능력에 대한 윤리적인 이슈를 형성한다. 『둘리의 자화상: 이야기가 된다는 것(Self-Portrait: Becoming the story)』(2011)은 아픔과 문제뿐만 아니라 '이야기를 만드는' 과정과 관련된 두 작가의 가능성을 담고 있다.

액션 샷과 자전적 사진

둘리와 실바는 인도주의적인 이슈 및 갈등의 장소와 관련된 드러나지 않은 이야기를 잡아 내는 일을 하는 현대 사진기자이다. 그들의 경력을 살펴보면 그들은 장애와 관련된 사진을 많이 찍었다. 예를 들어, 둘리는 방글라데시 다카의 염산 테러를 당한 어린 여성의 얼굴 속의 상처를 잡아 냈고(Duley, 2009), 『닉, 자폐증을 가진 이(Nick, Living with Autism)』이라는 사진집을 만들었다(Duley, 2006). 실바는 방방클럽의 회원으로 잘 알려져 있는데, 방방클럽은 사진작가 집단으로, 1990년대 초기에 아파르트헤이트 체제를 이행하는 동안 나타난 남아프리카의 도시 속 폭력과 피해에 대해 알리는 역할을 하였다. 그들은 아프가니스탄에서 활동하다가 다쳤는데, 이 사건은 그들의 활동이 만든 윤리적 문제(특히, 전쟁 간에 다쳐 장애를 가진 몸의 연출)를 더욱 어렵게 만들었다. 2010년 칸다하르에서 군인들이 정찰할 때 실바는 지뢰를 밟았고, 그 결과 무릎 아래까지 절단하여 두 다리를 잃게 되었다. 이듬해에 둘리 역시 미국 군인들과 정찰하다가 사제 폭발물을 밟아 두 다리와 한 팔을 잃었다.

이러한 위기의 순간 두 사진작가는 그들의 모습을 담았다. 『뉴욕타임스』의 인터뷰에서 둘리는 그가 의료 조치를 기다릴 때의 그의 생각을 설명하였다. "나는 생각했다. '오른팔? 두 눈?'—그는 이 모든 것이 다치지 않았다는 것을 깨달았다—그리고 나는 생각했다. '난 일할 수 있다.'"(Chivers, 2011a). 후에 2011년 런던에서 그는 폭발사건 후유증을 겪는 자신을 사진에 담아 전시회를 열었다. 실바 역시 자신이 다친 후의 모습을 담은 사진전을 열었다. 실바는 한쪽으로 기운 땅, 하늘 사진, 땅바닥에서 고통 속에 누워 있는 그의 사진을 인터넷에 올렸는데, 이러한 3가지 사진을 통해 그가 겪은 끔찍한 혼란을 이야기해 주었다(Silva, 2010). 이 사진들에 대한 실바의 논평은 둘리의 말을 되풀이한다. 그들은 사진과 작품의 중요성을 서로 나누고 폭력과 전쟁을 기록하겠다는 약속을 공유했다.

(폭발 이후) 한순간에 위생병이 나를 위해 일했다. 나는 카메라를 들었고, 몇 차례 사진을 찍었다. 솔직히 프레임은 좋지 않았다. 하지만 난 기록하고자 노력했다. 나는 좋지 않다는 것

을 알았지만 살아있음을 느꼈다.

(Silva, 2011)

이 활동사진들은 카메라 뒤에 있는 절망적이고 고통스러운 신체의 상태를 짐작하게 한다. 실바의 논평은 이 사람의 (개입하려는) 절박함과 다시 일을 하겠다는 투지를 보여 준다.

> 사람들은 대개 카메라 뒤에 기계가 있다며, 그렇게 찍은 사진은 사건이 아니라고 생각한다. … 우리가 보는 것은 눈을 통해 바로 뇌로 간다. 몇 가지 장면들은 잊혀지지 않는다. … 카메라 반대편에는 사람이 있으며, 그 사람은 살아남고자, 찍고자, 세상에 건넬 메시지를 얻고자, 안전하고자 노력한다.
>
> (Silva, 2011)

신체와 카메라의 관계는 여기서 재구성된다. 카메라는 눈으로 보는 것이나 보호막이 아니다. 오히려 불완전한 메커니즘과 신체의 확장이다. 따라서 실바의 카메라는 위기의 순간을 향하여 사진작가와 전쟁사진과의 틈을 허물었고, 인간의 취약성을 떠올리게끔 했다.

이러한 인물 활동사진은 새로운 것이 아니다. 다친 순간을 찍어내는 행위는 다른 전쟁사진들을 생각나게 한다. 로버트 카파(Robert Capa)의 〈공화주의자 병사의 죽음(Loyalist Militiaman at the Moment of Death, Cerro Muriano, September 5, 1936)〉은 〈쓰러지는 군인(The Falling Soldier)〉을 떠올리게 한다. 카파의 눈에 띄는 사진은 죽음의 순간을 담은 스페인 내전 시기에 불모의 언덕에서 떨어지는 병사의 사진이다(Capa, 2007). 이 사진은 즉각적으로 함축된 도덕적 문제를 생각하게 하는데, 계속해서 사진을 찍는 사진작가의 결정이 죽어 가는 병사를 돕는 것보다 옳은 것인지의 문제이다. 또한 사진작가의 안전에 대한 우려도 생각하게 한다.

둘리와 실바의 사진은 포토저널리즘의 전통이 되었다. 하지만 그들의 사진은 너무나 사적이어서 가장 친밀하고 골치 아픈 순간에 접근할 수 있도록 만드는 현대 기술의 새로운 힘을 보여 준다. 둘리와 실바의 사진은 시청자들에게 긴박하면서도 압도하는 감각을 느끼게 한다. 왜냐하면 현대 기술이 사고 후에 바로 사진을 찍을 수 있게 했을 뿐만 아니라, 블로그 및 기타 온라인 미디어를 통해 전 세계에 확산시키고 접근할 수 있게 했기 때문이다. 장애인을 찍던 사진작가들이 실제 장애인이 되자, 그들은 희생자의 수동적인 입장과 적극적인 입장 모두를 아우를 수 있게 되었다. 그들은 포토저널리즘 산업과 미디어 안에 위치할 (뿐만 아니라 전문가로서) 관심을 갖게 되었다. 이때 이들의 관심은 장애에 대해 대중들이 모르는 이야기를 기록하는 것과 장애에 대한 사회적 태도를 바꾸기 위해 사진의 가능성을 탐구하는 것이다.

사진과 장애 이론

1990년부터 많은 장애 이론가는 대중문화 속 장애에 대한 시각적 표현이 다른 사람들로 하여금 무력함, 연민, 비극의 상징이라는 편견을 갖게 한다고 주장해 왔다(Longmore, 1997; Garland-Thomson, 2002b; Hevey, 2013). 데이비드 헤비(David Heavy)는 최근『장애학 읽기(The Disability Studies Reader)』(2013)라는 에세이를 발간했는데, 그는 여기서 장애에 대한 시각적인 표현이 부족하다는 뉘앙스를 보였고, 사람들은 이런 사진을 광범위한 '수수께끼'로 생각할 거라고 설명했다. 그는 질문으로 책을 시작했다. "자선 광고와는 별개로 당신은 장애인 사진을 언제 보았는가? 그것은 상업광고가 아니다. 장애인의 신체는 소비자들과는 다른 것이라 여겨지기 때문이다"(Hevey, 2013: 432). 사진 〈아주 작은 팀(Tiny Tim)〉이 가진 장애인을 향한 자선의 의미를 비판한 폴 롱모어(Paul Longmore, 1997)처럼 헤비(Hevey)는 장애인의 신체를 특정한 사진의 표현에 소위 식민지화하는 것을 일축하였고, "장애인이 사회적으로 죽은 상태이기 때문에 사진의 장르나 논의에서 거의 부재했다."라는 사실에 대해 안타깝게 생각했다(Hevey, 2013: 432). 그에 따르면 사진은 장애인에게 대중의 억압적인 태도와 편견을 강화하는 '범주화, 통제, 조작' 및 대중의 '감시'라고 표현했다(Hevey, 2013: 445).

이러한 대중의 착취와 감시 또한 포토저널리즘에 대한 이론에서 탐구하게 된다. 헤비가 '비장애인의 시선은 관음증적인 속성'이라며, 사진이 장애인의 지위를 결정한다고 이야기했는데(Hevey, 2013: 444), 수잔 손태그(Susan Sontag)는 저서『타인의 고통에 대하여(Regarding the Pain of Others)』에서 '우리가 인정하든, 안하든 관음증이 있다.'라는 자아성찰적인 주제에 대해 탐구했다(Sontag, 2004: 38). 그녀의 사진은 은유적으로 보철 기능을 가질 필요가 있는데(Mitchell & Shyder, 2000), 이는 고정관념을 가진 속기(타자 치는 사람)를 정치적 논쟁으로 대체하고, 공감하는 환상을 단순화하고동요·창조하는 '일종의 미사여구'로 보정된다고 보았다(Sontag, 2004: 5). 손태그는 오로지 그림만 보는 것은 역사와 정치를 사진틀에서 제거하여 잠재적으로 해방을 이끄는 '전쟁에 대한 일반적인 혐오'(Sontag, 2004: 8)만 확인하게 하는 것이라고 경고하기도 했다.

어떻게 보면 둘리와 실바 사례에 대한 언론의 보도는 이러한 장애에 대한 편견적 태도를 강화시켰다. 장애로 감성팔이 하는 것을 모티브로 한『극복의 이야기(Narrative of overcoming)』(Garlan-Thomson, 2002a: 20)는 재활을 다루는 언론의 보도 속에 나타난다. 예를 들면, 〈뉴욕 타임스〉의 부제를 보면 그들도 실바의 이야기를 같은 맥락으로 제공한 것으로 추정된다.

> 사진기자 주앙 실바는 작년 말에 아프가니스탄에서 지뢰를 밟아 두 다리를 잃었으나, 이후—몇 달간의 강도 높은 재활을 통해—7월에 일터로 돌아갔고,『뉴욕 타임스』의 앞 장을 장식했다.
>
> (Zhang, 2011)

이러한 설명과 함께 전통적인 사진 하나도 실었는데, 실바는 변함없이 병원 침대에서 환자로 수동적으로 누워 있었다. 이 이야기로 실바는 특권이 주어져 백악관 언론 사진가가 되었는데, 이는 '회복'의 절정을 의미한다. 재활의 진행과 극복의 시간순서적인 묘사에서 '몇 달간의 강도 높은 재활'은 비중 있게 다루어지지 않았다.

서류: 주앙 실바

10. 23: 그가 부상당함

10. 26: 예언의 말

10. 26: 진행보고서

11. 29: 그의 마지막 사진

01. 19: 첫 외부 활동

02. 08: 걷기

05. 05: 역사 기록하기

05. 31: 영부인과 함께

07. 28: 제 1페이지

(Chivers, 2011b)

이와 유사하게 〈걷고 있는 부상병(The Walking Wounded)〉은 둘리의 이야기를 다룬 채널 4의 다큐멘터리인데(2013년 3월 영국의 황금시간대에 텔레비전에서 방송되었다), 이 프로그램의 홍보와 제목에는 '범죄 현장'으로 돌아가는 그의 결정을 강조함으로써 전통적인 극복의 이야기를 담고 있다.

재활 사진과 자화상: 공개된 그리고 비공개된 자아

이러한 이야기와 달리 사고 때 찍은 둘리와 실바의 많은 사진은 자신의 이야기에 대한 탐구와 전쟁 중 다친 사람들의 경험도 제공

했다. 예를 들어,『뉴욕타임스』의 블로그인 렌즈에서는 실바의 정
치인과 함께 있는 사진이 장애인이 매일 겪는 사적인 삶의 모습과
느린 재활 과정을 보여 주는 거라 했다. 이런 사적인 모습은 실바
가 사진의 중심에서 적극적인 참여자의 모습을 하고 있다는 점에
서 헤비와 롱모어가 설명한 편견어린 태도에 도전하고 있다는 것
이다. 블로그를 통해 장애인으로서의 실바의 삶은 정적인 모습이
아니라 오히려 일련의 공개된 그리고 비공개된 자아를 보여 준다.
이렇게 온라인 미디어를 사용하는 것은 새로운 형태의 다큐멘터리
가 나타날 가능성도 시사한다. 새로운 형태의 다큐멘터리는 글과
사진을 대화와 함께 배치하며, 그 모습은 시간이 지남에 따라 변한
다. 사진의 경우 실바는 수동적인 감시의 대상이 되기를 거부했다.
블로그 형태는 보는 사람으로 하여금 사진으로 돌아가 그들이 적
극적으로 사진을 추가하고 업데이트하도록 독려했다. 또한 이러한
역동적인 형태는 보는 사람에게 잠정적으로 남아 있는 이야기에
비평을 달게 하였다.

　가장 강력한 사진은 실바가 거울에 비친 자신을 확인하고 그의
신체를 정면으로 수용하면서 일터로 돌아가기 위해 새로운 팔다리
를 착용하는 사진이다. 보는 과정이 사진의 주제가 되는 것이기 때
문에 보는 자와 보여지는 자 사이의 이분법이 무너진다. 이 하나의
사진 프레임에서는 실바의 몸을 통해 두 가지 프레임을 만들었다.
우리는 그의 거울 앞에 선 모습과 카메라 속 그의 뒷모습을 볼 수
있다. 이 사진은 분명 현대적인데, 실바의 이야기와 함께 과거의 전
통에 현재 미국인의 맥락을 삽입하여 보여 주고 있다. 얀 반 에이크
(Jan van Eyck)에서부터 렘브란트(Rembrandt)를 거쳐 현대의 초상

화와 사진에서는 미러링 내지는 더블링의 오랜 전통이 있는데, 그
자화상 기법의 전통속에 정확히 실바의 의족을 투영함으로써 현재
의 특정한 자화상을 보여 준 것이다(Rideal, 2001).

　둘리 또한 그의 〈둘리의 자화상: 이야기가 된다는 것(Self-Portrait:
Becoming the Story)〉(2011)에서 예술의 역사와 행동주의를 합쳤는
데, 이는 놀라운 미학뿐만 아니라 정치적인 진술을 제공하기 위해
서였다. 정치적인 진술이란 사진의 힘으로 장애에 대한 사회적 태
도에 도전하는 것인데, 그는 이때 자신의 몸을 사용하였다. 그는
2012년 런던 국제 초상화 갤러리에서 열린 테일러 와싱 전시회에
참여하여 자화상을 올렸는데, 검은색과 회색을 뚜렷하게 대조하
여 보철 팔과 다리가 없는 그의 모습을 보여 주었다. 실바의 사진
처럼 이 사진은 보는 행위를 강조했다. 기둥의 주추 위에 자리 잡
은 둘리는 반항적으로 카메라를 똑바로 쳐다보았다. 그는 토빈 쉬
버스(Tobin Siebers)가 제안한 〈밀로의 비너스(Venus de Milo)〉를 '전
통적인 현대미를 가진 아름다움'이라 불렀지만 … 다양한 신체장
애를 수용하기 위해 완벽한 신체의 균일성은 피했다(Siebers, 2006:
65). 그래서 그는 사진을 준비할 때 그리스 조각상의 '부러진 동상'
이미지를 그가 초기 경력을 쌓은 현대 패션 사진과 합쳤다. "나는
… 보그 잡지에서 누군가를 쏠 것 같은 방식으로 나 자신을 쏘고 싶
었다. 난 여전히 같은 사람이지만, 내가 휠체어에 타고 있어 사람들
은 나에게 이전과는 다르게 이야기했다"(Duley, 2012). 마크 퀸(Marc
Quinn)의 〈임신한 앨리스 래퍼(Alison Lapper, Pregnant)〉(2005) 조각
상과 같은 〈밀로의 비너스〉 이미지를 재구성하려는 다른 현대 작
업과 마찬가지로, 장애인의 신체를 미적ㆍ육체적으로 생산적이게

묘사하였다. 그는 대중문화와 예술의 전통을 결합하여 사람들의 기대(예상)에 도전하였고, 보는 이들에게 장애문제와 만나고 부딪혀야 한다고 주장하는 데 그의 미적 감각을 사용하였다.

아름다움과 자부심, 장애를 강조하는 이러한 인물사진(생생한 묘사)의 미적 전략은 쉬버스(Siebers)의 '장애 미학'이라는 개념과 일치할 수 있다. 그가 이야기한 '장애 미학'은 조화, 통합, 아름다움의 정의로서 건강한 몸을 표현하거나, 아름다움의 유일한 결정요인으로서 건강한 신체에 대한 표현만을 강조하는 것을 거부하였다(Siebers, 2006: 64). 그것(미적 전략)은 포토저널리즘의 장르와 보다 전통적인 예술적 인물사진 사이의 흥미로운 연관성을 보여 주었다.

이러한 연결은, 전쟁에서 다친 신체를 사진 찍는 것은 예술보다는 포토저널리즘의 주제에 더 적절하다는 생각에도 도전하였으며, 사진의 대상을 미적으로 다루는 것은 다큐멘터리이고, 다큐는 전쟁의 잔혹함을 신속하게 잡아내어 표현해야 한다는 생각에도 도전하였다. 일부 해설자들은 속도와 아름다움의 부재야말로 진짜를 잘 표현하는 지표라고 했다. 하지만 이러한 관점에서 미학의 과정은 위험한 것으로 볼 수 있다. 예를 들어, 포토저널리즘과 인간의 권리에 관해 글을 쓰는 수지 린필드(Susie Linfield)는 다음과 같이 관점을 서술하였다.

> 고통을 표현하는 사진은 아름답지 않아도 된다. 캡션 또한 도덕적일 필요가 없다. 이러한 관점에서 아름다운 사진은 냉혹한 주제에서 주의를 끌어내어 매체 쪽으로 돌려 버리므로, 기록물로서 역할하지 못하도록 그림의 상태를 손상시킨다.
>
> (Linfield, 2010: 68)

하지만 둘리와 실바의 사진이 강력한 효과를 갖는 것은 사실이다. '매체 그 자체'에 초점을 두는 그들의 자기 반영은 주제에서 벗어난 게 아니라 오히려 보는 행위를 중요한 사회적 과정으로 이해하게 한다. 이 이미지들은 이전처럼 희생자나 극복의 이야기를 풍자하는 것 대신에 문화적으로 볼 수 없는 구체화된 경험을 표현한다.

둘리와 실바의 최근 활동과 광범위한 언론 보도는 점차 미국과 영국의 현대 포토저널리즘으로 향해 나아가고 있다. 헤비가 이야기한 것처럼 만약 역사적으로 '모든 담론에서 장애인의 목소리는 존재하지 않았다'(Hevey, 2013: 435)라면 둘리와 실바의 활동은 그저 그들의 이야기를 한 것이 아닌 그들의 이야기를 통해 장애인에 대한 태도를 바꾸는 데 중요한 역할을 한 것으로 볼 수 있다.

둘리 자기의 자신의 사진은 그의 활동 중에서 특정한 형태를 보이고 있다. 왜냐하면 그는 사진을 통해 장애의 이야기와 경험에 대한 인식을 알려 주려 했기 때문이다. 그가 다친 후의 첫 작업은 그의 사적인 관심사뿐만 아니라 변화하는 기술과 신체의 관계에 대한 전 세계 대중의 관심을 함께 불러일으켰다. 2012년 그는 자기만을 위해 고안된 보철 팔과 다양한 전문 도구를 사용하여 BBC 온라인 뉴스에 일련의 사진을 올렸는데, 런던 장애인올림픽대회 때 활동한 기술자와 보철사를 담았다. 2012년 10월 둘리는 아프가니스탄으로 돌아갔고, 2013년 3월 런던 KK 아울렛 갤러리에서 그때 찍은 사진으로 전시회를 열었다. 이렇게 인터넷에 사진을 올리고 전시회를 진행하는 것은 다른 형태의 전시 간의 상호작용이며, 뿐만 아니라 둘리가 전문 사진기자로서, 장애인 권리 옹호가로서의 역할 간의 상호작용을 의미한다. 이러한 2012년의 사진들에는 전선의 병사들뿐만 아니라 카불의 시민을 위한 의료센터와 외국의 원조기관의 활동을 담았다. 사진은 의료 조치를 받는 자의 상태와 아픔·두려움을 묘사하고, 마치 실바의 재활사진처럼 기다리고 지루해하는 순간과 좌절, 둘리와 환자들이 이야기하는 모습을 담아냈다. 이러한 사진작가와 대상자들이 대화하는 사진에서 가장 두드러진 측면 중 하나는 서구의 높은 의료 수준, 둘리가 사용할 수 있는 기술(그의 카메라와 특수 제작된 인공관절)과 빈약한 자원으로 지뢰 희생자들이 병원에서 치료를 받을 수 없는 상황과의 대조를 분명하게 드러냈다. 한 TV 다큐멘터리에서 그는 이러한 사진들의 이야기가 아프가니스탄 가족들에게는 진행 중인 현실이며 과소 표현된 것이라고 설명했다(Duley, 2013a). 둘리처럼 실바도 그의 사진을 통해 알려지지 않은 이야기를 기록하기 위해 전쟁 지역에서 활동하는 그의 일의 중요성을 강조했다. "난 카메라를 든 역사학자이며, 나의 사진들이 역사를 잡아 내거나 이야기를 해 주거나 다른 누군가의 고통을 강조하기 위해 사용되는 매체가 되기를 소망한다. 이것이 내가 활동을 계속하는 근본적인 이유이며, 앞으로도 계속하기를 원하는 이유이다"(Silva, 2011).

카메라의 앞뒤에 존재할 수 있는 장애인 사진가는 공감의 문제를 불러일으킨다. 군인이었던 애쉬다운 경은 둘리의 아프가니스탄을 담은 그의 사진은 '우리의 인간성과 연민의 필요성을 상기시켜 주는' 능력을 갖고 있다고 칭찬하였다(Duley, 2013b). 이 사진들은 어떠한 현대 미디어가 개별화된 지역의 스냅 샷이나 인물사진을 통해 더 넓고 국제적인 시청자들에게 이야기를 전하고 태도를 바꿀 수 있는 수단인지 질문을 던지고 있다. 이러한 맥락에서 장애 연구에서 다루어지는 '상호 간의 물적인 존재(intercorporeality)'의 개념(Paterson & Hughes, 1999: 604)은 현대 사회에서의 사진의 힘에 대한 인권 활동가들의 주장과 만나고 있다. 이에 대해 린필드는 다음과 같이 주장했다.

> 사진은 인과관계, 과정, 관계를 설명하지 않는다며 비평가들이 공격했는데, 그들은 우리 자신과 서로에게 그들의 신체를 보여 주어 정말 잘 설명하였다. … 사진은 우리가 얼마나 쉽게 물리적인 것에 집중했는지 보여 준다. … 취약함은 인간 모두가 공유하고 있다.
>
> (Linfield, 2010: 68)

포토저널리즘에 대한 그녀의 비평에도 손태그는 접근가능한 방식으로 시각적인 스토리텔링을 촉진하기 위해 사진이 민주적인 힘을 가졌다는 것에 동조하였다. "글에 대한 설명은 생가, 참조, 언어의 복잡성에 따라 독자층이 형성되는데, 이와 달리 사진은 오직 하나의 언어를 갖고 모두를 대상으로 한다"(Sontag, 2004: 17).

하지만 현대 문화 속 사진이 가진 접근성은 쉽게 '읽힌다'라는 의미를 갖지 않는다. 왜냐하면 보는 이들의 사진에 갖는 기대감이 어떤 방식(역사적 기록물, 심미적 대상 또는 일시적 보도)으로 나타나느냐에 따라 달라지기 때문이다. 최근 비평가들은 사진이 시각적 언어로 인식되는 문학적 비평을 빌려 이것이 뉴미디어 시대의 단어와 이미지의 교체를 인정하기 보다 정교한 '중개자적' 비판으로 보아야 한다고 주장하기 시작하였다(Louvel, 2008: 44; Siebers, 2010:

133). 둘리와 실바의 활동은 블로그와 전시회에서 나타났고, 이를 통해 보여진 글과 이미지 교체의 역동성은 새로운 인물사진의 형태를 만들어 냈다. 둘리와 실바의 역할(사진기자, 예술가, 민간인)의 상호작용은 자신의 인물사진을 통해 새로운 역할을 만들어 냈다.

결론: 대중 교육과 대중 문화

어떤 문화적·사회적 태도를 바꾸기 위해 사진 이미지의 힘 또는 다른 문화적 형태의 힘을 이상화하는 것은 위험하다. 하지만 이것은 실천과 이론이라는 두 영역에서 활발히 적용된다. 예를 들어, '포토보이스(Photovoice)'와 같은 '시민 저널리즘' 조직은 기본 장비 사용방법을 무료로 알려 주는 프로젝트를 통해 사진을 활용하여 장애인을 포함한 소외 계층이 목소리를 내지 못하는 문제를 해결하고자 노력한다. 그들은 사진이 특정한 집단을 취약하다고 낙인할 수 있는 잠재성을 지니고 있다고 인정하지만, 최근에는 뉴미디어를 통해 가능해진 참여의 미학과 실천을 사진을 통해 배울 수 있다고 인정한다. 이미지 시대에서 이러한 조직은 사진을 통해 대중의 인식을 기르고 교육할 수 있으며, 이는 중요한 활동이다. 헨리 지로우(Henri Giroux)는 "교육학은 광범위한 공공정책의 일환으로 다루어지지 않는다."라고 지적하였지만, 미디어 기술, 멀티미디어, 컴퓨터 기반 정보, 정보통신 네트워크 시대에 문화의 광범위한 교육적인 힘을 이해하는 것은 정치적 중요성을 평가하는 데에서도 매우 중요하다(Giroux, 2004: 60). 둘리와 실바의 활동은 영국, 미국, 더 많은 나라에 사진의 잠재성을 폭발시켰다. 다시 말해, 그들의 사진이 전 세계를 상대로 장애 문제에 대한 좀 더 다양한 표현과 높은 이해를 촉진하기 위한 대중 교육의 역할을 한 것이다. 그들의 인물사진은 살아 있고, 변화하는 장애인의 몸을 프레임 중앙에 담았다. 그들의 자서전적인 글과 이미지는 카메라 뒤 사진작가의 신체 역할뿐만 아니라 사진을 해석하려는 보는 이들의 적극적이고 구체적인 역할을 강조하였다. 이러한 맥락에서 이들의 사진을 가르치고, 평가하고, 해석하는 데 있어서 적극적이고 참여적인 과정은 그 자체로 중요한 활동이 될 뿐만 아니라 장애에 대한 태도 변화와 사회의 변화를 불러오는 데 중요한 단서가 되고 있다. 사진작가가 이야기가 되는 둘리와 실바의 사례는 우리에게 다음과 같은 교훈을 준다. 그들은 카메라처럼 경험을 구체화하였다. 또한 그들은 공감, 온라인 매체, 보다 복잡하고 다양한 장애의 표현에 대한 필요성에 관하여 광범위한 주제에 포커스를 맞춘 렌즈(관점)를 제공하고 있다.

참고문헌

Capa, R. (2007). Loyalist militiaman at the moment of death, Cerro Muriano, 5 September. 1936. 9 July. Online. Available http://photo.net/black-and-white-photo-printing-finishing-forum/00LoAu (accessed 15 August 2013).

Chivers, C. J. (2011a). Bomb took 3 limbs, but not photographer's can-do spirit. 8 July. Online. Available www.nytimes.com/2011/07/09/world/europe/09duley.html?ref=science (accessed 15 August 2013).

Chivers, C. J. (2011b). A test, and gratitude, at the Whitehouse. 15 September. Online. Available http://lens.blogs.nytimes.com/2011/09/15/joao-silva-at-the-white-house/ (accessed 15 August 2013).

Duley, G. (2006). Nick, living with autism. Online. Available http://gilesduley.com/#/galleries/nick-living-with-autism-2006/website-11 (accessed 15 August 2013).

Duley, G. (2009). Acid burn survivors, Dhaka, Bangladesh. Online. Available http://gilesduley.com/#/galleries/acid-burn-survivors-dhaka-bangladesh-2009/acidburnservisions_4 (accessed 15 August 2013).

Duley, G. (2011). Becoming the story: self-portrait. Onlien. Available http://gilesduley.com/#/galleries/becoming-the-story-self-portrait-london-2011/self-portrait_2 (accessed 15 August 2013).

Duley, G. (2012). BBC interview. September. Online. Available http://gilesduley.com/#/interviews/bbc-news-magazine-sep-2012 (accessed 15 August 2013).

Duley, G. (2013a). Walking Wounded: The return to the front line. 21 February. Online. Available http://www.channel4.com/programmes/walking-wounded-return-to-the-frontline (accessed 15 August 2013).

Duley, G. (2013b). Bio. Online. Available http://gilesduley.com/#/bio (accessed 15 August 2013).

Garland-Thomson, R. (2002a). Integrating disability, transforming feminist theory. *NWSA Journal,* 14(3), 1-32.

Garland-Thomson, R. (2002b). The politics of staring: visual rhetorics of disability in popular photography's. In S. L. Snyder, B. J. Brueggeman, & R. Garland-Thomson (Eds) *Disability Studies: Enabling the*

124

Humanities. New York: Nodern Language Association of America.

Giroux, H. A. (2004). Cultural studies, public pedagogy and the responsibility of intellectuals. *Communication and Critical / Cultural Studies*, 1(1), 59–79.

Hevey, D. (2013). The enfreakment of photography. In L. J. Davis (Ed.), *The Disability Studies Reader*. London: Routledge.

Hocks, M. E., & Kendrick, M. R. (2005). *Eloquent Images: Word and Image in the Age of New Media*. Cambridge: MIT Press.

Linfield, S. (2010). *The Cruel Radiance: Photography and Political Violence*. Chicago: Chicago University Press.

Longmore, P. K. (1997). Conspicuous contribution and American cultural dilemmas: telethon rituals of cleansing and renewal. In D. T. Mitchell & S. L. Snyder (Eds), *The Body and Physical Difference: Discourses of Disability in the Humanities*. Ann Arbor: University of Michigan Press.

Louvel, L. (2008). Photography as critical idiom and intermedial criticism. *Poetics Today*, 29(1), 31–48.

Mitchell, D. T., & Snyder, S. L. (2000). *Narrative Prosthesis: Disability and the Dependencies of Discourse*. Ann Arboro: University of Michigan Press.

Paterson, K., & Hughes, B. (1999). Disability studies and phenomenology. *Disability and Society*, 14, 597–601.

Rideal, L. (Ed.) (2001). *Mirror Mirror: Self-portraits by Women Artists*. London: National Portrait Gallery.

Sontag, S. (2004). *Regarding the Pain of Others*. London; Penguin.

Siebers, T. (2010). *Disability Aesthetics*. Ann Arbor: University of Michigan Press.

Siebers, T. (2006). Disability aesthetics, *JCRT*, 7(2), 63–73.

Silva, J. (2010). Joao Silva for The New York Times. 23 October. Online.

Available http://digiphotomag.com/wp-content/uploads/Joao-Silva_NYT.png (accessed 15 August 2013).

Silva, J. (2011). This in what I do. This is all that I know. August 30. Online. Available http://lens.bolgs.nytimes.com/2011/08/30/this-is-what-i-do-this-is-all-that-i-know (accessed 15 August 2013).

Zhang, M. (2011). Photojournalist Joao Silva on life, loss and conflict photography. 30 August. Online. Available http://petapixel.com/2011/ 08/30/photojournalist-joao-silva-on-life-loss-and-conflcit-photography (accessed 15 August 2013).

5. 정신장애와 수사학에 대한 재론

약물에 관한 회고록

캐서린 프렌더개스트(Catherine Prendergast)

십년도 넘는 과거에 나는 『내재화된 수사: 문화와 언어 속의 장애(Embodied Rhetorics: Disability in Language and Culture)』라는 책에 "정신적으로 장애인이 되는 것은 수사학적으로 장애인이 되는 것이다."라고 적었다(Prendergast, 2001: 57). 이제 나는 저 말을 지우기 위해 이 장을 쓴다. 나는 '정신장애의 수사학(On the Rhetorics of Mental Disability)'에서 정신장애 진단을 받는 것은 수사자의 입장과 타협한다는 것이며, 임상의의 사무실, 감옥 또는 법원과 같은 제도적인 맥락에서 수사학의 추가적인 영향력을 감내하는 것이라고 했었다. 이런 나의 사례는 정신분열증을 앓고 있는 바바라(Barbara)와의 관계를 회고하는 회고록에 주로 적혀 있다. 회고록에는 1990년대부터의 기억과 새로운 종류의 항정신병 약물이 새롭게 등장하던 시대, 정신분열증을 가진 많은 사람의 삶의 환경을 바꾸는 약물에 대한 이야기가 담겨 있다. 또한 이 약물은 정신분열증을 가진 사람에 대한 표현인 수사적인 조건들을 크게 변화시켰다. 1990년대부터 『SZ 잡지(SZ Magazine)』『뉴욕시의 목소리(New York City Voice)』『근무일지(Shift Journal)』과 같은 저작물을 포함해서 정신병을 앓는 저자의 풍부한 경험이 담긴 여러 책이 등장했다. 또 같은 시기에 정신적인 손상을 가진 자들의 회고록이 유행했다. 이 작품들은 각각 정신장애인들이 지닌 생활, 일, 글쓰기의 문제를 다루고 있다. 그들은 내가 쓴 회고록(정신적으로 장애인이 되는 것은 수사학적으로 장애인이 되는 것이다)이 잘못되었다며 집단적으로 함께 입증하고자 했다. 내가 여기에 다시 한번 그 이슈를 다루는 것은 내 잘못을 숙고한 결과라고 하겠다.

우선, 난 내가 생각했던 것보다 수사에 관련된 장애연구자들이 많다는 점을 인정한다. 예를 들어, 신시아 르웨키-윌슨(Cynthia Lewiecki-Wilson)은 장애와 수사학에 대한 고려 속에서 개인의 수사적 영역의 문제는 논외로 해야 한다고 주장했다(Lewiecki-Wilson, 2013: 162). 그녀는 연설이 부모, 보호자 또는 기술 수단의 도움을 통해 공동으로 구축되는 경우를 주장했다. 그녀가 주장한 바에 따르면 이렇게 집단 속에서 조정된 의사소통은 수사학적인 힘을 행사하는 것으로 간주되어야 한다. 또한 자넬 존슨(Janell Johnson)도 비슷하게 수사학의 확장된 개념을 이야기했다(Johnson, 2010). 그녀는 상황, 시간, 장소에 의존하는 에토스(ethos, 성격, 인격, 개성)의 본질적 자연성을 강조했다. 그녀는 어떤 상황에서 수사자(rhetor)의 에

토스를 강화할 수 있는 특징이, 다른 상황에서는 같은 에토스도 낮게 평가될 수도 있다고 했다. 왜냐하면 수사학적 힘은 시간에 따라 끊임없이 변화하기 때문에 우리가 역사의 한 부분을 본다거나 삶의 한 순간을 본다고 해서 그 정도를 측정할 수 없다.

케이티 로즈 게스트 프릴(Katie Rose Guest Pryal)은 광기와 수사학에 대한 나의 접근법의 단점을 가장 직접적으로 다루었고, 기분장애를 앓고 있는 작가의 회고록이 지닌 수사학적인 힘과 예술성을 주장했다(Guest Pryal, 2010). 그녀는 나의 주장 "정신적으로 장애인이 되는 것은 수사학적으로 장애인이 되는 것이다."에 대하여, 신성한 광기로 표현하는 시의 철학적 공식을 포함하여 몇몇 자원들을 통해 어떻게 정신장애들이 그들을 표현하는 적절한 수사학적 요구를 하는지 알아내는 데에는 실패했다고 평하였다(Guest Pryal, 2010: 482). 또한 기분장애를 겪는 회고록 작가에 대한 분석에서, 그녀는 '(정신장애)에 대한 진단에도 불구하고'가 아니라 진단 때문에' (정신장애인의) 권한이 필요하다고 서술했다. 그녀는 '감정 회고록'에 나타나는 특유의 4가지 수사적인 움직임을 다음과 같이 서술했다. "회고록을 쓴 것에 대한 변명, 정신질환에 대한 '각성의 순간', '나쁜' 의사에 대한 비판, 같은 장애를 가진 다른 사람들을 위해 나서서 말할 수 있는 능력에 대한 주장"이 그것이다(Guest Pryal, 2010: 485).

나의 관심과 우려는 게스트 프릴이 그녀의 프로젝트에 정신분열증 작가의 회고록을 제외하고 기분장애를 가진 사람들의 회고록만을 다룬 것에 있다. 그럼에도 불구하고 그녀가 생각하는 기분장애 회고록의 수사학적 제스처는 정신분열증 회고록과 거의 똑같았다. 이 장에서 나는 최근 정신분열증을 앓는 작가들이 쓴 두 회고록[켄

스틸(Ken Steele)의『환청 소리가 멈춘 날(The Day the Voices Stopped)』
(2001), 에린 삭스(Elyn Saks)의『유지될 수 없는 센터(The Center Cannot
Hold)』(2007)]의 특징을 탐구할 것이다. 이 회고록들은 각 저자의 첫
출판물은 아니었다. 스틸은 1995년부터 그가 창간한 〈뉴욕시의 목
소리(New York City Voice)〉의 정신건강 소비자를 위한 잡지의 편
집자 겸 스탭 작가였다. 법학 및 정신의학 교수인 삭스는 그녀의 전
공 분야, 특히 정신질환을 앓는 사람들의 권리에 관련된 기사와 책
을 써 왔다. 스틸은 안타깝게도 자신의 삶에 관한 출판물을 내기 전
에 죽었다. 삭스는 회고록을 넘어 말하는 사람으로서 그녀의 역할
을 확장해 왔다. 그녀는 2012년 6월 TED 토크에 출연했다.

스틸과 삭스의 회고록은 많은 수사학적 제스처가 특징이 되는
데, 이는 게스트 프릴이 감정 회고록에서 확인한 것과 같다. 스틸
과 삭스 모두 미국에서 경험한 끔찍한 보호의 기준과 그것을 향상
시키고자 하는 소망에 대해 그들의 글을 통해 알리고자 하였다. 하
지만 그들은 또한 그들의 관계, 행동, 전문가로서의 삶을 유지하기
위해 약물치료와 처치의 필요성도 인정하였다. 그들은 위생상태가
엉망인 병원 환경과 스트레스가 많고 전문성이 떨어지는 의사들,
효과 없는 약물처방에 대한 묘사를 하고 있는 그들의 경험에 대한
회고록을 썼음에도 불구하고, 동시에 정신과 전문의와 정신약물학
에 대한 믿음도 표현하였다. 그들의 회고록에는 '좋은' 의사들과 효
과적인 의학개입에 대한 긍정뿐만 아니라 '나쁜' 의사와 실패한 처
치에 대한 비평도 담겨 있다.

약물에 관한 회고록

이 긴장감을 유념하며, 여기서 난 정신분열증 환자가 쓴 회고록
의 주요한 수사학이 의료모델을 통째로 고소하는 것이 아니라 약
물과 사회의 복잡성을 생각하는 것이라고 주장하고자 한다. 스틸
과 삭스의 회고록에서는 그들이 약물치료에 저항하기보다 받아들
였을 때의 순간을 다루었다. 그들이 약물치료를 받아들인 후, 그들
의 회고록 모두에는 생산성, 공공행동, 회복된 관계에 대한 도표가
들어 갔다. 그렇기 때문에 정신분열증을 지닌 이가 쓴 회고록은 모
든 면에서 '약물에 관한 회고'이라고 할 수 있다. 회고록은 작가
가 약을 먹었을 때 쓴 것이며, 회고록의 주제 또한 약물과 사회적
상상력 속의 그들의 가치, 역사, 삶에 관한 것이다. 회고록 작가들
에 의하면 약물은 그들이 이야기를 하고 있는 이유의 큰 부분을 차
지한다고 한다.

약물에 관한 회고록의 수사학적 분석은 장애학 연구로 어려운
작업인 것 같다. 왜냐하면 지금까지 의료모델에 대한 비평을 고
안하는 데 많은 에너지를 쏟았기 때문이다. 예를 들어, 게스트 프
릴의 감정 회고록 분석은 "감정 회고록은 정신과 전문의가 제시하
는 정신질환의 지배적인 이야기와는 반대되는 이야기로 여겨져
야 한다."라고 결론지었다(Guest Pryal, 2010: 483). 하지만 난 그들
의 회고록에서 정신과 전문의를 지지하는 수혜자[예를 들면, 제미슨
(Jamison), 삭스, 스틸 등)와 일부 정신과 전문의(제미슨, 삭스 등)]를 찾
았다. 예를 들어, 케이 레드필드 제미슨(Kay Redfield Jamison)은 『불
안한 마음(An Unquiet Mind)』에서 정신질환에 대한 의료적인 처치

는 '나쁜' 의사를 대상으로 한 불평만큼이나 엄격하다고 주장했다 (Jamison, 1995). 정신질환을 가진 사람의 회고록은 만연하는 미신에 넘어가 정신과 자체를 통째로 고소할 만큼 우려되는 사안은 아니다. 궁극적으로, '약물에 관한 회고록'은 정신과 전문의가 아닌 반정신의학 운동에 대적한다는 것이다. 이것은 정신의학을 배제하기보다는 정치적 목소리, 생산성, 공공행동을 강조한다. 즉, 약물에 관한 회고록은 처음에는 갈등의 소지가 되었으나, 결국에는 정신분열증에 대한 (의료적 처치와 사회적 관계 속의) 오해를 푸는 데 기여한다고 본다.

화학적 구속상태의 문제

신체적 장애를 가진 사람들의 회고록에는 약물이 아닌 휠체어가 중점적으로 다루어진다. 이 휠체어는 회고록을 통해 다시 이야기되어야 한다. 에이블리즘에 의해 구속과 상실의 상징이 되어 버린 휠체어는 자유와 정체성의 상징이 되어야 한다. 따라서 최근 해리엇 맥브라이드 존슨(Harriet McBryde Johnson)은 그녀의 저서 『말할 수 없는 대화거리(Unspeakable Conversations)』에서 휠체어에 대해 그녀를 불쌍히 여기는 구경꾼을 교육해야 한다고 회고했다. "이 거리에서 움직이는 의자에 시선을 집중하는 것은 대단히 관능적인 즐거움이다"(McBryde Johnson, 2013: 509). 시미 린턴(Simi Linton)은 자신의 휠체어를 루퍼스라 이름 붙이며 '조수'로 변형시켰다. 린턴과 루퍼스는 구겐하임 박물관에 자주 들렀는데, 그녀의 서술에 따르면 이 건물은 '휠체어를 타는 사람들이 이용하기에 바람직한 건물'이라고 했다(Linton, 2007: 187). 그녀는 에필로그에서—꿈인지, 현실인지 확신할 수 없지만—한 아이를 떠올렸는데, 그 아이는 휠체어 타는 것이 두렵고 공포스러운 표식이 아니라 카니발을 타는 거라고 생각하였다고 했다.

린턴의 회고록과 맥브라이드 존슨의 회고록 모두 휠체어에 대한 수사학적 작업을 진행했는데, 제약의 상징에서 자유의 표현과 움직임의 상징으로 재구성하려고 했다. 흥미롭게도 두 회고록 모두 약물에 대해 언급하였지만, 대부분 넘어갔다. 맥브라이드 존슨은 그녀의 삶이 약물치료 없이는 불가능했다고 인정했다. 그녀는 "난 그러한 노쇠에서 살아남은 첫 세대이다. 우리는 항생제를 사용할 수 있었기에 호흡기가 약한 소아폐렴에서도 살아남을 수 있었다"(McBryde Johnson, 2013: 508). 그녀는 약물치료가 없었더라면 휠체어의 삶도 누리지 못했을 거라 인정했다. 린턴은 회고록에서 항생제나 다른 약물이 자신의 삶에서 어떤 역할을 했는지는 자세히 언급하지 않았다. 그저 사고 이후 약물들이 쓰이기는 했으나 추가적인 다른 의료 장비에 대한 언급은 없었다. 하지만『내 몸의 정치(My Body Politic)』에서 약물에 대해 정체성과 표현의 상징으로 재해석하였다(Linton, 2007). 맥브라이드 존슨이나 린턴은 약물치료 때문에 장애인 권리 운동에 완전히 참여하지 못했다. 하지만 그들은 장애인의 권리에 대해 최초로 주장했다.

하지만 정신병 치료제에 대한 논의는 반정신의학이나 '광기의 자부심(Mad Pride)' 운동과 부딪혔다. 반정신의학 운동은 정신질환에 대한 의료적 모델과는 정반대의 이야기를 제공하였기 때문이다. 예를 들어, 반정신의학 운동에 적극적인 조직인 마인드프리덤 인터내셔널(MFI)은 미국정신과학회(APA), 정신질환전국연합 등을 상대로 2003년에 25일간 단식투쟁을 벌였는데, 이는 정신질환의 진료에 대한 과학적인 증거를 얻기 위해 한 투쟁이었다(MFI, 2013). 이러한 단체 가운데 APA만 반응을 보였는데, 그들은 과학 잡지의 인용문을 보냈다(MFI는 이를 부족한 증거로 판단하였다). MFI(기존에 국제지원연방으로 알려진)는 1969년에 창립된 시민권 위원회(CCHR)와 구별되기 위해 주의를 기울이고 있다. 소수의 정신건강 소비자들만 이러한 조직들을 확인한 반면, 더 넓은 문화적 환경은 반정신의학 운동에 흡수되었다. 나는 2013년 8월에 구글 검색창에 삭스가 대중화시킨 문구 'chemical straightjackets'를 입력했는데, 62,000회 이상의 조회수가 나타났다(이 문구는 밴드 이름이기도 하니까 그저 흥미 용도로 보기를 바란다).

수잔 손태그가 알려 줬듯이, '화학적 구속상태(chemical straight-jackets)'와 같은 진부한 표현은 사회적인 힘을 갖는다(Sontag, 2011). 그녀는 은유를 통해 암이나 에이즈와의 연관성을 언급하며 다음과 같이 이야기했다. "두려운 질병을 평범한 것처럼 보이게 하는 것은 굉장히 바람직하다 … 많은 개인의 경험과 사회 정책은 질병에 대한 수사학적 표현의 문제에 달려 있다. 그것이 논쟁이 되는지, 진부한 표현이 되는지에 따라 달라진다"(Sontag, 2011: 182). 신체장애인들의 회고록에 쓰여 있듯이, 휠체어는 반드시 제약이 아닌 가능으로 재해석되어야 하며, 약물에 관한 회고록은 반드시 약물치료에 대한 의혹의 역사와 당당하게 맞서고, 약물을 유용한 것으로 재해석해야 한다.

예를 들어, 스틸은 회고록에서 리스페달(risperdal, 조현병 치료제) 복용 과정에서 그의 목소리(환청)가 멈춘 순간에 대해 자세하게 서술하였다. 그는 바깥세상의 익숙하지 않은 소리에 충격을 받아 3일 동안 욕조 안에 쭈그려 앉아있었다고 이야기했다. 하지만 그는 첫 쇼크 이후 정신병으로부터 해방감을 느꼈다고 했다. "10년간 처음 다른 이들의 목소리를 듣는 것으로부터 자유를 얻었다"(Steele, 2001: 202). 그는 정신과 의사에게 새로운 약물치료를 제안받았을 때를 묘사했는데, 그때 그는 과거에 행했던 약물치료 실패의 기억으로 거부했다. 오직 그는 목소리(환청)가 사라졌다는 확신이 들 때에만 정신과 의사에게 치료의 효과를 인정했다. 그는 다음과 같이 그의 주치의에게 감사편지를 썼다. "내가 이 약물치료를 믿도록 노력해줘서 고마워요. 당신은 거짓말을 하지 않았어요. 부작용이 적어요. 당신은 내 삶을 되돌려 줬어요. 내가 어떻게 할지 모를 때 당신은 내게 두 번째 기회를 줬어요"(Steele, 2001: 205). 스틸은 약물치료를 받는 순간이 너무나 중요해서 독자들에게 전하고 싶은 마음에 '환청이 멈춘 날(The Day the Voices Stopped)'이라는 수사학적 표현을 그의 회고록 제목으로 사용하였다.

삭스 또한 이와 비슷하게 회고록에 약물치료로 변해 가는 자신의 태도를 담았다. 그녀는 초기 정신병 치료제에 대한 두려움이 십대 때 약물치료 진단을 잘못 받아 생겼다고 했다. 그녀는 화학이 아닌 의지의 힘을 배워 그녀의 모든 문제를 해결해 왔다. 그녀가 처음 항우울제를 제안받았을 때 그녀는 거부했다. "의사? 내 몸에 화학물질을 넣어서 못 쓰게 만드려고? 아냐, 안 할래?"(Saks, 2007: 58). 오직 그녀는 약물치료를 받지 않으면 자신이 스스로를 죽일 거라는 확신만이 그녀의 우울증을 치료할 수 있었을 뿐만 아니라 옥스 퍼드에서 공부할 수 있도록 했다. 하지만 그녀의 약물에 대한 저항 은 계속 남아 그것을 뿌리 뽑겠다는 목표가 되었고, 그 결과 그녀의 정신병은 몇 번이고 반복되었다. 마침내 삭스는 스틸처럼 1990년 대에 나온 약물치료에 참여했고, 그녀가 진짜 정신질환을 겪고 있 었음을 깨달았다고 이야기했다. "이 새로운 약의 가장 큰 효과는 내가 실제로 질병을 앓고 있었음을 한 번에 그리고 모두에게 깨닫 게 한 것이다. 20년 동안 난 이 사실을 받아들이는 데 힘들었고, 언 젠가는 받아들일 것이며, 다른 이들도 받아들일 것이다. 자이프렉 사(zyprexa)가 내게 준 명확함은 나의 마지막 남은 주장을 무너뜨렸 다"(Saks, 2007: 304). 그녀는 자신이 진단을 더 많이 또는 적게 받아 들일수록 병의 이름이 그녀를 한정시켜 버린다는 것을 깨달았다. 우리는 (회고록의 중요한 수사학적 전환이라는) 게스트 프릴의 틀로 돌아가 삭스의 회고록에 있는 정신병에 대한 깨달음의 순간이 약 물에 의한 것이라며 반박할 수 있다(Guest Pryal, 2010: 485). 약물은 물질적인 측면과 수사학적인 측면에서 효과적이었다. 삭스가 이야 기하듯이, 약물은 그녀가 병이 있음을 인정하게 하였고, 인도적인 치료와 남용하는 치료의 차이를 구분하는 작업을 재개하였다.

삭스와 스틸 회고록 모두 정신의학의 오용에 가차 없는 표현을 담았다. 스틸은 정신과 기관에서 생활하면서 감금당하고, 맞고, 강 제로 약을 먹게 하는 등 학대를 받았다고 했다. 삭스는 회고록에 좋 은 의사뿐만 아니라 나쁜 의사와의 경험을 연대순을 작성하였다. 그녀는 약물치료에 대해 설득받은 것과 강제로 침대에 묶여서 치 료를 받았던 상황을 구별하는 데 주의를 기울였다(Saks, 2007: 331).

두 회고록은 약물치료가 모두 강제로 억제하는 구속이 될 수 있다는 점을 분명히 보여 주었다. 그녀는 TED 토크에서 치료와 오용을 깔끔하게 구별하며, "난 정신과 프로이며, 강제로 하는 것을 반대한다."라고 이야기했다(Saks, 2012). 이 발언과 함께 '화학적인 구속상태'라는 은유를 쪼개어 표현했다. 그녀는 정신과 프로로서 화학의 힘을 스스로 확인했지만, 구속상태에는 회의적이었다. 삭스와 스틸의 회고록 모두 약물치료를 린턴과 맥브라이드의 휠체어처럼 제약에서 해방자로 재해석하였다. '화학적인 휠체어(chemical wheelchairs)'야말로 약물에 관한 회고록에서의 약물치료의 역할보다 더 적절한 은유일지도 모른다. 하지만 구글 검색창에 '화학적 휠체어'라고 치면 조회수가 77개에 불과하다. 게다가 이때 나온 대부분의 조회수는 어떤 화학물질이 휠체어에 사용됐는지에 관련된 것이다.

하지만 은유적 사고는 피하는 게 좋다(Sontag, 2011). 정신병 치료제는 항생제처럼 또 다른 화학물질이다. 따라서 정신병 치료제는 그저 정신병 치료제라고 생각하고, 그것을 복용한 경험을 제공하는 것이 사람들을 믿게 하는 데 효과가 더 클 것이다. 삭스는 TED 토크에서 '만성 정신분열증을 가진 여성'을 묘사하는 은유적 표현을 사용하는 것을 피하고자 하는 것처럼 보였다(Saks, 2012). 그녀는 여러 자아를 가진 질병을 설명하면서 정신분열증을 은유적인 용어 사용과 혼동하면 안 된다고 하였다. TED 토크의 장르 때문에 그녀의 목소리 톤은 여유가 있고 글을 보고 읽는 듯 했다. 그녀는 자신이 치유되었다고 이야기하지 않았다. 그녀는 약을 끊고 싶다고 이야기하지 않았다. 그녀는 회고록에서 약물치료가 좋다 나쁘다 논쟁하기보다는 다양한 약물치료가 있고, 상황에 따라 사람에 따라 효과가 다르다고 인정하는 것이 유용할 것이라 이야기했다. 나는 약물이 좋든 나쁘든 간에 약물을 사용하는 사람에 대해 생각하고 받아들여야 한다고 우리에게 알려 준 것이 그녀와 스틸의 회고록에서 남긴 최고의 업적이라고 생각한다.

적응으로서의 삶

정신병 치료제가 준 영향력은 아마도 페미니스트 운동에서 태아의 출산을 조절하는 의사가 등장한 것과 같은 충격이었다. 약물치료는 그들에게 직업있는 삶을 되돌려 주었고, 정신병의 경험에 대한 기록물의 폭발적 증가를 불러 일으키면서 증상의 완화를 보장했다. 약물치료는 정신장애인들의 권리를 고려하도록 하는 또 다른 적응이었다.

삭스는 TED 토크에서 장애인권리운동이 정치적·사회적으로 가져온 변화에 대해 말하며, 그녀의 성공을 여러 번 확신에 차서 말했다. 그녀는 성공이라는 단어를 꽤 자주 언급하였는데, 지난 30년간 병원에 입원되지 않고 잘 피한 것에 대한 성공을 묘사했다(Saks, 2012). 그녀는 정신병 치료에 대한 의료적 처치에 반대한 사실이 그녀의 성공을 가능하게 한 것이라고 생각하기를 거부하였고, 그녀의 성공을 가능케 한 우선순위를 언급하였다. 의료개입이 첫 번째라 이야기했다. "우선, 나는 완벽한 치료와 완벽한 약을 처방받았다"(Saks, 2012). 이에 뒤따르는 두 번째 요인은 가족, 친구와 그녀의 고용주인 남부 캘리포니아 대학이었다. 그녀는 남부 캘리포니아 대학을 "나의 필요를 수용할 뿐만 아니라 감싸주는 장소"라 표현하였다(Saks, 2012). 약물치료를 고용주와 더불어 사회적 지지와 동등하게 배치하는 것은 급진적인 행동이다. 확실히 정신질환에 대한 낙인은 없어지지 않았다. 모든 치료가 신체적 억압과 같다고 이야기함으로써 생긴 무서움과 수사학적 주장은 이 낙인을 결국 유지하는 데 기능하였다. 정신장애인들의 권리는 단순히 신체적 억제를 주장하는 것이 아닌, 적은 부작용, 평등한 보험, 높은 수준의 돌봄, 인도적인 치료와 함께 효과적인 약물치료의 권리를 포함해야 한다.

실용적인 관점에서 볼 때 효과적인 약물치료의 역사를 완전히 무시하는 것은 우리를 약물치료의 사용과 남용에 있어서 사회적·정치적 논쟁에 참여하지 못하게 만들었다. 엘리자베스 도널드슨(Elizabeth Donaldson)은 '반란으로서의 광기(madness as rebellion)'에서 정신질환을 신경생물학적 장애로 이해하고, 장애학 연구에서도 계속 다루는 것이 가능하다고 주장했다(Donaldson, 2002). 나 또한 도널드슨처럼 반정신의학 운동이 '정신 운동(sanist movement)'으로 인정받지 못한다고 생각한다. 왜냐하면 이 운동은 많은 정신질환 환자가 정신의학을 옹호하고 있음을 모르기 때문이다. 또한 반정신의학 운동을 막기 위해 정신병 치료제를 축출하는 것은 위험하다. 왜냐하면 우리 모두가 항상 약물을 쓰고 있다는 사실을 놓치고 있기 때문이다. 약물은 우리의 모든 일에서 사용되고 있다. 이부프로펜(ibuprofen)은 공장 근로자의 요통을 완화해 주고, 인슐린(insulin)은 당뇨병 환자의 혈당 수준을 유지하게 해 주며, 나의 경우에는 카페인(caffeine)이 제출 기한 내에 기사를 쓰는 데 도움을 준다. 정신장애 진단을 받은 사람들에게 약물 사용을 금지시키고, 약물 사용을 하지 않는 나라를 주장해야만 장애인권리옹호자가 되는 것이라고 믿도록 하는 것은 최악의 에이블리즘(Ablism)이자 새니즘(Sanism)[1]이다.

결론

삭스는 2013년 〈뉴욕타임스〉에 "사람들은 뇌의 적응 능력과 창조 능력을 과소평가한다."라는 논평을 올렸다(Saks, 2013). 나는 그런 사람들 중 하나였다. 나는 이제 내가 수년 전에 썼던 문장 "정신적으로 장애인이 되는 것은 수사학적으로 장애인이 되는 것이다"(Prendergast, 2001).라는 표현이 잘못된 주장임을 알았다. 그것은 결점이 있는 표현이었다. 왜냐하면 약물치료가 불완전하기는 하지만 효과적이라는 사실이 정신분열증에 대한 수사학을 통해 그리고 정신과 치료의 경험적 성과를 통해 밝혀졌기 때문이다. 나는 정신분열증의 경험과 표현의 수사학이 결코 넘을 수 없는 사회적 장벽을 넘을 거라 상상조차 하지 못했었다. 이제 '정신적으로 장애인이 되는 것은 수사학적으로 장애인이 되는 거야.'를 '동성애, 국제인종결혼, 입양 문제와 마찬가지로 세상에 잘못된 것은 없어. 그저 그런 특성을 갖고 사는게 어려울 뿐인 거야.'와 동등한 표현으로 생각할

---

1) 역자: 새니즘(sanism)은 정신장애를 가진 이에 대한 억압과 차별을 의미하는 용어이다.

것이다. 나는 타인의 태도 뿐만 아니라 나의 태도 역시 바뀔수 있음을 인정하고 또 희망한다. 정신분열증을 가진 사람들에 대해 글을 쓰면서 나는 비로소 그들의 삶을 표현하는 수사학적 작업에 대한 깊은 이해를 할 수 있었다.

삭스의 말처럼, 적응과 창조를 위한 인간의 수사학적 표현을 결코 과소평가하지 않기를 바란다.

참고문헌

Donaldson, E. J. (2002). The corpus of a madwoman: toward a feminist disability studies theory of embodiment and mental illness. *NWSA Journal.* 14(3), 99–119.

Guest Pryal, K. R. (2010). The genre of the mood memoir and the ethos of psychiatric disability, *Rhetoric Society Quarterly,* 40(5), 479–501.

Johnson, H. M. (2013). Unspeakable conversations. In L. J. Davis (Ed.), *Disability Studies Reader.* New York: Routledge.

Jamison, K. R. (1995). *An Unquiet Mind: A Memoir of Moods and Madness.* New York: Vintage.

Johnson, J. (2010). The skeleton on the couch: the Eagleton affair, rhetorical disability, and the stigma of mental illness. *Rhetoric Society Quarterly,* 40(5), 459–478.

Lewiecki–Wilson, C. (2003). Rethinking rhetoric through mental disabilities. *Rhetoric Review,* 22(2), 156.

Linton, S. (2007). *My Body Politic: A Memoir.* Ann Arbor: University of Michigan Press.

MindFreedom International. (2013). *MindFreedom.org* Online.

Available www.mindfreedom.org/kb/act/2003/mf-hunger-strike/?searchterm=hunger%20strike (accessed 14 October 2013).

Prendergast, C. (2001). On the rhetorics of mental disability. In J. C. Wilson & C. Lewiwcki-Wilson (Eds), *Embodied Rhetorics: Disability in Language and Culture*. Carbondale: Southern Illinois University Press.

Saks, E. R. (2007). *The Center Cannot Hold: My Journey through Madness*. New York: Hyperion.

Saks, E. R. (2013). Successful and schizophrenic, Op-Ed. *The New York Times*, January 27, SR5.

Saks, E. R. (2012). TED Talk: A tale of mental illness-from the inside. Online. Available www.ted.com/talks/elyn_saks_seeing_mental_illness.html (accessed 14 October 2013).

Steele, K., & Berman, C. (2001). *The Day The Voices Stopped; A Memoir of Madness and Hope*. New York: Basic.

Sontag, S. (2011). *Illness as Metaphor and Aids and its Metaphors*. New York: Picador Press.

장애, 태도 그리고 문화

6. '꼽추'

문화와 시간을 초월하여

톰 쿠건(Tom Coogan)

소위 꼽추라는 것에 대해 역사적 · 문화적으로 추적해 보면 장애에 대한 사회적 태도가 어떻게 바뀌어 왔는지 많은 것을 알 수 있다. 따라서 이번 장에서는 최근에 등장하여 오랫동안 논쟁이 되어 온 꼽추라고 추정된 리처드 3세의 '진짜' 척추 사건이 어떤 효과를 냈는지에 대한 이야기로 시작할 것이다. 이는 현실을 뒤흔든 표현의 힘, 즉 꼽추에 대한 역사적 맥락과 그것에 대한 변화하는 태도를 철저히 조사함으로써 비장한 현실에 대한 표현의 힘을 설명해 줄 것이다. 이러한 접근법에서 나는 반드시 장애에 대한 '태도의 역사'를 뛰어넘어야 한다고 생각하며(Longmore, 1985), 역사 속 변칙적인 신체가 '근대의 장애인 생산성에 대한 담론에 균열을 드러낼 수 있다'라는 논쟁을 가져와야 한다고 생각한다(Williams, 2009). 나는 또한 몇 가지 간략한 꼽추의 예시를 보여 주고, 그들이 어떻게 장애에 대한 태도를 비판하는 문서를 남겼는지 문화장애학의 렌즈를 통해 살펴보고자 한다.

뒤틀린 척추

'꼽추는 사망했다-좋은 왕 리처드가 영원하길(The hunchback is dead-long live Good King Richard)'은 텔레그래프 신문(The Telegraph)에 올린 크리스 스키드모어(Chris Skidmore)의 기사 헤드라인이다(Skidmore, 2013). 역사학자와 보수당은 리처드 3세의 시체가 발견되었다는 소식이 대중들에게 알려질 것을 예상했고, 대중문화 속에 알려진 '나쁜' 리처드를 대신해 '좋은' 리처드를 만들고자 했다. 영국에서는 이를 두고 역사적인 논쟁이 계속 되고 있었다. 레스터 대학의 웹사이트에 이에 대해 분명하게 밝혔다. 현대의 역사적인 정설에 따르면 '신체적 기형이 삐뚤어진 마음과 악을 반영한 결과'라 생각하던 시대에 '꼽추를 비롯한 왕에 대한 모든 묘사'는 (리처드 3세를 패배시키고 권력을 잡은) 튜더 왕가의 정치적 선전으로부터 나온 것이라고 해석된다(University of Leicester, 2013). 튜더 왕가의 리처드에 대한 설명에는 일관성이 없었다. "어떤 이들은 그의 왼쪽 어깨는 오른쪽 어깨보다 높았다고 이야기하고, 어떤 사람들은 다르게 얘기하였으며, 많은 이는 기형에 대해 전혀 이야기하지 않았다"(University of Leicester, 2013). 레스터 대학의 웹사이트는 리처드의 죽음 이후 X-ray 분석이 튜더 왕가가 원하는 방식으로 그에 대한 이미지를 변경하였음을 보여 주었다. 하지만 웹 사이트에서는 결국 회색 수도원에서 발견된 구부러진 척추가 이 논쟁을 다시 일으켰다고 결론지었다(University of Leicester, 2013).

왜 리처드의 진짜 척추는 숨지 않고 다시 나타난 것일까? 여기에는 의미의 차이와 의학 용어의 권위가 어디에 위치해 있는지가 특히 중요하다. 레스터 대학의 웹사이트는 '꼽추'라는 '신화적인' 리처드에 대해 언급하였고, 사라 나이트(Sarah Knight)와 메리 앤 룬드(Mary Ahn Lund)는 한 기사에서 이 별명의 근원에 대해 자세히 이야기했다. 그들이 용어의 기원을 밝히려는 시도를 통해 '모든 종류의 척추 이상과 굴곡'을 발견했다는 것은 칭찬할 만하지만(Knight & Lund, 2013), 그들이 현대의 장애라는 용어를 역사적으로 초월해 두루뭉술하게 사용함으로써 많은 장애학 연구 학자들이 이야기하는 장애를 묘사하는 데에는 한계가 있었다(즉, 리차드의 신체적 상태). 그들은 '셰익스피어 버전에서 리처드의 신체는 얼마나 영향을 받았는가'라고 적었지만, 『리처드 3세(Richard III)』(1598)에서 셰익스피어가 만든 용어, 꼽추(hunch-backed)는 인쇄상의 오류가 있었고, 더 나아가 셰익스피어가 곱사등 또는 척추 후만증(crookback)으로 쓴 것을 잘못 해석해서 나타난 결과라고 했다(Knight & Lund, 2013). 그들은 프랑스 왕실 외과의사 앰브로스 파레의 척추 기형의 분류에 대한 17세기의 번역이 척추 후만증과 척추 측만증 또는 '구부러짐(crookednesse)'을 구분했다는 것에 주목했다. 그들은 이를 근거로 리처드의 해골은 '심각한 척추 측만증'을 가졌다고 했다. 하지만 그들은 이러한 분류에 대한 한도(즉, 구부러진 정도)도 모른 상태에서 이야기한 것이다. 그들은 이러한 척추 측만증이 리처드의 '꼽추'라는 소문을 자극하는 '구부러짐'이라는 표현을 했으며, 나중에 셰익스피어에 의해 척추 후만증이라고 잘못 해석되었다고 주장했다(Knight & Lund, 2013). 하지만 그들은 핵심을 잘못 짚었다. 척추 후만증은 척추의 혹을 야기하는 반면, 흉부 척추 측만증은 늑골의 혹이 원인이 되어 갈비뼈들을 뒤틀리게 한다. 일반 사람들에게는 둘다 꼽추일지도 모른다.

스키드모어(Skidmore)는 구부러진 척추 뉴스를 '해골의 정체성에 대한 가장 매혹적인 단서'라고 인정하며, 수백 년 전 전장으로부터 나온 리처드에 대한 자신의 이미지를 고집하였다(Skidmore, 2013). 그는 리처드의 '무서운 싸움꾼' 이야기가 "그의 꼽추로서의 명성을 어렵사리 유지한다."라고 주장했다(Skidmore, 2013). 이러한 상호배타적인 가정은 아마 리처드나 증거에 관한 것보다 스키드모어의 가정에 대해 더 많이 말하고 있다. 또한 이러한 가정은 개인의 지식이나 경험이 아닌 문화로부터 기인한 것이다. 현실과 신화사이에서 혼란을 경험한 신문은 『텔레그래프』만이 아니다. 『워싱턴포스트』또한 '리처드 왕의 작고 구부러진 척추 사진은 셰익스피어가 틀렸다는 것을 증명한다.'라는 기사 제목과 함께 구부러진 척추그림을 넣었다(Fisher, 2013). 하지만 작가 막스 피셔(Max Ficher)는 해골은 '당신의 마음 속에 있던 리처드의 이미지가 나타난 것'을 의미한다고 주장하였다(Fisher, 2013). 그 후, 그는 룬드(Lund)와 나이트(Knight)처럼 척추 측만증은 꼽추를 야기하지 않는다며, 셰익스피어의 연극이 '리처드 3세에 대한 우리의 이해를 그의 척추만큼이나 급격히 꼬아 버렸다.'라며 비난했다(Fisher, 2013).

어떻게 해야 리처드의 장애에 대한 증거가 실제 전혀 손상되지 않았다고 받아들일 수 있을까? 그리고 이러한 반응의 의미는 무엇인가? 논란의 여지가 있지만, 밝혀지지 않은 튜더 왕조와 그들의 얼룩에 대한 현대 평론가들의 이야기를 고려해 보면 현대 사회에도 여전히 장애인에 대한 신화가 통용되고 있는 듯하다. 장애인을 구걸하는 사람이나 꾀병을 부리는 사람으로 생각하는 것은 정부의 예산 삭감을 정당화하기 위해 영국 우익 언론들이 끊임없이 반복한 결과이다. 린다 우튼과 같은 사람들은 이를 두고 '테스트를 한 거다.'라면서 죽기 불과 며칠 전에야 '그게 맞다.'라고 이야기했다. 이러한 의미의 조작은 장애에만 국한된 것이 아니다. 2007년 미국 신문 『타임』에서는 '오바마는 확실히 흑인인가?'라고 물었다. 이것은 정체성 정치의 덫이었다. 가치절하된 정체성을 부여한 사람들은 반대 세력에 저항하기 위해 결집을 해야 하는 순간에 정체성을 요구받을 때 그 정체성을 부인하기를 주저하지 않는다. 같은 방식으로 스키드모어, 피셔, 나이트와 룬드는 리처드가 '정말 등이 굽었는지' 물었다.

분명히 꼽추의 역사적인 모습을 조사하기 위해서는 무의식적인 현대문화적 가정과 태도로부터 자유롭고 신중한 접근이 필요하다. 이 문제는 폴 롱모어(Paul Longmore)가 브루스 클레이튼(Bruce Clayton)의 랜돌프 본(Randolph Bourne) 전기를 읽고 쓴 리뷰에서 더 자세하게 조사되었다. 비록 본은 장애인의 역사적인 모습(얼굴의 결함, 굽은 척추)으로 널리 읽혔지만, 그 또한 꼽추의 역사적인 맥락과 관련되었을 것이다. 롱모어는 클레이튼이 장애인의 역사를 무시하였고, 이 때문에 장애인에 대한 '기본적인 오해'를 가졌다

고 주장했다(Longmore, 1985: 581). 그는 기능적이기 보다는 사회문
화적인 장벽이 본의 가장 큰 문제였다고 주장했다. 예를 들어, 시
인 에이미 로웰은 본에 대해 '그의 글쓰기는 그가 불구자임을 보여
준다 … 기형의 신체, 기형의 마음'이라 하면서 그를 무시하는 글
을 썼다(Longmore, 1985: 583). 그는 클레이튼의 글이 이러한 사회
문화적 요인을 고려하지 않았을 뿐만 아니라, 비록 무의식적이기
는 하겠지만 글 자체가 '기형' '흉한' '병신'과 같이 '편견적이고 극
히 공격적인' 용어로 오염되었다고 주장했다(Longmore, 1985: 585-
586). 본은 스스로 그런 표현을 피했고, 그의 에세이 『장애인들(The
Handicapped)』(1911)을 개정하여 기형의(deformed)라는 단어를 제
거하였다(Longmore, 1985: 585-586). 롱모어는 장애인에 대한 문학
적 연구와 예술적인 이미지 그리고 본과 같은 개인의 묘사가 문화
적 믿음을 밝히기 위해 필요하며, '태도의 역사'를 추적하는 것 역
시 장애에 대한 사회적 역사를 더 잘 이해하기 위해 필요하다고 강
조했다(Longmore, 1985: 586).

롱모어의 접근법은 엄청난 개선을 가져왔지만, 허점이 많고 역
사적으로 특수한 장애의 성격에 의해 카테고리로 제한되었다. 이
점은 캐서린 샤프 윌리엄스(Katherine Schaap Williams)가 쓴 『리처
드 3세(Richard III)』에서 탐구되었다. 그녀는 '장애'와 '기형의 언어'
를 결합하는 것이 위험하다고 강조하였다(Williams, 2009). 그녀의
장애 연구에 따르면 '장애'라는 말은 르네상스 이후에 신체를 '정상'
'비정상'으로 분류하는 의료적인 담론과 함께 나타났다(Williams,
2009). 그녀는 이러한 시각으로 르네상스 글을 읽으면 '기형이 신체
적 장애로 연결되는 담론이 통일되었으며, 이러한 담론을 가정함

으로써 리처드의 신체가 갖는 복잡한 상징성을 감춘다.'고 주장했다(Williams, 2009).

꼽추의 역사

윌리엄스는 특정 유형의 인물에 초점을 맞추어 보다 엄격하고 응집력 있는 범주를 형성하였으며, 동시에 그 범주의 전략적 본질을 인정했다는 문제를 발견했다. 나는 그가 발견한 문제를 피하는 것이 목표이다. 역사적으로 추적 가능한 꼽추의 역사가 있다. 이 문화적 표현의 역사는 이미 존재하며, 장애에 대한 현대 개념을 알려 준다. 책은 그것에 대한 설명으로 풍부하게 차 있고, 단순히 미래 연구를 위한 일부 영역을 강조하는 경향이 있었다. 꼽추의 역사는 고대에서부터 지금까지 문화를 거슬러 왔고, 가장자리 또는 중심에 있기도 했다. 이러한 역사는 아직 통일된 관점에서 보기에는 부족하다. 일리아드에서 디즈니 캐릭터까지, 표준 작업에서 더 모호한 표현에 이르기까지 연결될 수 있는 꼽추들은 다양하게 있다. 또한 어떤 문화도 허구적인 꼽추만을 형성하지는 않는다. 국회의원 윌리엄 헤이, 시인 알렉산더 포프, 지식인 란돌프 본과 안토니오 그람시와 같은 인물의 작업에도 현대 문화가 보는 꼽추가 반영된다.

이미 보여준 것처럼 리처드 3세는 꼽추의 역사에서 커다란 영향을 끼치고 있다. 마찬가지로, 콰시모도(Quasimodo)는 빅토르 휴고(Victor Hugo)의『노트르담 드 파리(The Hunchback of Notre Dame de Paris)』를 1831년에 각색하였으며, 이에 그치지 않고 '노틀담의 꼽추(The Hunchback of Notre Dame)'라고 영어 제목을 다시 붙여 계속해서 스크린에 나오고 있다(예를 들어, 이 장을 쓰고 있는 이때, 새로운 할리우드 영화가 제작 중이다). 하지만 꼽추의 표현은 수천 년 전으로 거슬러 올라간다. 미국 뉴욕의 메트로폴리탄 미술관에서 기원전 12~19세기에 멕시코 올메크 시대의 조각 전시회를 열었다(The Metropolitan Museum of Art, 2013). 큐레이터, 하이디 킹은 작품에 대해 초기 미국 사회의 꼽추에 대한 '사회적 지위와 인식'은 알려지지 않았지만, 16세기 멕시코와 페루의 기록('기형인 사람들'은 '끔찍하다고' 여겨졌다.)을 통해 추정할 수 있다고 했으며, 그들의 차이는 신비한 힘, 행운이 관련되어 있다고 했다(King, 1990). 그녀는 콜롬비아 이전의 꼽추의 모형은 보통 매장지에서 발견된다고 이야기했다(King, 1990). 그녀는 작은 조각상이 '자세와 표현의 높은 수준의 리얼리즘'의 올메크 시대의 작품의 전형이라며, 그것의 '얼굴 작업'에 특히 주목하였다. 이러한 표현은 장애에 대한 친숙한 당대의 이해와는 다른 현실적인 표현이었다(King, 1990). 박물관은 '헤일브룬 미술사 연대전(Heilbrunn Timeline of Art History)'을 개최하였는데, 여기서는 작은 조각상이 아마도 꼽추의 초자연적인 힘을 지키기 위한 통치자의 개인 소유물일지도 모른다고 추측했고, 후의 꼽추는 '왕좌의 구성원'으로 묘사되는데, 이는 꼽추가 초자연적인 영역에 접근할 수 있다는 생각에 그들과 교섭하고자 하는 통치자의 욕망 때문일 수도 있다고 지적했다(The Metropolitan Museum of Art, 2013). 실제로 꼽추 형상은 후기 메소아메리카의 조각품으로 재현되는데, 이는 콜리마 및 라구닐라스 문화를 아우르는 1~3세기부터 16세기까지의 시기이며, 이때 페루 잉카와 치무 문화에 의해 컵과 다른 용기들이 그려졌다.

비록 이후의 문화를 담고 있는 꼽추의 조각은 많지만, 굳이 여기서 다 이야기할 필요는 없다. 게다가, 그것들 중 대부분이 그 의미를 제대로 파악하기 위해 좀 더 깊이 연구될 필요가 있다. 논란의 여지는 있지만,『아라비안나이트(The Arabian Nights)』의 '꼽추의 이야기'는 문학적 분석을 하도록 기회를 주었다. 페르시아, 아랍, 인도, 중국의 이야기를 담은 소장품은 15세기 이집트의 당대 관중들에게 익숙한 형태로 모아졌다. 1838년에 영어 번역본이 나타났으며, 이는 당대 낭만주의 유럽 문화에 상당한 영향력을 주었다(Cecil, 1966).

다양한 기원과 버전을 감안할 때 '꼽추의 이야기'는 꼽추에 대한 문화적 표현의 의미의 경계가 나타나기 때문에 중요하다. 이것의 다양한 기원과 형태를 고려해 볼 때, 그 의미와 문화적 태도가 바뀌는 것을 밝힐 수 있다. 하지만 이 원본의 출처에 문제가 있다. '꼽추의 이야기'의 최종 편집이 1416년 이전일 수 없는데, 이 때문에 원고의 전체 구조가 이 개별 이야기에 영향을 미쳤을 수도 있다(Grotzfeld, 1991). 게다가 페르시아와 아랍의 요소는 확인되었지만(Abbott, 1949), 다른 것은 아직 확인되지 않았다. 가장 중요한 것은 "'꼽추의 이야기'는 이야기의 확산과 행동과 이야기의 복잡한 관계라는 측면에서 가장 흥미롭고 복잡한 발달과정을 갖고 있다"라는 것이다(Rosenthal, 1990: 120). 이야기의 기본구조는 죽은 꼽추의 몸을 통과하는 것인데, 등장하는 4명의 남성 모두 그가 꼽추를 죽였다고 믿는다(Rosenthal, 1990). 몸을 통과하는 것으로부터 이야기가 시작되며, 각 절(section)을 연결하여 새로운 중심인물의 행동을 시작한다(Rosenthal, 1990: 120). 이 순서가 마침내 끝날 때, 술탄왕의

"내 꼽추의 이야기보다 더 놀라운 이야기를 들은 적이 있니?"라는 말과 함께 새로운 이야기를 시작하게 된다. 4명의 남자는 각자가 아는 가장 놀라운 이야기를 하며 용서를 구한다. 결국 꼽추가 죽지 않았다는 것을 발견한 이발사를 소개하는 재봉사의 이야기로 완결 되었다(Rosenthal, 1990: 120). 구조적으로 '꼽추의 이야기'는 데이비 드 미첼(David Mitchell)과 샤론 스나이더(Sharon Snyder)의 서사적 보철(손상된 신체가 이야기를 가능하게 만든다)의 개념과 어울린다. 동시에, 우리는 꼽추의 일반적인 인물상이 문화와 역사를 통해 다 루어지고 전달되는 방식에 대한 유사점을 발견할 수 있었다.

꼽추에 대한 생각

만약 서사적 보철이 기대한 것보다 역사적, 문화적으로 큰 영향 을 가진다면 그것은 문학 자체를 뛰어넘을 만큼 충분히 강력하다. 앞에서 언급했듯이, 꼽추 인물상의 역사를 문서화하려는 시도는 허구에 국한되어서는 안 되며, 꼽추의 정체성이 사람들에 의해 만 들어지기도, 문화에 의해 만들어지기도 하는 방식을 고려해야 한 다. '콰시모도 콤플렉스(The Quasimodo Complex)'에 따르면 조나 단 싱클레어 캐리(Jonathan Sinclair Carey, 당시 진료윤리위원회 책임 자)는 시조가 깊은 문학적 인물에 대해 신체적·정신적 진단을 제 공한 다음, 그 분석을 통해 장애인 모두에게 일반화시켰다고 한다 (Carey, 1996). '꼽추의 이야기'에 나온 몸처럼 꼽추의 몸은 허구와 현실 사이의 기괴한 투쟁에서 대상이자 자극제가 되었다. 예를 들어, 캐리는 '의학적으로 이상한 사람들', 즉 콰시모도가 '사산되었어야 했다'고 주장했다(Carey, 1996: 34). 이렇게 문학적 인물에 의료적 진단을 한 것이 어리석어 보일 수 있지만, 그저 허구와 현실이 만난 것이라 보면 될 것이다. 장애에 대한 문학과 의학의 싸움은 이미 부차적이고(Adams, 2011) 이상한 것으로 보여지고 있다(Garland-Thomason, 1996). 이러한 문맥에서 캐리의 단어를 문학보다 의학이 앞선다는 주장으로 읽을 수도 있다. 하지만 문학은 다음과 같이 저항한다. 스스로 신체적 결핍을 느끼지 못할 만큼 콰시모도는 '완전히 지체로… 태어나지 않았다.'라고 주장했고, 이는 캐리에게는 유감이었다(Carey, 1996: 34).

그때 캐리는 '기형에 대한 자기 인식의 잊지 못할 장면'이라 주장하며, 실제 문학을 가진 힘보다 더 크게 생각하였다(Carey, 1996: 41). 이것은 우리가 문학으로 분류할 수 있는 특정한 삶의 글로 볼 수 있지만, 이것을 문학[예를 들어, 루시 그레얼리(Lucy Grealydm)의 『한 얼굴의 자서전(Autobiography of a face)』(2003)] 전반에 적용하려는 캐리의 시도는 그가 가진 문학에 대한 특정한 순수함을 드러낸다. 그는 연구를 통해 다음과 같은 통찰력을 보여 주었다. '기형'은 빈약한 사회적 기술을 가지며, '또한 출생의 두려워하지 않는 공포를 갖는다'(Carey, 1996: 43). 이것은 새롭지도 않고, 특별히 통찰력 있는 관측이라 보기 힘들다. 크게 부풀려 이야기했던 '콰시모도 콤플렉스'도 그저 익숙한 생각을 다시 말한 것에 지나지 않는다. '신체적인 기형'은 정신적으로 부적응할 것이며, 에이미 로웰이 말한 것(기형의 몸, 기형의 마음)은 그 자체로 '기형의 특징'이 되어 버렸다(Garland-Thomson, 1996: 37 인용). 캐리의 주장에서 나타난 맥락상 부족함은 그가 '영국인 꼽추' 윌리엄 헤이(William Hay)의 사례를 인용하는 것에서부터 명백하게 나타난다. 이 사례는 기형의 영향이 직접 느끼는 사람 말고는 없다는 것과 일반적으로 모습을 드러내지 않는다는 이야기를 담았다(Carey, 1996). 헤이는 단순히 '영국인 꼽추'가 아니라 정치인과 비슷한 영향력 있는 의원의 삶을 살았다(Nussbaum, 1997). 어리석게도 캐리는 헤이의 말을 사용하여 문학이 "직접적인 담론에서 기형보다 동정심의 정도가 다른 기형의 고통을 더 많이 밝힐 수 있다."며 끝맺었다(Carey, 1996: 46). 따라서 허구는 현실을 뛰어넘을 수 있다-리처드의 사례처럼 말이다.

역사 속에서 스키드모어와 같은 작가들에 의해 드러난 장애에 대한 태도는 현실에 반하는 허구의 주장을 완화하는 데 결코 적절하지 않다(Longmore, 1985). 우리가 꼽추의 모습을 다루고자 한다면 폭넓은 정치적 범주의 장애보다는(윌리엄이 제시한 이유가 문제라고 바라보는 시각), 이탈리아의 정치이론가 안토니오 그람시가 이야기한 단테 가르미노(Dante Germino)의 접근법이 효과적인 모델이 될 것이다. 이 접근법은 그람시 작품의 특징인 '철학과 개인적인 경험을 재결합시키는 경향'과 함께 시작되었다(Germino, 1986: 20). 하지만 그람시의 신체적 기형이 그의 삶과 생각에 어떠한 영향을 미쳤는지 알기 위해 단어 없이 해석하는 건 수수께끼였다. 그가 살면서 읽었던 책보다 그의 구부러진 척추가 그가 구상한 새로운 정치에 가장 큰 영향을 주었던 것처럼 말이다.

안토니오 그람시는 꼽추여서 '역사의 한계에 처한' 개인과 집단의 곤경에 대해 좀 더 세심한 배려를 하도록 도왔다. 그람시의 정치학 이론의 주제 또한 그의 개인적인 경험이 중심을 차지하였다. 오랫동안 그의 꼽추라는 상황은 스스로 가족 안의 '침입자'라고 느끼게 했으며, 표준에서 벗어난 이를 비웃고 비난하는 사르디니아 사람들의 '고정된' 태도에 관련해서 그의 감정을 언급하지 못하게 하였다(Germino, 1986: 21). 따라서 그 당시의 새로운 정치학의 욕구를 다룬 주요 주제는 소외된 이들의 세계에 (존경할 만한 세상에서 가장자리로 소외된 사람들) 초첨을 두었고, 꼽추와 사르디니아인으로서의, '두 배로 소외된 사람'으로서의 그의 경험의 두 가지 주요 측면을 반영하였다(Germino, 1986: 21).

그람시는 척추 질환이 척추를 뒤틀리게 한 사실을 모르고 있었기 때문에 자신의 상태를 어렸을 적에 계단에서 떨어져서 다쳤다는 그의 엄마가 해준 신빙성 없는 이야기를 믿었을지도 모른다(Germino, 1986: 21). 이것은 사실과 허구의 충돌에 관련된 가설을 밝히는 데 초기 자료로서 중요한 포인트가 되지만, 가르미노를 더 깊이 탐구하는 것은 아니다. 그러나 꼽추의 원인에 대한 그의 개념과 관계없이 가르미노는 그람시의 상태에 대한 동기를 다음과 같이 설명하였다. "그의 기형은 두 가지 효과를 가진다. 그를 외톨이로 느끼게 함으로써 인류 진보에 기여하여 장애를 초월하도록 결심하게 하였다"(Germino, 1986: 22). 이것은 그람시의 경험을 개별화하려는 위협으로 보일 수 있지만, 가르미노는 그람시가 인간의 의지를 강조한 이유를 "자신의 신체적 단점을 극복하기 위한 자신의 투쟁과 거의 확실하게 관련되어 있다."라고 답했다. 즉, 그의 경험은 소외받고 억압받는 사람들을 대표하여 광범위한 사회운동에 기여하게 했다(Germino, 1986: 22). 하지만 문제는 가르미노의 이 통찰력이 익명의 출처 "이 감정을 나와 함께 공유하고 … 그람시를 이해하는 것이 중요하다고 강조했다"라는 말에 기인한 것이다 (Germino, 1986: 29). 이것이 캐리의 추론과 비슷하게 보이지만, 가르미노의 관점은 그람시가 추구하는 구체적인 그림에 초점을 맞추어 우려를 보완하고 있다. 그럼에도 불구하고 가르미노 또한 잘못된 꼽추의 정체성을 갖고 말았다. 그는 이렇게 이야기했다. "역사상 많은 꼽추가 있었지만, 오직 그람시만이 정치학의 가치 있는 비전을 만들어 냈다"(Germino, 1986: 22). 헤이와 본과 같은 사상가를 보았듯이 비록 그람시가 당대 정치적 생각에 영향력을 끼쳤지만, 이것은 반드시 필요한 것은 아니다.

가르미노는 그람시의 연구에서 그의 구부러진 척추가 중요한 역할이었다는 것을 인정했다. 그는 그람시가 미래의 아내에게 보내는 편지를 인용하였다. 편지에는 그의 가족이 그의 상태를 치료하기 위해 노력하고 있다는 내용을 담았다(Germino, 1986). 또한 그람시는 편지에 자신이 아이였을 때 친구 사귀기가 얼마나 힘들었는지, '외로움으로부터 나온 절망을 숨기기 위해' 얼마나 '견고한 가면'을 썼는지에 대해서도 편지에 담았다(Germino, 1986: 23). 가르미노는 그람시가 그의 정치적 견해를 설명하기 위해 주변 장애의 예를 사용하였다는 사실을 강조했다. 예를 들어, 학습장애 청소년은 어머니와 늘 함께 있어야 하며, 그로 인해 어머니는 미쳐 가고, 주 정부는 그녀를 위해 법적 조치를 취한다(Germino, 1986: 23).

가르미노는 그람시의 관심에 대해 주로 장애 연구와 관련지어 보려고 했다. 예를 들어, 그는 급진적인 항의를 '병적인 것'으로 정의한 방식에 대해 그람시가 어떤 관심이 있었는지 보여 주었다 (Germino, 1986). 이렇게 의료 권위를 사용하면서 그 둘의 차이를 모호하게 하는데, 이런 상황은 장애연구학자와 장애인권리운동가 모두에게 익숙하다. 비슷하게, 가르미노는 그람시가 (특권을 주변과 자발적으로 공유하는) '자선활동'이 결국 더 깊은 소외로 이어질 거라는 예측을 강조하였다. 이를 통해 그람시가 자선에 대한 장애 연구의 비판을 공감한 것을 알 수 있다(Germino, 1986: 23). 좀 더 광범위하게 보면 그람시는 마르크스의 계급투쟁에 대한 아이디어에 그의 경험을 추가·보완하여 정치적으로 공헌을 하였다. 따라서 그람시의 모델은 '문화 세계를 위한 공간'을 만들었다(Germino, 1986: 24). 이와 관련하여 그람시의 연구는 장애 연구의 정치적 및 문화적 관심 사이에 잠재적인 연결고리를 제공함으로써 현대적인 관점에서 꼽추 역사의 가장 알맞은 진입 지점이 될 수 있다.

결론

이 장의 시작에서 언급했듯이 꼽추에 대한 문화적인 표현을 역사적으로 적절히 분석하는 것은 꽤나 방대한 프로젝트일 것이다. 여기서 시도한 것은 장애에 대한 태도의 변화를 추적하기 위해 역사적 인물에 초점을 맞추는 것의 유용성을 정의하는 것이다. 나는 허구의 예를 사용하여 그러한 태도의 힘을 보여 주고, 개인과 집단의 역사가 장애 경험에 어떤 영향을 미치는지 보여 주고자 한다. 따라서 개인이 '꼽추'인 경우 이것은 수천 년에 걸쳐 부여된 문화적 의미를 가진 표현임을 고려해야 한다. 역사는 필연적으로 글로 남겨지고, 따라서 우리의 살아 있는 역사는 부분적으로 저명한 논평가와 역사가의 해석과 태도에 달려 있는 것이다. 이 점에서 꼽추는 유용하게도 명확한 연대표를 갖는다. 구부러진 척추는 약으로 제거됨으로 우리는 이 인물이 나타내는 문화의 기능을 기록하고 이해할 수 있는 기회를 잃지 않도록 주의해야 한다.

참고문헌

Abbott, N. (1949). A ninth-century fragment of the 'thousand nights': new light on the early history of the Arabian nights. *Journal of Near Eastern Studies, 8*(3), 129-164.

Adams, R. (2001). *Sideshow U.S.A.: Freaks and the American Cultural Imagination.* Chicago: University of Chicago Press.

Bourne, R. (1911). The handicapped. *The Atlantic Monthly,* CV111, 320-329.

Carey, J. S. (1996). The Quasimodo complex. In C. Donley & S. Buckley (Eds), *The Tyranny of the Normal: An Anthology.* Kent, Ohio: Kent State University Press.

Cecil, L. M. (1966). Poe's 'Arabesque'. *Comparative Literature,* 18(1), 55-70.

Fisher, M. (2013). Amazing photo of King Richard III's tiny, curved spine proves Shakespeare was wrong. *The Washington Post,* February 4, 2013.

Garland-Thomson, R. (1996). *Freakery: Cultural Spectacles of the Extraordinary Body.* New York: New York University Press.

Germino, D. (1986). Antonio Gramsci: From the margins to the center, the journey of a hunchback. *Boundary* 2, 14, 3. *The Legacy of Antonio Gramsci,* 19-30.

Grealy, L. (2003). *Autobiography of a Face.* London: Harper Perennial.

Grotzfeld, S. (1991). Book review. *The Arabian nights.* tr. by Husain

Haddawy. New York: W. W. Norton, 1990. *Middle East Journal,* 45(3), 519–520.

King, H. (1990). Recent acquisitions: a selection, 1989–1990. *The Metropolitan Museum of Art Bulletin,* 48(2), 80.

Knight, S., & Lund, M. A. (2013). Richard Crookback. *The Times Literary Supplement.* Online. Available www.the-tls.co.uk/tls/public/article 208757.ece (accessed 1 September 2013)

Longmore, P. (1985). The life of Randolph Bourne and the need for a history of disabled people. *Reviews in American History* (December), 581–587.

Nussbaum, F. A. (1997). Feminotopias: the pleasures of 'deformity'in mid-eighteenth-century England. In D. T. Mitchell & S. L. Snyder (Eds), *The Body and Physical Difference.* Ann Arbor: University of Michigan Press.

Rosenthal, M. M. (1990). Burton's literary Uroburos: 'The Arabian Nights' as self-reflexive narrative. *Pacific Coast Philology,* 25(1–2), 116–125.

Skidmore, C. (2013). The hunchback is dead–long live Good King Richard. *The Daily Telegraph.* Online. Available www.le.ac.uk/ richardiii/science/spine.html (accessed 29 October 2013).

The Metropolitan Museum of Art (2013). Hunchback [Mexico; Olmec] (1989.392) *Heilbrunn Timeline of Art History.* Online. Available www. metmuseum.org/toah/works-of-art/1989.392 (accessed 7 November 2013)

University of Leicester (2013). *Myths and Legends.* Online. Available www.le.ac.uk/richardiii/history/myths.html (accessed 29 October 2013).

Williams, K. S. (2009). Enabling Richard: the rhetoric of disability in Richard III. *Disability Studies Quarterly,* 29, 4.

7. 전환된 남성

전쟁, 신체 외상, 미국 공상과학소설에서의 사이보그 병사의 기원

수 스미스(Sue Smith)

이 장에서는 미국 공상과학소설을 기초로 선험적 조사를 보여 주고자 하는데, 부상당하거나 손상된 몸을 가진 이가 기계인간으로 재탄생하는 부상입은 영웅에 대한 기술적 논쟁을 특징적으로 다루었다. 이러한 작업들의 중요성은 전쟁과 새로운 기술 발전의 시기에 나타나 강화된 인간의 창조에 대한 환상을 탐구하는 동시에 인간과 성 정체성에 관한 장애인 남성의 신체에 대한 불안을 반영한다. 나는 전쟁의 광범위한 역사적 사건 내에서 그리고 기술의 사회문화적 관심사와 장애인 및 성 내에서 이러한 글의 연관성을 탐색하기 위해 두가지 이야기를 분석하였다. 첫 번째 이야기는 헨리 커트너(Henry Kuttner)의 『위장(Camouflage)』(1945년에 최초 출판)으로 제2차 세계 대전의 막바지 시기와 관련되어 있고, 두 번째는 조안 방긴(Joan D. Vinge)의『장난감 병정(Tin Soldier)』(1974년에 최초 출판)로 베트남 전쟁과 관련되어 있다. 이를 통해 전쟁과 성 정치의 다양한 역사적 맥락에서 쓴 남성 작가와 여성 작가의 작품(다친 군인이 사이보그가 되는 영웅 이야기)이 얼마나 문화적 태도의 변화에 반영되었는지 보여줄 것이다.

손상된 · 파괴된 신체와 인간-기계의 도래

미국 공상과학소설에서 손상 · 파괴된 신체를 인간-기계로 재구성한다는 추측은 제2차 세계 대전이 끝날 무렵에 나타났고, 이는 보철물의 발전과 사이버네틱이라 부르는 새로운 과학에 부합했다. 사이버네틱은 통신, 공학, 생물학에 관한 이론을 통합한 이론으로, 사람과 기계를 관련시키려는 과학적 담론을 수립하였다(Hayles, 1999: 84). 특히 주목할 만한 것은 노르베르트 위너(Norbert Wiener)의 연구이다. 그는 완벽한 대공무기를 만들기 위해 인간과 기계(조종사와 전투기)의 반응 시간을 계산한 과학자이다(Hayles, 1999: 86). 위너의 연구는 기술이 인간의 능력을 어떻게 확장할 수 있는지를 제시하면서 우리가 일반적으로 상상하는 사이보그, 인간-기계 관계의 개념에 과학적 근거를 부여했다.

사이버네틱의 인간-기계는 현대의 보철물의 이미지와 비슷한데, 왜냐하면 데이비드 세린(David Serlin)이『다른 팔의 경주(The other arms race)』에서 얘기했듯이, 장애인이 된 참전용사의 이미지와 '그들이 보철물을 사용해서 승리했다.'는 이미지가 인간-기계 관계에 긍정적인 환상을 제공했기 때문이다(Serlin, 2006: 52). 동시에, 이러한 대중적인 이미지는 '절단된 사람의 복귀'가 일반인과 장애인을 더욱 편하게 만들어 주었기 때문에 극단적인 문제를 낳았다(Serlin, 2006: 52). 예를 들어, 복귀 프로그램이 개인에게 평범한 삶을 다시 찾아주기 위해 보철물을 사용하도록 격려하는 데 초점을 맞췄다. 이것은 절단된 이들의 목표가 서양문화의 인간의 기준, 성의 기준을 달성하는 것이라는 의미를 갖는다. 나는 장애인이 된 참전용사에 대한 세린의 분석에 동의한다. 그래서 나는 여전히 장애인이 된 참전용사가 인간-기계의 환상으로서 미국 공상과학소설 속 사이보그의 모습에 영향을 주었다고 생각한다. 이 책은 복귀한 장애인의 신체 개념을 활용하여 인간을 척박한 우주환경 속에서 견딜 수 있는 인간-우주선이나 인간-기계와 같은 발전된 존재로 묘사하였고, 인류의 이익을 위한 새로운 개척자가 되며, 동시에 새로운 기술 시대 속에서 인간이 쓸모없게 되는 것에 대한 사회의 두려움을 표현하였다.

　　인간-기계의 이야기는 인간이 지배하는 세계에서 다름을 의미하며, 사이보그의 다른 사람과의 경험을 통해 얻는 통찰력을 제공한다. 이와 동시에 많은 작가는 그들의 작품에 사이보그보다 인간 남성의 우월한 지위를 선호하는 경향을 보였는데, 이를 통해 작가들의 성에 대한 편견을 알 수 있다. 대개 사이보그 존재의 중심이 인간임을 보증하는 것, 또는 사이보그의 정체성을 구성하는 남성 권위와 통제력이 그 증거이다. 그 예들은 1945년 커트너의 『위장』으로 시작하여, 그 뒤를 폴 앤더슨(Paul Anderson)의 『조라고 불러다오(Call me Joe)』(1957에 최초 출판), 로버트 하인라인(Robert Heinlein)의『군사 우주 오페라(Starship Troopers)』(1959에 최초 출판), 마틴 카이딘(Martin Caiden)의 베스트셀러『사이보그(Cyborg)』(1972에 최초 출판), 윌리엄 깁슨(William Gibson)의 1980년대 사이버펑크『뉴로맨서(Neuromancer)』(1984에 최초 출판)로 이어 갔다. 추가적으로 문학이 아닌 대중 영화에서도 부상당한 영웅이 기계와 만나 부활하는 이미지가 쓰였는데, 1980년대 후반과 1990년대 초에 나온 〈로보캅 3부작(RoBoCop Trilogy)〉(1987, 1990, 1993)이나 최근에 나온 제임스 카메론의 〈아바타(Avatar)〉(2009)와 던칸 존스의 〈소스 코드(Source Code)〉(2011)가 그 예이다. 이러한 작품들의 특징은 사이보그를 유지하는 기술에 대한 인간의 권위와 남성의 통제력을 재확인하는 것이다.

종종 이러한 이야기에서 인간은 엘리트이거나 사회에서 존경받는 인물이다. 은밀한 군사 작전이나 우주탐사의 과학자나 군인, 우주 비행사가 그 예이다. 그리고 불의의 사고나 전투 중 크게 다쳤다가 사이보그로 다시 태어난다. 처음에는 유기적이고 인공적인 존재로서 사이보그는 인간과 기계를 분리하는 경계에 의문을 제기하여 인간은 일시적이고 연약한 존재임을 강조함으로써 인간의 정체성을 문제로 보게 하였다. 동시에 남자 주인공은 장애를 없애는 기술로 그의 인간적·남성적 지위를 다시금 회복할 수 있게 되었다. 그래도 여전히 이러한 해결에도 불구하고 이야기 속에서는 사이보그에 대한 불안감이 계속 반복되고, 이 반복되는 불안감은 사이보그가 나타난 방식에 의한 것이었다. 이러한 방식은 서양문화의 인간과 성 정체성의 건설적인 본성을 드러나게 하고 궁금증을 제기하고 부자연스럽게 만든다. 이는 성 정체성과 성 역할에 대해 가장 민감한 전쟁과 같은 커다란 사회적 격동 시기에 가장 잘 나타난다. 이 점을 더 자세히 살펴보기 위해 커트너의『위장』을 볼 것이다.

제2차 세계 대전과 헨리 커트너의『위장』

『위장』은 본디 1945년 9월 Astounding Science Fiction에서 출판 되었으며, 원자 과학자 바트 쿠엔틴(Bart Quentin)의 이야기를 담았 다. 그는 사고로 신체가 파괴되었지만 뇌는 살아남아 '2피트×2피 트' 메탈 실런더를 집으로 삼았고, 오히려 이를 통해 우주선에 잘 맞고 잘 통제하는 사람이 되었다(Kuttner, 1961: 56). 커트너는 비정 상적인 인간−기계 외관에도 불구하고, 주인공이 자신의 생명을 기 술과 성공적으로 동화시키는 능력을 보여 줌으로써 우주선과 화물 을 약탈하려는 갱단을 혼쭐내면서 자신이 여전히 인간이고 남자임 을 증명하기 위해 많은 노력을 기울였다. 쿠엔틴의 인간성은 밴 탈 만(그의 친한 친구이자 갱단 멤버)이라는 등장인물에 의해 시험되었 다. 탈만이 쿠엔틴을 처음 보았을 때 쿠엔틴은 인간−기계로서 정 체성이 잡혀 있지 않았다. 하지만 쿠엔틴은 기계와의 합성을 통해 우주선 조종 능력을 향상시켰음을 다음과 같은 말로 강조하였다. "당신이 운전을 하거나 조종할 때 어떻게 기계를 확인하는가? 기계 는 당신의 연장이다. 나는 한 걸음 더 나아간다. 그리고 그것이 만 족스럽다"(Kuttner, 1961: 58). 쿠엔틴은 계속해서 "나는 기계다!"라 고 선언하지만 그렇다고 로봇이 아니라는 것 또한 강조했다. "이것은 나의 정체성과 바트 쿠엔틴의 본질에 영향을 주지 않는다"
(Kuttner, 1961: 58).

'개인적 본질'이란 발언을 통해 커트너가 정의하는 인간은 막연
하고 결정할 수 없는 범주에 있다. 또한 그의 남성성은 기계를 지배
하는 '자연스러운' 능력에 의해 입증된다. 이것은 쿠엔틴이 남성의
정체성을 구성하는 가부장적 가치에 받아들여지고, 받아들일 수
있는 사회적 기능을 차지하도록 한다. 이와 관련하여 쿠엔틴이 과
학자였다는 이야기 속의 설정은 전통적으로 남성에 어울리는 직업
임을 재확인시킨다. 또한 그는 우주선의 조종사이기도 한데, 이는
그의 머릿속에서, 남성적 정체성이 생물학적 정체성 위에 매끄럽
게 재배치되도록 한다. 즉, 비록 쿠엔틴이 유기체로서 신체는 없지
만, 이야기는 그의 그런 비정상적인 형태와 다름을 수용하며, 그를
우주여행에 적합한 새로운 종류의 인간으로 거듭나게 한다.

남성적 정체성과 인간성을 훼손하지 않은 채 신체의 한계를 뛰
어넘은 쿠엔틴은 지적인 능력마저도 납치범들을 뛰어넘었다. 마
지막 대결에서 그는 범죄조직의 구성원이자 친구였던 탈만을 제
외하고 모두 죽였다. 탈만은 남성과 인간으로서의 자기 가치를 심
리적으로 훼손시키는 대화를 통해 쿠엔틴으로부터 벗어나고자 노
력했다. 하지만 앤 허드슨 존스(Anne Hudson Jones)가 자신의 기
사 〈공상과학소설에서의 사이보그의 혁명[The Cyborg (R)evolution
in Science Fiction]〉에서 이렇게 설명하였다. 쿠엔틴이 자신의 지위
를 의심하기 시작한 것처럼 "오직 의미론적인 실수만이 인간으
로서의 감각을 회복시킨다"(Jones, 1982: 206). 집중력이 흐려질 때쯤,
탈만은 쿠엔틴이 여전히 인간이라면 쿠엔틴을 죽이려 하지 않았을

거라 주장했다. 이때 쿠엔틴은 탈만의 실수를 깨닫고 그에게 이렇게 외쳤다. "기계는 멈추거나 파괴할 수 있어. 밴 … 하지만 죽일 수는 없어"(kuttner, 1961: 84). 쿠엔틴은 자신이 "여전히 인간임을 인식하며, 이로써 인간으로서의 감각을 회복하는데 충분하다"(Jones, 1982: 206).

비록 커트너의 이야기에는 전쟁을 언급하지도, 쿠엔틴이 사이보그 군인도 아니였지만, 『위장』이라는 제목은 절대적으로 군사적인 의미를 내포하며, 남자 주인공 쿠엔틴이 쓰는 전술을 반영한다. 그는 자신과 자신의 주변을 지키기 위해 전술을 사용하는 효율적인 살인 기계가 된다. 더욱이 커트너의 출판 시기와 심각한 신체 외상을 경험한 사람의 여행수필 속에서 기술의 도움을 받아 인간성과 남성성을 다시 얻으려 하는 노력이 전시미디어 속 장애인이 된 참전용사의 이미지, '그들이 보철물을 사용해서 승리했다.'라는 이미지와 맥락을 같이한다(Serlin, 2006: 52). 나는 커트너가 바트 쿠엔틴이란 캐릭터에게 한 처치가 실제로 나타났다고 본다. 참전용사의 복귀에 대한 우려, 특히 장애인이 된 참전용사와 그들의 생활로의 복귀에 대한 우려, 그리고 전후시대의 성적 사회질서의 재구성이 제2차 세계 대전 막바지에 떠오른 사회이슈였다. 이러한 우려의 결과로 북미와 같은 국가에서는 참전용사를 위한 광범위한 사회프로그램이 발전되었다. 이것은 사회적으로 승인된 성적 역할에 따라 보철물을 설계하고 홍보하는 것을 포함한다. 이때의 사회적으로 승인된 성이란 개인을 '자연스러운' 남성으로 재구성하고 표준화하는 것을 의미한다. 예를 들어, 『공학의 남성성: 제2차 세계 대전 후의 베트남 참전용사와 보장구(Engineering Masculinity: Veterans and

Prosthetics after World War Two)』에서 세린은 담배에 불을 지피는 보철 팔을 가진 남성의 이미지에 대해 다음과 같이 이야기했다.

절단자인 참전용사가 새로운 보철물을 '일반적인' 남성의 활동을 수행하기 위해 사용하는 사진들(예를 들어, 담배를 켜고 즐기는 사진)은 비효율적이고 여자 같다고 여겨지는 남성 절단자의 평판에 도전하는 섬세한 시도였다.

(Serlin, 2002: 61)

세린은 비록 절단된 참전용사의 돌아온 삶의 현실이 군대와 주정부가 선전했던 이미지와는 거리가 멀지만, 그럼에도 불구하고 이상화된 '진짜' 미국 남성의 이미지를 생각했을 때 이들에게 복귀프로그램을 제공하는 것은 특혜임을 분명하게 밝혔다(Serlin, 2002: 46).

이와 유사하게, 손상되었거나 파괴된 신체의 재활을 통해 성의 '기준'을 재구성하는 것은 커트너의 공상과학소설의 핵심이다. 커트너의 이야기에서 바트 쿠엔틴의 인간-기계로서의 새로운 정체성은 완전히 수용할 수 있었다. 적을 물리침으로써 쿠엔틴의 인간적이고 남성적인 지위를 높이는 스토리뿐만 아니라, 그런 그를 존경하며 깊이 사랑하는 아내 린다가 있었기 때문이다. 린다는 그의 남편이 작은 실린더 속에 있다는 사실에도 불구하고 비정상적인 그의 상태를 받아들일 수 있었다. 예를 들어, 린다가 바트의 친구 밴 탈만을 직접 대면했을 때 그녀는 "그는 여전히 바트야." … "그렇게 보이지는 않지만, 그는 나와 결혼한 사람이야."라고 이야기했다(Kuttner, 1961: 56). 이렇게 믿음직하고 충성스러운 아내 또는 여자친구는 전후 시대에 몇 년 동안 반복되었던 모티브였다. 레베카 조 플랜트(Rebecca Jo Plant)는 그 이유를 『참전용사와 아내 그리고 어머니: 제2차 세계 대전 후 심리적 재활을 위한 처방(The Veteran, his Wife and their Mothers: Prescriptions for Psychological Rehabilitation after World War II)』에서 '전문가들은 젊은 여성들보다 그들의 남편의 필요를 더욱 높이 평가하여 전통적인 여성의 역할을 강요하였다.'라고 이야기했다(Plant, 1999: 2). 이것은 장애인이 된 참전용사에게도 마찬가지였다(Plant, 1999: 2). 이러한 사회적 태도는 커트너의 이야기에서 잘 드러난다.

　이 시점에서 요약하자면, 우리는 커트너의 단편 소설이 전쟁, 신체적 외상, 장애를 가졌 때 생기는 불안 및 성에 관한 문제와 관련하여 공론화한 사이보그 소설의 초기 사례로 볼 수 있다. 발전된 기술을 통해 손상되거나 파괴된 신체를 재구성하고, 상처를 입은 남성 영웅이 인간 남성으로서 갖는 정체성을 강화한 것은 가부장적인 사회에서 선호하는 성차별적인 사회질서를 나타내는 것으로, 이 이야기의 핵심 모티브가 된다. 따라서 이야기 속 남자 주인공의 사이보그 정체성 가운데 인간다움과 남성다움(이성애)은 이야기의 핵심이다. 더욱이, 이것은 과학소설 문화에서 종종 반복되는 이야기의 형식으로, 장애의 이미지를 제거하면서 인체의 손상 및 한계에 대한 불안감을 가라앉게 한다. 하지만 나는 이제 가부장적인 문화에서 부상당한 영웅이 발생시키는 불안을 강조한 『장난감 병정(Tin Soldier)』를 볼 것이다. 방긴의 단편 소설은 과학소설 및 남성의 문화 속 무적의 사이보그 병사의 이미지에 대한 비평을 담았다.

베트남전 참전용사와 조안 방긴의 『장난감 병정』

『장난감 병정(Tin Soldier)』은 전투 중 부상을 당해 사이보그로 다시 태어난 매리스의 이야기이다. 그는 전쟁을 거절하고, 그가 사랑하는 여자 브랜디와 함께 다른 행성으로 떠난다. 그는 새로운 환경속에서 사이보그로서 사회에서 소외받음을 깨달았다. 아무런 전쟁도 심지어 사람도 없는 곳에서 '그는 깨어났다.' 그리고 '난 더 이상 그들에게 인간이 아님을 깨달았다'(Vinge, 1976: 245). 인간이 지배하는 세계 속에서 소외된 그의 지위는 인간-기계 정체성을 구성하는 유기적인 부분과 인공적인 부분을 함께 지님으로 강조되었다.

> 그의 얼굴은 어둡고 인내심 있는 눈으로 평범했으며, 그의 머리카락은 천으로 묶인 구릿빛 가시철사였다. 구불기리는 구릿빛 철사 머리카락과 피부 속에 있는 그의 두개골의 뒷면은 플라스틱 판이었다. 그의 손가락은 … 플라스틱이었고, 부드러운 팔은 보철이었다.
>
> (Vinge, 1976: 200)

매리스의 신체는 이상하고 놀라운 것으로 여겨지는 한계를 가진 인물이지만, 사이보그로서의 그의 지위는 용납되었고, 여성 우주여행객이 자주 오는 장난감 병정이라는 바를 운영하게 되었다. 어느날 밤, 그는 브랜디를 만나 사랑에 빠지게 된다. 브랜디는 사이보그와 성적 접촉을 하면 안 되는 금기를 깼다. 결국 그녀도 매리스를 사랑하게 되었다.

『장난감 병정』에서 남성 사이보그는 그의 인간다움과 남성다움을 증명하고자 노력하지 않았고, 오히려 그의 인간-기계 정체성이 그를 소외시킨 남성 문화에 대해 의문을 품게 하였다. 『장난감 병정』은 페미니스트의 전쟁을 반대하는 글로, 그동안 나왔던 전통적인 남성 사이보그의 모습과 반대되는 모습을 그렸다. 방긴의 사이보그는 1970년대 미국 사회에 나타난 장애인이 된 참전용사에 대한 문제 있는 이미지로부터 끌어 낸 것이다. 방긴의 단편 소설이 출판된 1974년에 'tin soldier'라는 말은 북미 사람들의 양심에 크게 자리 잡았다. 'One Tin Soldier'라는 노래는 전쟁을 반대하는 학생들과 반문화현장에서 유명해졌다. 이 노래는 1971년과 1973년 미국 라디오 방송 협회에서 가장 많이 신청받은 곡으로 선정이 될 정도로 인기가 많았다(Songfacts, 2009: 1; Punish, 2010: 4).

'One Tin Soldier'는 폭력을 반대하는 노래이지만, 베트남 전쟁이 끝나 참전용사들이 귀국할 때까지도 전쟁에 참여한 그들에 대한 거부감을 나타내는 노래가 되었다. 돌아온 참전용사, 특히 장애인이 된 사람은 영웅으로서 대접받지 못하며 사회적으로 버려졌다. 마틴 노르덴(Martin F. Norden)은 『쓴 맛, 분노와 구원: 헐리우드가 만든 베트남 참전용사로서의 장애인(Bitterness, Rage and Redemption: Hollywood Constructs the Disabled Vietnam Veteran)』에서 미국 문화 속 영화 제작자들이 역사를 다시 쓰고 베트남 전쟁이 남긴 "사회 전체에 대한 죄책감의 오점"을 소수의 자기파괴적이고 "정상적이지 않은" 군인들이 떠맡게 만들었다(Norden, 2003: 108). 제2차 세계 대전에서 장애인이 된 참전용사들은 그들의 헌신과 자

기희생을 통해 시민권을 얻었다고 묘사하는 반면, 베트남 전쟁에
서 장애인이 된 참전용사들의 사회 복귀는 쉽지 않았다. 베트남 전
쟁은 잘 알려지지 않았고, 게다가 찬란했던 미국의 자유주의 이상
과 군 역사 속에서 이길 수 없는 전쟁으로 인식되었다. 그는 제2차
세계 대전 때에는 장애인 참전용사의 남성으로서의 지위를 회복시
키려 노력했지만(그는 그것을 가치 있다고 생각했다), 베트남 전쟁 때
의 장애인 참전용사는 문제가 있는 사람들로 여겨졌다.

　방긴의 『장난감 병정』에서 매리스 또한 다른 전쟁의 참전용사였
다. 그는 자신의 지위가 여성들보다도 낮을 뿐만 아니라 세상 속에
서 밖으로 내쳤다는 것을 알고 있었다. 그는 전쟁의 기억을 다음과
같이 씁쓸하게 회상하였다.

　　그는 갑작스레 반보철이 되었음을 확인했을 때, 19세가 되
　었을 때의 기분은 어떠하였고, 전쟁을 얼마나 싫어하며, 종이
　가 날아왔을 때의… 기억을 떠올렸다. 그 종이는 여전히 그의
　마음을 괴롭혔다. 하지만 그의 계부는 자부심이 아닌 무언가
　로, 그를 진짜 인간이라고 이야기했다. …

(Vinge, 1976: 244-45)

　매리스의 말은 모순적이다. 그는 '진정한 인간'으로 전쟁에서 돌
아오지 않았지만, 다른 세대의 참전용사는 이해할 수 없는 다른 것
이 되었다. 방긴은 남자 주인공을 통해 1970년대의 장애인 베트남
참전용사가 사회 속에서 느끼는 소원과 차별을 반영했다. 그는 발
전된 기술과 의학이 만든 살아남은 병사이며, 또한 주위에 불안감

을 주는 정체성을 갖고 있다. 매리스의 정체성 중 가장 혼란스러운 부분은 그의 신체의 애매함이다. 매리스는 사이보그이자 살아 있는 사람으로 여겨지지 않는다. 그저 기술이 그의 남은 신체를 움직이게 할뿐이다. 브랜디가 매리스에게 그들의 밤을 다른 우주 여성과 의논했음을 알렸을 때 매리스는 브랜디에게 그녀의 행동은 그들의 혐오증을 극복하지 못할 거라 이야기했다. "대부분의 문화에서 대부분의 사람에게 사이보그는 부자연스럽고, 그것은 시체에서 나온 것일 뿐이야"(Vinge, 1976: 205). 다른 우주 여성들에게 브랜디의 범법행위는 혐오스러운 것이다. 이는 매리스의 말, 사이보그와 잠자리를 갖기 위해서는 '시체 애호가가 되어야 해요.'에서 드러난다(Vinge, 1976: 205). 부상당한 영웅의 신체를 감추려 했던 커트너의 이야기와 달리, 『장난감 병정』의 사이보그 신체는 그것이 의미하는 취약성과 피할 수 없는 운명을 두려워하는 사람들에게 드러내 보였다.

방긴과 커트너의 글은 20세기 역사 속의 다른 순간이며, 그 시기의 성적 정책을 반영하였다. 커트너의 『위장』에서는 부상당한 영웅을 위해 새로운 전후 시대를 성적인 사회 질서로 되돌리려는 바람을 담았다. 방긴의 『장난감 병정』에서는 폭력과 전쟁 문화에 기반을 둔 성적인 사회 질서에 유토피아 페미니즘의 미래를 증진하려는 부상당한 영웅의 이미지를 사용하여 의문을 품게 하였다. 예를 들어, 이야기의 마지막에 브랜디는 화재를 당하여 매리스와 같은 사이보그가 되었다. 브랜디는 우주 여성으로서의 삶의 특권과 이 삶이 그녀에게 제공한 자유를 잃어 슬퍼했다. 하지만 그녀는 매리스에게 "어떻게 견뎠어?"라고 물었고, 매리스는 "정말 중요한 것은 있지 ⋯ 세상은 그렇게 작지 않아. 네가 원한다면 우리는 다른 세상으로 갈 수 있어. 우리는 우리의 집(Home)을 볼 수 있을 거고⋯ 아마도 때가 되면 룰은 바뀔 거야"(Vinge, 1976: 247). 마지막 희망의 말은 브랜디가 이야기한 것이 아니다. 가부장적인 사회를 뛰어넘을 것이라는 희망은 신체적 손상을 입은 참전용사 매리스로부터 나온 것이다. 매리스는 지금의 자신을 만든 전쟁 문화를 거부하고, 그를 소외시킬지 모르는 미래를 받아들였다. 이것은 동등한 조건으로 서로를 사랑하고 존경하는 남자와 여자가 공유하는 미래이다. 전반적으로 방긴은 유토피아적 미래를 증진하기 위해 인간을 뛰어넘어 사회적 변혁과 남녀평등에 대한 희망의 인물로 사이보그를 활용하였다.

결론

이 장에서는 미국 공상과학소설 사이보그 이야기의 시초인 커트너의 『위장』을 소개하고 논의하였다. 나는 이 글이 제2차 세계 대전이 끝날 무렵의 참전용사의 복귀에 대한 걱정과 공감이라 주장하며, 출판 당시의 전쟁, 신체적 외상, 장애, 성과 같은 이슈와 관련된 중요성에 대해 논의해 보았다. 또한 다양한 사회적 맥락에서 남성과 여성 작가들이 장애인 참전용사의 이미지를 통해 성 및 장애에 대한 태도를 바꾸는 작업을 어떻게 만들어 냈는지 강조하기 위해 한 여성 과학소설가의 글도 비교해 보았다. 이 장에서는 미국 공상과학소설 속 부상당한 영웅의 이야기를 일부만 다룬 것으로, 이 연구는 완전히 끝난 게 아니다. 이 장의 목적은 이 작업을 더욱 발전시키고, 손상·파괴된 신체가 인간-기계로 재탄생한 사이보그 사회의 매력에 대해 더 광범위하고 포괄적인 설명을 제공함으로써 장애학 연구 분야에 기여하는 것이다.

참고문헌

Anderson, P. (1973). Call me Joe. In B. Bova (Ed.), *The Science Fiction Hall of Fame*. Volume Two A. New York: Double Day.

Avatar (2009). Film. Directed by James Cameron. [DVD]. UK: Twentieth Century Fox.

Caiden, M. (1974). *Cyborg*. London: Mayflower.

Gibson, W. (1995). *Neuromancer*. London: HarperCollins.

Hayles, K. N. (1999). *How We Became Posthuman: Virtual Bodies in Cybernetics, Literature, and Informatics*. Chicago: University of Chicago Press.

Heinlein, R. A. (1982). *Starship Troopers*. London: New English Libary.

Jones, A. H. (1982). The cyborg (r)evolution in science fiction. In T. P. Dunn & R. D. Erlich (eds), *The Mechanical God: Machines in Science Fiction*. Westport: Greenwood Press.

Kuttner, H. (1961). Camouflage. In H. Kuttner (Ed.), *Ahead of Time*. London: Four Square.

Norden, M. F. (2003). Bitterness, rage and redemption: Hollywood constructs the disabled Vietnam, veteran. In D. A. Gerber (Ed.), *Disabled Veterans in History*. Ann Arbor: University of Michigan Press.

Plant, R. J. (1999). *The Veteran, His Wife And Their Mothers: Prescriptions*

For Psychological Rehabilitation After World War II. 1999. Online. Available http://historyweb.ucsd.edu/pages/people/faculty%20pages/ RPlantVeteransFinal.pdf. 1–11 (accessed 16 September 2007).

Punish, J. (2010). *Billy Jack's 'One Tin Soldier'Gets Makeover for 2011: MarcyElle Belts out One Tin Soldier'for a New Generation.* Online. Available http://johnnypunish.com/blog/2010/12/billy-jack-one-tin-soldier/1-6 (accessed 20 October 2013).

RoboCop (1987). Film. Directed by Paul Verhoeven. [DVD] UK: Orion Pictures.

RoboCop 2 (1990). Film. Directed by Irvin Kershner. [DVD] UK: Orion Pictures.

RoboCop 3 (1993). Film. Directed by Fred Dekker. [DVD] UK: Orion Pictures.

Serlin, D. (2020). Engineering masculinity: veterans and prosthetics after World War Two. In K. Ott, D. Serlin, and S. Mihm (Eds), *Artificial parts, Practical Lives: Modern Histories of Prosthetics.* New York: New York University Press.

Serlin, D. (2006). The other arms race. In L. J. Davis (Ed.), *The Disability Studies Reader.* New York: Routledge.

Songfacts. *One Tin Soldier (The Legend of Billy Jack) by Coven.* Online. Available www.songfacts.com/detail.php?id=3888. 1–6 (accessed 16 September 2009).

Source Code (2011). Film. Directed by Duncan Jones. [DVD] UK: Vendome Pictures.

Vinge, J. D. (1976). Tin Soldier. In P. Sargent (Ed.), *More Women of Wonder.* London: Penguin.

8. 장애와 질병 회고록에 대한 문화적 연구

공동의 삶의 이야기로서의 정신분열증

스텔라 볼라키(Stella Bolaki)

백년 아니 그보다 오래 전에 에밀 크레 펠린(Emil Kraepelin)이 정신분열증의 임상적 정신과학에 대해(종종 그는 '조발성 치매증'이라고 언급했는데) 설명한 이래로 많은 연구가 있었음에도 불구하고, 여전히 정신분열 증은 모호하게 남아 있다. 안젤라 우즈(Angela Woods)는 정신분열 증을 정신의학의 '숭고한 대상'으로, 즉 건드릴 수 없는 한계점으로 보았다(Woods, 2011). 정신분열증에 대해 쟁쟁한 이론들이 많지만, 이 증상은 주로 유전적으로 취약함을 가진 사람들이 정신사회적 스 트레스 요인에 의해 나타난 정신장애로 이야기된다. 한편으로, 이 러한 정신분열증은 유럽이나 미국에서 나타나는 소위 반정신의 학모델의 숭고·초월·자유·혁명의 경험이라 칭송되었다(Laing,

1965; Szasz, 1972; Deleuze & Guattari, 2009). 다른 한편으로, 프레드릭 제임슨(Fredric Jameson)이나 장 보드리야르(Jean Baudrillard)와 같은 이론가들은 정신분열증을 병리적인 것으로 보았다.

두 모델 모두 적절하지 못한 정신분열증의 우상, 은유, 상징에 의해 왜곡되어 왔다. 게다가 이것은 자주 관측되는데, 정신분열증에 대한 이해는 소수의 정신분열증을 앓은 사람들에 의해 설명되어 왔다. 특히 판사 다니엘 폴 슈레버(Daniel Paul Schreber)의 『나의 신경질환의 기억들(Memoirs of My Nervous Illness)』(1903)은 프로이트, 융, 라캉, 들뢰즈 그리고 가타리로부터 논평되었다. 당대 정신분열증에 대한 개인적인 경험은 (다른 미디어를 넘어 다양한 사회를 순환하며) 성장기의 삶과 더욱 명확하게 증가하는 장애와 질환에 대해 묘사하는 이야기에만 나타났다. 이것들은 '그들 스스로 비예외적인 [평범한] 정신분열 환자라는 것을 피력하고'(Prendergast, 2008: 55) 진단, 치료, 낙인을 포함해서 그들의 삶에 영향을 미치는 주제들에 대해 공공연하게 말함으로써 그들의 경험들을 소유할 권리를 주장하는 사람들로부터 제공받은 이야기이다. 그 고백의 충격은 '수사학적 소유권'과 '시민적 수사학'의 첫걸음이 되었고(Prendergast, 2008: 57, 60), 회고록의 내용이 개인주의적·감상적·관음주의적이라는 잦은 비판을 받았다. 그럼에도 이것이 포괄적이고 잠재적 민주주의의 매력적인 형태 중 하나라는 것을 부정하기는 어려웠다.

현대의 회고록 붐에 대한 반발에도 불구하고 많은 문학 비평가는 이러한 장르가 '강한 윤리적 충격'과 '강력한 실제효과'를 가질 수 있다고 인지했다(Couser, 2012: 175). 이 장에서는 『헨리의 악령: 정신분열을 갖고 살아가는 아빠와 아들의 이야기(Henry's Demons:

Living with schizophrenia, A Father and Son's Story)』(2011)에 초점을
맞춰 정신분열증과 현대의 질병 및 장애에 관련된 '작업'에 대한 계
속된 논쟁을 해결하려 한다. 이 회고록에 대한 나의 의문은 리사 디
드리치(Lisa Diedrich)의 연구, 처치(Treatments)에서 나온 내용의 변
형이다. 그녀의 연구는 현대 질병에 대한 다른 관점을 갖고 있었다.

회고록을 쓰고 읽는 것이 잠재적으로 변화를 일으킨다는데
대체 무엇을 변화시키는가? 어떤 종류의 지식이 (질병 이야기)
속에 표현되는가? 그 지식은 전문 의학 지식과 무엇이 다르며,
그 지식으로 전문 의학 지식과 장애 및 질병에 대한 사회적 태
도를 바꿀 수 있는가?

(Diedrich, 2007)

마지막으로 이것은 집합적 이야기에 해당되는 것으로, 이러한
이야기를 쓰고 읽는 것 속에서 '어떤 종류의 윤리가 나타나는지'와
같은 이슈와 관련된다(Diedrich, 2007: viii).

공동생활의 이야기로 보는 헨리의 악령

『헨리의 악령(Henry's Demons)』은 패트릭과 헨리가 쓴 책으로, 헨
리가 1인칭 관점에서 쓰고 패트릭이 리뷰를 다는 일종의 '듀엣' 형
식으로 구성되어 있다(Strauss, 2011). 이 책은 처음에는 2008년 9월
부터 기사로 실렸었는데, 이러한 실험적인 형식이 긍정적인 평가

를 받자 책으로 엮었다. 이 회고록에서는 패트릭과 헨리의 이름이 각 장의 제목이 된다. 패트릭의 장은 전문적인 형식을 갖추고 있다. (그는 전쟁 특파원이었다.) 한 평론가는 "광기에 빠진 그의 아들 헨리에 대해 글을 쓰는 일이 그의 경력 중 가장 어려운 일이라 이야기하는 것은 과장이 아니다."라고 평했다(Linklater, 2011). 이 평의 근거는 "'정신분열증'이라는 단어는 내게 별 의미가 없다. 왜냐하면 이 질병으로 성격이 나눠졌다는 것 이외에 아는 것이 없기 때문이다." 라는 패트릭의 입장에서 드러났다(Cockburn & Cockburn, 2011: 19). 여기서 패트릭이 교육적인 목적을 가진 다른 책들과 같이 의료 모델을 '다음'에 두고 있다는 점에서 수복해야 한다. 이것은 정신건강 분야에서 전문가는 아니지만 이러한 지식의 형태에 대해 중요하고, 종종 비판적인 견해를 제시한다. 이것은 또한 더욱 명쾌하게 교육적 목적을 가진 나, 나 자신 그리고 그들(Me, Myself and Them) 과 같은 공동 집필서와 구분된다(Snyder et al., 2007). 이러한 관계적이고 협농적인 삶의 묘사들은 최근 자율적 자아라는 미신에 도전하고 고정된 포괄적 경계를 초월하기 위한 자서전 연구에 포함되고 있다(Miller, 1996; Eakin, 1999; Egan, 1999). 철학적, 윤리적 및 교육학적 관점에서 볼 때 공동 서술은 건강과 질병 사이의 반대편에 서서 탐구하고 폭발시킨다. 이러한 서술은 우리가 종종 부인하는 장애, 노화 그리고 죽음의 현실을 직시하게 하고 다른 사람들을 목격하고 돌보는 새로운 실천을 발전시키는 데 익숙해질 수 있다. 이러한 이점에도 불구하고 평론가들은 이러한 서술 형식이 윤리적 딜레마를 가져올 수도 있다는 점에 주의를 기울이고 있다. 토머스 커셔(Thomas Couser)는 그의 에세이 『만들고 가지고 속이는 삶,

협동의 윤리 생활문(Making, Taking and Faking Lives: The Ethics of Collaborative Life Writing)』에서 '질병과 장애의 이야기 속에 잠재되어 있는 정치적인 불균형'을 골라내고, '다른 이가 생존자의 이야기를 완성하고 출판하는 것은 문제가 있다'고 지적했다(Couser, 1998: 334). 누구의 이야기가 최종적인 것인가? 다른 사람의 고통스러운 경험의 표현을 적절히 용이하게 하는 것의 경계는 어디까지인가? 패트릭은 책의 서문에서 이 책이 '많은 스포츠맨, 장군, 정치가의 이야기를 남이 써서 베스트셀러가 되는 것'처럼 되지 않기를 바란다며, 또 "헨리의 증언만으로 무엇을 듣는지 무엇을 보는지 알 수 있다'고 이야기했다(xiv). 여전히 패트릭은 편집에 모든 권한을 갖고 있었다. 그는 거의 모든 장을 작성하였고, 책의 구조에 있어 전체적인 틀을 제공하였으며, 그의 아들 이야기를 안내하였다.

　패트릭은 서문에서 헨리에게 과도한 스트레스를 가하는 것에 대한 자신의 걱정을 시인했음에도 불구하고 다른 이유로 이 프로젝트를 옹호하였다. 그는 그 이유를 '헨리가 정신병원에 있는 이들의 이야기를 하는 것을 대신해서 자신의 이야기를 책으로 쓴다면 그의 자신감 및 사기에 도움이 될 것'이라고 하였다(212). 즉, 헨리는 소위 정신질환자가 생산적인 사회 구성원이 아니거나, 일할 능력이 없다는 미신을 종식시킬 수 있다는 것이다. 또한 이 책은 '사람들이 정신질환에 대한 미신을 점차 줄여 더 넓은 공공의 목적'을 달성하도록 도울 수 있다(xii). 이것이 물론 그런 목적을 가진 첫 번째 책은 아니지만, 패트릭은 프로젝트를 진행하면서 놀라운 사실을 발견하였다. 그가 알고 있는 많은 사람이 물리적으로 가족 구성원과 가깝지만 대화하는 데에는 거리감을 느낀다고 했다. 2012년 11월 〈버려진 질병(The Abandoned Illness)〉보고서에 따르면 87%가 낙인과 차별을 경험했다고 밝혔다. 헨리가 프로젝트에 참여하게 된 동기에 관해서는 명확하지 않지만 그는 동의하였다(그리고 의사들도 헨리가 글을 쓰는 데 충분하다고 이야기했다). 패트릭이 "헨리가 글을 쓰게 하는 데에는 많은 격려가 필요하다"(xv)라고 밝혔듯이, 일부 저항이 있었음을 짐작할 수 있다. 또한 그는 "책을 쓰는 것은 그에게 목적과 성취감을 주는 것처럼 보였다"라고 이야기했다(212).

공동작업의 성격이 잘 구분되지 않았을 때에는 일방적인 내용이 담겨져 한 사람의 목소리가 무시될 수 있지만, 헨리의 정의 속의 아버지와 아들의 목소리는 뚜렷하게 구분된다. 동일한 에피소드를 패트릭과 헨리의 관점에서 교대로 재검토하는 것은 전쟁 기간이나 뉴스 기사 작성 중 가해자와 희생자의 상충관계를 검증하는 것을 암시한다. 그러나 이 책은 사건 자체를 조명하는 것이 아닌 이중적인 관점을 통해 헨리와 패트릭의 곤경에 대해 다룬다. 한 평론가는 공동작업의 이러한 측면을 지적하였다.

헨리의 도피는 가족에게 이기심으로 보였을 것이다. 헨리는 책에서 설명하기를 30번을 탈출하였고, 몇 차례는 거의 죽을 뻔했다. 한번은 눈이 온 날 나무 아래에서 벌거숭이로 이틀 동안 앉아 있었다고 했다. 독자는 이때 이렇게 생각할지도 모른다. 만약 헨리가 돈이나 의약품, 따뜻한 옷 없이는 밖에서 오래 있지 못한다는 걸 알았다면 어떻게 그의 부모를 시험에 들게 했을 것인가? 그러나 2003년 초부터 7년간 정신병원에서 보낸 헨리는 그것들이 필요한 것처럼 보인다. "난 내가 감금되었던 곳으로부터 도망쳐야 한다는 자연의 부름을 느꼈다."

(Strauss, 2011)

이 두 가지 관점은 장들의 교체와 전반적인 이야기 구조를 통해 촉진되지만, 이것이 단순히 회고록의 극적인 효과(헨리와 그의 가족 간의 갈등은 가족 회고록의 전형이지만, 이것은 질병을 낫게 하는 데 필요한 것은 아니다)를 추구하는 것은 아니다. 또한 정신질환에 대한 이해와 관련된 대화도 계속된다. 예를 들어, 패트릭은 글을 쓰는 것이 '헨리가 자신이 병을 앓고 있음을 인정하고' 약물치료를 시작하는 방법이 될 것이라 희망을 밝혔지만(211), 서문에서는 프로젝트가 시작하는 순간부터 긴장감이 있었고, 내가 볼 때 이 긴장감은 생산성을 추구한 것이다. 나는 (패트릭) 헨리의 과거에 대한 나의 생각을 책을 통해 펴고, 헨리는 우리가 환각에 대해 이야기할 때 그것을 좋아했다. 하지만 그에게는 그것들이 진정한 사건들로 남았기에 그런 사실에 대해 부정하였다(xiv). 따라서 '정신분열증과 함께 사는 우리들의 이야기'는 아버지와 아들 사이의 이야기일 수도 있지만(xv, 강조 추가), 그것을 구성하는 경험은 다를 수도 있다.

질병을 다룬 이야기의 미학적 · 윤리적 작업

소수의 예외를 제외하고, 서양의 정신의학에서는 망상을 '정신분열증의 주된 증상'으로 인정하였지만, 이를 중요하지 않은 것으로 치부했고, 생물학적 기질에 의한 경미한 증상으로 여겼다(Lovell,

1997: 456). 이와 유사하게, 청각, 환각과 관련해서는 '정신과 의사는 오직 목소리의 제한된 특징에 대해서만 관심을 두었다'. 예를 들어, 목소리가 환자의 생각을 소리 내어 이야기하는지, 환자에 대해 제3자에게 이야기하는지를 통해 정신분열증 진단을 내린다(Tomas, 1997: 19). 일단 진단이 내려지면 해석은 끝난다. 그러나 이야기와 현상론적 관점에서 정신분열증 환자의 설명은 개인적으로 의미 있는 방식으로 자신의 경험을 이해하게 할 뿐만 아니라 다른 사람들까지 이해시키려는 적극적인 시도로 나타난다. 이런 의미에서, 질병을 다룬 이야기는 치료의 목적과 더불어 윤리적·사회적으로 중요한 영향을 미친다.

이러한 이야기에 관한 최근 연구에서는 개인적인 설명의 '의미론적·미학적 잠재성'(Radley, 2009: 17)을 중요하게 여겼음을 강조했다. 예를 들어, 앨런 래들리(Alan Radley)는 '질병이나 고통의 표현이 해석과 사회 판단의 행위가 아니라 세계를 만드는 것과 관련되어 있음을 인정하는 방식'을 시시하였다(Radley, 2009: 42). 이것은 오랫동안 인지적·정서적 결핍의 상태로 해석되어 온 정신분열증과 같은 상태의 경우에 더 긴급한 상황일지도 모른다. 헨리의 장에서는 기관, 저항 및 정서적 복잡함을 배제하지 않았다. 예를 들면, 헨리의 장 중 프라이어리 병원의 간호사가 헨리에게 한 이야기가 있다. 클라렌(간호사)은 그에게 호주 원주민은 더운 날 물을 덜 마시기 위해 돌을 입 안에 넣는다고 이야기했다. 헨리의 반응은 다음과 같았다. "난 클라렌의 이야기가 나와 관련된 이야기이지만 다른 방식으로 생각했다. 난 이빨 없는 새들이 소화시키기 위해 돌을 삼켰다고 생각했다. 따라서 만약 내가 돌을 삼켰다면 새로 변해 이 병원과 문제들로부터 벗어날 수 있을 것이라 생각했다"(41, 강조 추가). 이 이야기는 헨리가 '진짜' 세계로부터 또는 애널리스트가 꿈을 해독하는 것처럼 문자 퍼즐을 해독하는 것으로부터 소외된 것이 아니라, 헨리가 구성하고 그것을 목격한 우리들이 독자로서 이끌어야 하는 다른 세계의 '단편'(Radley, 2009: 184–185)인 것이다.

헨리의 망상의 언어와 '호사스러운' 요구를 고려할 때 정신분열증이 '정체된 것'으로 여겨지더라도 의사소통의 주체가 과거와 현재의 경험을 적극적으로 통합하는 것을 볼 수 있다(Jameson, 1991). 예를 들어, 헨리가 병원에서 그의 어머니 얀에게 찬송가를 불러달라고 했을 때 헨리가 요구한 찬송가는 단순한 찬송가가 아닌 '우리가 아일랜드로부터 돌아올 때 어머니가 부른 찬송가(14)'이다. 얀은 한 장에 참여하여 제삼자의 입장을 제공하였는데, 다음과 같이 적었다.

> 헨리는 정확히 패트릭과 나와의 이야기가 가능하지 않지만 그렇다고 조용하지도 않다. 그는 나쁜 시기 이전에 쓰레기통을 쥐고 거꾸로 뒤집어서 드럼처럼 연주하며 즉석으로 '랩'을 하기도 했다. "오 도 데도, 산사태를 통해 차가운 바람이 분다" – 이렇게 말이다. 그는 노래하는 동안 우리 모두를 잊고는 한다. (154)

여기서 알 수 있듯이, 앞선 발언(부모의 설명이 가족과 헨리의 삶을 설명하는 데 도움이 될 것)에서부터 랩이 헨리의 과거 경험으로부터 나온 것임을 알 수 있다. "그럼에도 그럼에도 페루로, 모든 타투에도 페루로(Through and through and on to Peru/Through every taboo and on to Peru)"라는 헨리의 랩이 한 장 속에 나타나 있다. 헨리는 여기서 "나는 나의 사촌의 결혼식을 위해 몇 년 전 페루에 다녀왔다"(33)라고 하였는데, 이를 통해 정신분열증 언어가 무의미한 음절과 신조어의 모음일 뿐이라는 반응을 예상할 수 있다. 다른 랩은 법적으로 구속되었던 그의 경험과 직접적으로 관련이 있다. 분리되는 것을 기대한다고 반복한 랩 속에서는 '분리'라는 단어를 포함하고 있고, 또 다른 랩 속에서는 '새장 속 지루함과 분노'라는 단어를 반복하였다(218). 이러한 노래들은 그의 경험과 관련된 아픔과 다른 감정을 받아들이고 다른 무언가로 변환시키는 것처럼 보인다. 이것은 래들리가 '질병의 작업'이라 부른 것으로, 미적 활동이 일종의 '작업'이 되고 질병을 다룬 이야기가 (아픈 이들을 위한) 윤리적 자유의 중요성을 주장한 것으로 이해될 수 있다(Radley, 2009: 38).

여기서 마지막 예를 들어보고자 한다. 패트릭은 그를 사로잡을 만한 공포를 담아내는 표현은 아니지만, 헨리가 '물방울무늬의 날 (polka-dot days)'이라고 이후에 표현했던(158) '죄악의 신경쇠약과 사고의 정지상태'에 집중했다. 이는 헨리의 신경쇠약이나 브레인 스토밍이 최악의 상태일 때를 의미하는데, 딱히 그 말 자체로는 그가 가진 공포를 전달하기에 부족해 보인다. 이것은 질병을 다룬 이야기에서 나타나는 '작업'의 목적과 일치한다. 당신의 경험을 쓰는 것은 작가와 독자 모두 거리를 두고 질병의 공포에 대해 깊게 생각할 수 있도록 하는 '하나의 화면'을 만들어 낸다(Radley, 2009: 184). 질병을 다룬 이야기의 근본이 되는 미학적 차원과 창의적 작업에 대해 깊게 생각하는 것은 (그리고 '물방울무늬의 날'로 고통을 번역하여 표현하는 것보다 더 좋은 예가 있겠는가?) 병이 있는 사람과 병이 없는 사람 간의 의사소통을 위한 기본이라 하겠다.

정신분열증에 대한 의학적 지식과
사회적 태도를 변형하는 것

그러나 이 책이 어떻게 소위 정신건강 문제에 대한 사람들의 경험을 형성하는 데 매우 강력하고, 특정 법적 조치까지 가져올 수 있는 현행의 진단 문제를 협의할 수 있는가? 헨리는 약물치료를 거부하고 스스로 위험을 각오했기에 「정신건강법」 제3조에 따라 구금되었다. 그는 한 장의 초기에 "나는 정신분열증인가요?"라고 물었다. "난 모르겠어요. 나의 어머니, 아버지 그리고 무서운 정신과 의사는 내가 정신분열증이라고 믿어요. 그 사람들은 그 믿음의 근거를 가졌어요. 내가 벌거숭이로 발견되거나 나무와 이야기를 하는 게 그 근거죠. 하지만 난 그저 세상을 다른 사람들과 다르게 볼 뿐이고, 만약 정신과 의사가 이것을 이해한다면 난 병원에 있지 않겠죠"(43). 앞서 언급한 것처럼 헨리는 환상이라는 용어를 반대하며 그가 보는 것은 '비전'이라 밝혔다(38). 헨리는 회고록 마지막에 "난 아직도 내가 정신질환을 가졌다고 생각하지 않는다."라고 남겼다 (221). 헨리는 임상적으로 '청각 환각'이라 불리는 것에 관해서 "난 특정한 목소리를 듣는 것이며, 어떤 사람들은 그 목소리를 듣지 못한다"라고 중립적으로 적었다(221). 그는 '정상인'이 목소리를 듣지 못한다는 것에 예를 적지 않았고, '목소리를 듣지 못했던 때를 기억한다.'(221)라는 말에서 그가 이전에는 정상적인 기능을 했다는 것을 암시한다. 그의 언급에는 정상화하는 기능이 있는데, 그것은 목소리를 듣는 것을 넓은 의미에서 인간 경험의 일부로 간주한다. 이것은 또한 1990년 영국에서 설립된 청각 음성 네트워크(Hearing Voices Network)(전국적, 국제적으로 신경계 전문가들과 동맹을 맺어 운영됨)의 활동에 기반을 두었다. 이 네트워크는 다른 조직 및 소그룹처럼 음성 청취자의 경험에 대한 설명을 증명하고, 이같은 경험을 의미 있게 만든다.

헨리는 책을 통해 약물치료를 여러 차례 거부하였음을 밝힌다. 그 이유는 그의 어머니의 말에서 나타난다. "그는 자신의 정체성과 완전성을 지키려 하고, 약물치료를 받는 것은 그가 생각한 모든 것이 잘못되었음을 의미한다(25)". 그의 아버지가 올란자핀(Olanzapine)이 '폴리오(polio) 백신과 동일한 것'이라며 복용하도록 설득할 때, 헨리는 "아빠는 진짜 아픈 것이지만, 난 아니야."라고 대답했는데, 이는 패트릭이 신체적 질환과 정신적 질환을 단순하게 비교하려는 것을 주서하게 만들었다(25). 헨리의 항정신병 약물 거부는 그저 거부의 한 형태로 치부되면 안 된다. 이것은 자신의 정체성을 지키기 위한 전략일 뿐만 아니라 우리가 정신분열증의 범주를 어떻게 이해하고 있는지도 함축하고 있다. 특히 정신약물학의 성공이 생물학 이론을 위한 길을 열었을 때(특히 미국)와 문화적 요인을 고려한 전체론적인 접근보다 치료의 효율적인 기술에 우선순위를 두었을 때 더욱 의미가 있다. 패트릭은 그의 장에서 전 세계 다른 지역의 이민자 커뮤니티가 정신분열증에 더 쉽게 감염될 수 있다는 연구에 주의를 기울였다. 헨리의 아버지는 그의 아들이 정신병자라는 것을 의심하지 않았음에도 불구하고 그는 정신분열증과 양극성 장애 같은 정신질환을 구분하는 연구가 '인위적인' 연구임을 보여 주었다(100). 또한 미국과 영국에서의 진단이 동일한 기준을 따르지 않는다는 것(예를 들어, 얼마나 이르게 진단을 받았는지에 관련하여)도 밝혔다. 극소수의 사람들만이 정신장애에 대한 비정상적인 다양성에 항의한다. 2013년 5월 미국정신과학회의 정신장애 진단 및 통계 편람 제5판(DSM-5) 발행과 2014년 WHO의 국제질병 분류의 11차 개정에 대한 논란은 계속될 것으로 보인다.

의학적 맥락에서 벗어나, 특히 예술계에서 정신분열증은 꽤나 유하게 받아들여지며, 심지어 헨리의 첫 장에서 명확하게 나오듯 긍정적인 연관성을 갖는다. '내가 처음 정신분열증'이란 단어를 들은 것은 미술시간이었다. … 선생님은 몇 가지 좋은 그림들을 보여 주며 "정신분열증 환자들의 그림처럼 보인다"고 하였다"(31). 독창성과 광기 또는 정신병과의 연관성은 연구와 토론의 장기적인 주제였으며, 패트릭과 헨리는 이것을 여러 차례 언급하였다[예를 들어, 버지니아 울프(Virginia Woolf)와 잭슨 폴록(Jackson Pollock)을 언급]. 패트릭과 헨리 모두 정신분열증을 의학적이고 병리학적인 담론으로부터 벗어나 긍정적으로 이해할 수 있도록 노력하였다. 패트릭은 헨리의 예술적 감수성을 묘사하고, 책에 헨리가 진단받기 전후에 그린 스케치 몇 장도 같이 올려놓았다. 헨리는 그의 질병을 '정신적 각성'으로 부르곤 했는데, 이 상태는 이전에 보지 못했던 다른 세계에 접근하게 하며(31), 이것은 스케치 그림에서도 나타난다. 패트릭은 의사가 정신질환의 가족력을 요구한 것에 대해 연구를 하여 한 장에서 다루었는데, 이것 또한 흥미롭다. 패트릭은 이때 휴 몬테 피오레(얀의 아버지)의 '환상적이고 예상하지 못한 기

독교로의 전환'의 비전과 목소리가 담긴 이야기를 꺼냈다. 이것은 1936년 그가 16살 때 일어났다. 패트릭은 다음과 같이 썼다. "그는 정신이 나갔거나 정신이상으로 고통 받지 않고도 정신분열증의 몇 가지 증상을 보일 수 있다는 것을 깨닫게 해주었다"(111).

패트릭은 정보나 독창성이 정신분열증과 어떤 연관성이 있는지 의심했지만, 그는 그것이 '질병에 걸리기 쉽다는 것을 알게 된 가족에게 일종의 감정적인 보상'이라는 것을 알게 되었다(110). 정신분열증의 목소리에 닿는 것은 전통적인 종교적 또는 영적 신념과 다르지 않다. 이는 의사에게는 비합리적이겠지만 환자들에게는 자신의 경험을 보다 '관리할 수 있도록' 돕는다. 패트릭은 이를 설명하기 위해 책에서 정신분열증에서 회복한 마크의 이야기를 예로 삼았다(107). 마크는 수도사들과 영적 비전에 대한 생각을 받아들인 사람들과 함께 시간을 보냈다(108). 패트릭은 이에 대해 '헨리가 있던 병원에서는 절대 일어나지 않을 일'이라고 말했다(108). 앞에서 언급했듯이, 인지기능 행동치료를 포함한 환각에 대한 접근법에서 대부분 목소리의 내용과 의미가 중요하지 않다는 문제를 갖는다. 왜냐하면 이러한 접근법들은 목소리에 대한 환자의 신념에 도전하고, 대처 메커니즘을 개선하고, 고통 또는 목소리를 듣지 못하게 하는 것이 목적이기 때문이다. 이러한 접근법이 유익하기는 하지만, 전문가의 견해보다는 목소리의 중요성을 이해하려는 사람들에게는 거의 도움이 되지 않는다. 정신의학 교과서에서 다루지는 않지만, 영성과 종교는 이러한 점에서 중요하며, 이것을 소수의 외침으로 볼 필요는 없다. 헨리의 경우 종교는 위안을 줬을 뿐만 아니라 예를 들어 죄를 지은 죄책감과 같은 극단적인 감정을 관리하는 방법으로도 유용하였다.

헨리는 정신질환에 대하여 언론에 전형적으로 나타나는 정신분열증과 폭력 사이의 관련성(이는 탈시설 시대에서 더욱 두드러졌다)에 대해서도 다루었다. 그 장에서 그는 그가 받았던 장기간의 감금에 대해 강력하게 이야기했다. 불안정한 가족 구성원을 보살피지 못했던 가족에게 주어지는 추가적인 불안감과 미국과 영국에서 탈시설 운동은 낙인의 문제를 해결하지 못했다. 병동에서 수년간 보낸 헨리는 그의 생각을 다음과 같이 적었다. "사람들이 정신병 에피소드를 들었을 때 그들은 아마도 '사이코'라는 단어를 폭력적인 것과 관련이 있다고 생각할 것이다. 난 내가 폭력적이라고 이야기하지 않을 것이다. 나는 병원을 가야 한다는 것에 부담을 느껴 왔다. 오랜 시간 갇혀 지내는 것은 당신의 영혼에 큰 고통을 줄 것이다. 당신은 잊혀졌다 느낄 것이다"(43). 헨리는 정신과 의사들이 '의제'를 가지는 것과 '위험(risk)을 감수하고' 싶지 않다는 것(222)을 비판하고, 환자와 의사 간의 힘의 역동성에 대해 지적하였다. 정신과 의사는 "난 네가 하는 말을 들을 수 있어."라고 성의 없이 이야기한다. 이러한 전문 정신과 의사의 말은 정신분열증 환자라고 생각할 때 하는 이야기이다(220).

결론

패트릭 브래컨과 필리프 토마스는 도발적인 BMJ 기사를 써 냈다. 그들은 '단순한 정신병리학적 의미가 아닌 정신병의 경험을 의

미 있게 만드는 방식으로 사람들과 협력할 수 있는 가능성'을 열
은 '후기 정신병학'이라는 새로운 시대를 열었다(Bracken & Thomas,
2001: 727). 그들의 설명에 따르면 후기 정신병학은 '정신병학과 반
정신의학과의 갈등을 넘는 것'으로, 광기에 대한 새로운 이론'을 제
안하기보다는 '서비스 이용자와 생존자의 목소리가 중심이 되어야
한다고 주장하였다(Bracken & Thomas, 2001: 727). 이후 이 같은 책
들은 후기 정신병학에 대해 더 자세히 설명하였다. 그것의 주요 특
징은 '대화' '기술 이전의 윤리' 그리고 상황 전체를 보고자 하는 전
체론적 관점이다(Bracken & Thomas, 2005: 1-21). 푸코(Foucault)
에 따르면 저자들은 '만약 후기 정신병학이 어떠한 의미라도 있다
면 그것은 '광기의 원인에 대한 독백[1]'의 끝을 의미한다.”고 적었다
(Bracken & Thomas, 2005: 2). 그러한 경험을 탐구하는 다른 질병을
다룬 이야기들과 함께 헨리의 정의는 회고록이 후기 정신병학 시대
를 열 가능성과 도전의 핵심이자 장애에 대한 태도를 바꾸는 중요
한 역할을 한다는 것을 증명하였다.

　회복의 문제(이는 여전히 정신분열증의 진단을 위한 검증 기준으로
가장 널리 고려되는 변수이다)에 관해서 헨리의 증명은 패배주의적이
기 보다는 현실적인 방법을 택했다. 완전히 치료되는 마법 같은 치
료방법은 어디에도 없다. 약물치료가 도움이 되기는 하지만 헨리
에게는 병원에서 벗어나려는 충동이 있었다. 헨리의 어머니는 다
이어리에 종종 간병인과 가족이 겪는 어려움에 대해 “뱀과 사다리
와의 이길 수 없는 게임을 하는 것 같다(139).”라고 표현했다. 이와

---

1) 역자: 의사의 단독적인 장애진단의 종언을 의미한다.

동시에(비관적인 이야기를 제거하면) 이러한 비교는 정신분열증이 정적으로 보여도 실제로 경험하는 방식은 시간에 따라 바뀔 수 있음을 알려 준다. 이것은 헨리가 표현한 '물방울 무늬의 날'에서 명백히 나타난다. 난 일주일에 한 번씩 나쁜 여행을 한 것처럼 느끼게 하는 악마 또는 물방울 무늬를 가지고 있지만, 예전보다 적게 지속되며, 때로는 2시간도 안 된다. 이런 일이 생기면 나는 그저 침대로 가서 자려고 노력한다(221). 이러한 설명은 질병과 건강이 상호배타적이지 않다는 것을 보여 준다. 즉, '질병 내 건강'이 가능하다는 것이다(Carel, 2008: 61).

우리의 정신적 · 정서적 상태가 변화를 받아들일 수 있는 상태로 접근하면 캐서린 프렌더개스트가 이야기한 '안정적인 정신분열증 환자, 감금하기 쉬운 환자'를 포기하게 만든다(Prendergast, 2008: 61). 그녀는 "진정한 포스트모던의 관점은 정신분열증 환자의 수사학이 고정된 것이 아니며… 오히려 이때 시민들의 수사학에 계속해서 참여하게 하는 것이라고 주장하였다"(Prendergast, 2008: 61). 헨리와 그의 이야기는 우리가 원하는 만큼 확실하게 결론을 내리지는 못했다. 그의 책 마지막 단어는 헨리에게 남겨 두었다. 그는 "나에게는 무척이나 긴 여정이었다. 하지만 난 내가 마지막 진리에 들어가고 있다고 생각한다. 루이섬의 정원에는 나와 이야기를 나누고, 내게 희망을 주는 나무가 있다"(222). 이것은 한 평론가에게 괴물이 나타난 것처럼 기겁하게 만들었다(Garner, 2011). 나는 (프렌더개스트처럼) 오히려 헨리가 정신분열증을 앓고 있는 동안 계속해서 내레이터로서 글을 쓰는 지위와 공공 영역의 그의 자리를 즐기면서 '소수가 아닌 자'의 외침을 보여 주기를 바란다.

참고문헌

Bracken, P., & Thomas, P. (2005). *Postpsychiatry: Mental Health in a Postmodern World*. Oxford: Oxford University Press.

Bracken, P., & Thomas, P. (2001). Postpsychiatry: a new direction for mental health. *BMJ*, 322: 724–727.

Carel, H. (2008). *Illness: The Art of Living*. Durham: Acumen.

Cockburn, P., & Cockburn, H. (2011). *Henry's Demons, Living with Schizophrenia: A Father and Son's Story*. London: Simon and Schuster.

Couser, G. T. (1998). Making, taking, and faking lives: the ethics of collaborative life writing, *Style*, 32(2), 334–350.

Couser, G. T. (2012). *Memoir: An Introduction*. Oxford: Oxford University Press.

Deleuze, G., & Guattari, F. (2009). *Anti-Oedipus: Capitalism and Schizophrenia*. London: Penguin.

Diedrich, L. (2007). *Treatments: Language, Politics, and the Culture of Illness*. Minneapolis: University of Minnesota Press.

Eakin, P. (1999). *How Our Lives Become Stories: Making Selves*. New York: Cornell University Press.

Egan, S. (1999). *Mirror Talk: Genres of Crisis in Contemporary Autobiography*. Chapel Hill: University of North Carolina Press.

Garner, D. (2011). Phantoms of the mind, no longer shocking but no less haunting. *The New York Times*, 1 February. Online. Available www.nytimes.com/2011/02/02/books/02book.html?_r=0 (accessed 2 July 2013).

Jameson, F. (1991). *Postmodernism, or, The Cultural Logic of Late Capitalism*. Durham: Duke University Press.

Laing, R. D. (1965). *The Divided Self: An Existential Study in Sanity and*

Madness. Harmondsworth: Penguin.

Linklater, A. (2011). Henry's demons: living with schizophrenia, a father and son's story by Patrick and Henry Cockburn-review. *The Observer*, 20 February. Online. Available www.guardian.co.uk/books/2011/feb/20/henrys-demons-patrick-cockburn-review (accessed 2 July 2013).

Lovell, A. (1997). 'The city is my mother': narratives of schizophrenia and homelessness. *American Anthropologist*, 99(2), 355-368.

Miller, N. (1996). *Bequest and Betrayal: Memoirs of a Parent's Death*. Bloomington: Indiana University Press.

Prendergast, C. (2008). The unexceptional schizophrenic: a post-postmodern introduction. *Journal of Literary and Cultural Disability Studies*, 2, 1, 56-62.

Radley, A. (2009). *Works of Illness: Narratives, Picturing and the Social Response to Serious Disease*. Ashby-de-la-Zouch: InkerMen Press.

Snyder, K., Gur, R., & Wasmer Andrews L. (2007). *Me, Myself, and Them: A Firsthand Account of One Young Person's Experience with Schizophrenia* (Adolescent Mental Health Initiative). Oxford: Oxford University Press.

Strauss, D. (2011). Two voices: Henry's demons, living with schizophrenia: A father and son's story. *The New York Times*. 11 February. Online. Available www.nytimes.com/2011/02/13/books/review/Strauss-t.html? pagewanted=all (accessed 2 July 2013).

Szasz, T. (1972). *The Myth of Mental Illness: Foundations of a Theory of Personal Conduct*. London: Paladin.

The Schizophrenia Commission (2012). *The Abandoned Illness: A Report*. Online. Available www.rethink.org/about-us/the-schizophrenia-com-mission (accessed 2 July 2013).

Thomas, P. (1997). *The Dialectics of Schizophrenia*. London: Free
Association.

Woods, A. (2011). *The Sublime Object of Psychiatry: Schizophrenia in
Clinical and Cultural Theory*. Oxford: Oxford University Press.

Part 2. 장애, 태도 그리고 문화

9. 손상된 것인가? 권한을 가진 것인가?

유럽의 문학에 장애를 그리다

폴린 에어(Pauline Eyre)

데이비드 볼트가 이야기한 '비판적 회피'는 장애학자들 사이에서 격렬한 반응을 이끌어 냈다(Bolt, 2012). 장애 개념에 전적인 가치를 부여하는 인문학 분야의 학자를 양성하였고, 그들은 문화 속 표현이 저자의 주제에 대한 관심을 표현하기 위한 단순한 은유가 아닌 현실의 표현이라고 생각하였다. 이렇게 새로운 세대의 학자들을 준비시키는 것은 칭찬할 만하다. 그러나 이것은 (자신의 삶을 적는 작가의 생생한 경험을 통해서든지, 소설가가 정한 복잡한 계층의 의미를 통해서든지) 장애인이 겪는 경험의 복잡함을 실제로 나타내고자 하는 작가들의 끊임없는 학문적 갈증이라 볼 수 있다.

문화적 장애모델은 장애가 있는 사람들이 더 이상 그 시대 문물에 부적합하다고 지적하지 않는다. 오히려 그것은 잡다한 글과 미디어 속에서 우수 사례의 표본을 찾고자 한다. 하지만 주로 영어권 나라의 장애학 연구가 수행되었고, 영어권이 아닌 유럽 문학이나 문화를 고려하지 않아 자료의 양이 부족하다는 한계가 있다. 따라서 이번 장에서는 정교한 장애의 표현을 위해 범위를 넓혀야 한다는 신념에서 출발하여 체코 작가 리부스 모니코바(Libuše Moníková)의 소설『죽은 아이를 위한 무곡(Pavane for a Dead Infanta)』(1983)을 연구할 것이다. 또한 휠체어 사용자의 삶에 대한 탐구가 장애학자들에게 중요함을 주장할 것이다. 왜냐하면 이는 장애인을 대상화하는 연구를 넘어서는 수단으로서 '장애를 입은 신체를 이해하는 대안적 방법…'을 제공하기 때문이다(Snyder & Mitchell, 2006: 4).

리부스 모니코바(1945~1998)는 프라하에서 태어났지만 대부분의 직장생활을 독일에서 했고, 대학 교육직과 함께 작문 경력도 쌓았다.『무곡(Pavane)』은 그녀의 두 번째 소설이며, 현재는 번역되어 있지 않으나, 이것은 장애 연구 학자들에게 정상−장애라는 이분법에 도전할 기초가 되기에 빠른 시기 내에 고려할 가치가 있다. 또한 모니코바는 항상 체코어보다는 독일어로 책을 썼는데, 이로 인해 그녀는 '필요한 거리감'을 확보할 수 있었다고 주장했다(Kyncl, 2005). 그리고 문화 속 내부자−외부자의 이중적 관점은 그녀의 소설의 계기가 되기도 했다.『무곡』은 두 부분으로 나뉘는데, 첫 번째 부분에서의 첫 번째 인물 프란시스는 독일의 괴팅겐 대학에서 문학을 가르치는 체코 이민자이다. 다른 문제들 중에서도 그녀의 엉덩이가 아팠다는 점이 제시되었다. 두 번째 부분에서는 소설의 3분의 1을 차지하는데, 프란시스가 다리를 저는 척하며 휠체어를 사용하게 된다. 이 부분은 독자로 하여금 장애인으로서의 삶의 표본이 되어 긍정적인 면과 부정적인 면을 모두 알게 해 준다. 또한 모니코바는 프란시스에게 휠체어를 탈 수 있도록 지적인 동기를 주었는데, 이는 장애에 대한 관심이라는 소설의 주제를 부각시켰다(22). 이런 동기에서 프란시스는 휠체어를 수개월에 걸쳐 계속해서 사용한다.

첫 번째 주목할 점은 이 소설의 주인공이 가짜 휠체어 사용자이며, 따라서 그가 장애인을 대표할 만한 권리가 있는지 논쟁을 불러일으킨다. 이것은 장애인이 아닌 배우에게 무기력한 장애인 연기를 요청하는 것과 같이 장애인들에게 모욕이 아닌가? 모니코바가 이 소설을 써서 얻은 최고의 성취는 장애인이 아닌 독자에게 장애인을 인식하게 한 것이다. 왜냐하면 장애인이 아닌 사람이 장애에 참여하는 것은 일시적이고 비교할 수 없기 때문이다. 이는 동정이나 연민도 불러일으키지 못한다. 영웅적인 장애인을 만들어 낼 기회도 없고, 장애인의 의미를 부정적인 것으로 되돌릴 필요도 없다. 즉, 이 글은 근본적인 것에 접근한 것이다. 독자에게 장애를 다른 것으로 만들려 하지 않고, 직접 장애인의 삶의 현상학을 나타냈다는 점에서 의미가 있다고 하겠다.

이론적인 맥락

지금까지 모니코바의 속성은 근본적인 장애의 표현으로 이해되지 않았다. 반면에 캐롤 포어(Carol Poore)의 20세기 독일 문화 속 장애인에 대한 태도 연구조차도 '생생한 장애인의 실제 경험을 단조롭게 하는 전형'으로 간주되었다(Poore, 2007: 195-196).『무곡』은 모니코바의 다른 작품들처럼 그녀의 체코 고향에 대한 애도 행위로 여겨지거나(예: Braunbeck, 1997a 참조), 가부장 사회의 제약 속에서 여성 해방을 주장하는 페미니스트들에게 빼앗겼다(Linklater, 2001; Gürtler, 2005). 사실 페미니즘은 모니코바의 작업을 시험하기 위해 특징적인 망을 제공해 왔다. 지금까지 휠체어와『무곡』내의 장애 관련 표현은 주인공의 소외감을 표현하기 위한 은유로만 다루어져 왔다. 예를 들어, 저명한 독일 페미니스트이자 문학 이론가인 시그리드 웨이겔(Sigrid Weigel)은 프란시스의 고통스러운 엉덩이가 주관적인 갈등의 정신적 표현이라고 주장했다(Weigel, 1989: 122). 그녀는 휠체어를 프란시스의 심리적인 고통의 세계를 보여주는 가시적인 신호로 보았다.

『무곡』이 장애에 대한 역동적인 표현을 보여 주었다는 나의 주장은 출판 당시 독일에서 진행했던 이론적인 접근법에 도움이 되지 않았다. 영국에서는 장애인권리운동과 더불어 지적인 분열이 활발하게 이뤄진 반면, 서독에서는 잠잠했다. 제2차 세계 대전 이후 국가적인 수치심이 장애에 대한 논쟁을 하는데 상당 부분 방해하여 불편한 침묵을 불러일으켰다. 장애인은 국가 사회주의 정책에 따라 사회로부터 철저히 격리당하고 시야에서 사라졌다(Poore, 1982: 184). 결과적으로 장애에 대한 담론은 학계 이론가들의 철학적 토론의 주제가 되기보다는 오히려 현장 운동가의 집단에 의해 다루어졌다. 이러한 상황은 모니코바가『무곡』을 출판할 당시에도 개선되지 않았다. 1980년 말 프랑크푸르트 법원은 25명의 장애인들과 그녀의 호텔을 공유하라는 사건에 대해 판결을 내렸다. 놀랍게도 그녀는 그녀의 전체 휴가비용의 절반을 손해배상으로 받았다(Klee, 1980: 76). 그녀는 이에 대해 항소를 냈고, 그 결과 법원의 판결을 뒤집을 수는 없었다. 하지만 이를 통해 서독 운동가 집단은 장애인들의 프로필을 신장하기 위한 시위를 시작하였다.

모니코바가 적었던 그 분위기는 그녀의 선택(주제 및 주인공)을 주목하게 만들었다. 적어도 그 책의 힘은 독일 학계에서의 장애 의제 형성보다 빨랐다는 사실에 있다. 『무곡』을 특별하게 만드는 이유는 바로 이 책이 장애인이 존재함으로써 갖는 역동성에 대해 체계적으로 조사했기 때문이다. 모니코바는 장애인의 일상적인 수감 생활에 대항하여 지역사회에서 장애가 있는 인물을 주인공으로 삼아 그녀의 필요를 반영하였고, 그녀의 경험을 그녀의 방식대로 적었다. 모니코바의 여주인공은 『무곡』 출판 후에 나타날 서독의 자기결정모델(Selbstbestimmung)을 미리 구성하였다(예: Steiner, 1999 참조). 하지만 이것은 레나드 데이비스(Lennard Davis)의 반현대주의 개념과 공통점을 갖는데, 이는 장애라는 것이 주관성에 따르는 것이며, 현재의 계획과 순간의 관계에 따라 그 가치가 변동한다는 것을 의미한다(Davis, 2002).

자기결정권은 영국과 미국에서의 독립적인 삶의 개념과 공통점이 많다. 각각의 장애인은 개인적인 도움을 받는 부분에서 어느 정도 자유의지를 갖지만, 신자유주의 사회 속 관습에 지배를 받는다. 최근에는 이러한 자기결정의 개념이 앤 월슈미트(Anne Waldschmidt)의 장애에 대한 유연한 정상 주의(flexible normalism) 모델의 기초를 형성하였으며(Waldschmidt, 2006), 꾸준히 권위를 얻어 독일 밖에서 장애에 대한 회의를 진행할 만큼 독일의 장애에 대한 담론의 발전에 큰 기여를 하였다(시카고, 2004, 5; 영국 랭카스터, 2006, 9). 이 모델에 따르면 장애인은 사회 집단에 속한 다른 개인의 행동에 비추어 자신의 행동을 스스로 감독해야 한다. 이렇게 스스로 모니터링을 하는 관행은 정규분포 곡선을 만들어 정상의 기준을 만들어 냈다. 월슈미트의 모델에서 정상과 장애는 더 이상 반대의 개념이 아니다(Waldschmidt, 1998). 오히려 이 둘은 그들을 수용하는 영역 속에서 움직이고 변화하는 것이다. 장애라는 개념은 시간이 지남에 따라 변화하는데, 사회가 만든 범주에 속하는 것이라기보다는 장애를 가진 주체가 구성하는 것이다.

이러한 장애에 대한 유연한 정상주의 모델의 관점은 장애인이 비장애인과 똑같이 '평범'이란 가치를 택할 것이라는 한계를 갖는다. 하지만 이 관점은 모니코바의 소설 속 장애인 경험을 근본적이고 정상적인 측면에서 볼 수 있도록 돕는다. 모니코바의 캐스팅은 개인의 장애와 사회 범주의 장애 간의 관계를 조명하였다. 장애는 관계에 의해 쉽게 변화한다. 나는 지금까지『무곡』에 쓰인 살아 있는 장애 표현을 제거한 규범적인 독서법과는 반대로, 이 책에 쓰인 역동적인 장애의 존재에 대한 현상학적 표현을 반드시 읽어야 한다고 주장하는 바이다. 나는 벨라스케스의 유명한 그림 〈시녀들 (Las Meninas)〉처럼 전체의 맥락을 이해해야 한다고 생각하며, (전경에 있는 장애여성의 특징) 이는『무곡』초판의 표지에 그 그림을 복제해서 사용했다는 것에서 시작되었다(Mannsbrügge, 2002: 17). 이후 종이 표지 책 버전에서는 펜과 잉크라인을 추가하여, 소설이 지니고 있는 주제와 그 출처를 반영한 그림을 삽입하였다.

벨라스케스의 〈시녀들〉과
모니코바의 『무곡』: 장애를 다루다

모니코바는 벨라스케스의 여러 그림 속 주제에서 영감을 받은 것 같다(Braunbeck, 1997b: 452). 따라서 모니코바는 이를 글로 풀어 쓰고자 노력했을 것이다. 비록 여기서는 그림이 가진 다른 주제에 대해 설명할 기회는 없지만, 『무곡』은 〈시녀들(Las Meninas)〉처럼 세계를 바라보는 정교한 시선을 제공하여 좀처럼 믿을 수 없는 의미에 관심을 두도록 하였다. 벨라스케스처럼 모니코바는 관객의 기대감을 즐겼으며, 나와 타인을 상호 교환할 수 있도록 하였다. 그림의 왼편에 있는 (벨라스케스가 자신을 닮았다고 한) 예술가는 캔버스 뒤에서 국왕 펠리페 4세와 왕비 마리아나를 그리고 있다. 즉, 우리는 작은 거울에 반사된 모습을 보는 것이다. 우리가 보는 그림 속 인물은 왕과 왕비를 보며 그림을 그리고 있다.

벨라스케스는 스페인 왕실 법원에 고용되어 장애를 가진 왕실 사람들을 그리거나 그들을 위해 장애가 없는 '완벽한' 몸을 그리기도 하였다. 벨라스케스가 스페인의 피라미드형 사회 계급(왕실에서부터 아이, 동물, 장애인까지)에 응하는 것처럼 보이지만, 그의 그림 〈시녀들〉의 궁극적인 동기는 바로 그런 관습을 무너뜨리는 것이었다. 왕실 부부가 담긴 이 그림은 16세기 사회를 구성하고 있는 현실의 삼각 형태를 반영하고 있다. 하지만 그림의 배경에 그려진 장애인은 관습을 비꼬려는 전략이었다. 결정적으로 난쟁이는 그림의 오른편에 위치하고 있는데, 이러한 구도는 더 자연스럽고 솔직하게 묘사하기 위한 것이었다.

모니코바는 벨라스케스의 동정적인 표현까지 복제하려 하지 않았지만, 장애의 본질적인 성격에 대해 집중적으로 조사하였으며, 체계적으로 장애 경험의 역동성을 보여 주었다. 모니코바는『무곡』에서 진짜 현실을 반영한 장애인의 관점을 제공하였다.

『무곡』은 프란시스의 고통스러운 엉덩이에 대한 경험을 그녀의 단순한 장애이자 혼자만의 문제로 이야기하며 시작된다. 여기서 프란시스는 '정상 상태'의 위치에서 장애인이 되는 것이 무엇을 의미하는가에 주목했다. 동시에 장애를 문헌 속 주제로 만드는 것을 추구했다(22). 그녀는 시각장애인(45, 55), 지팡이를 짚고 다니는 여성(131), 전쟁 상이군인(74), 휠체어 사용자(65, 110) 그리고 인공 팔(다리)을 가진 사람들(44, 52)에 집중했다. 장애를 보여줄 뿐만 아니라 그들이 만들어내는 협상, 그들의 취약성, 그들의 장애에 미치는 사회적 영향을 조정하는 것을 보여 주었다. 중요한 것은 프란시스가 비장애인이 장애를 식면할 때 구조화될 수 있다는 것을 보여 주었다는 점이다. 특히 그녀는 장애가 부정적인 태도와 경험으로만 논해질 수 없다는 점도 발견하였다. 예를 들어, 그녀는 쇼핑할 때 밀집한 군중 속에서 휠체어를 사용하는 장애인을 웃으며 도와주는 사람을 기대할 수 있다는 사실을 알렸다(64-65).

하지만 프란시스는 기차에서 의족을 단 젊은 여성을 본 경험은 그녀로 하여금 장애인이 되는 것이 무엇을 의미하는지 스스로에게 질문하는 계기가 되었고, 그것이 그녀가 '장애인'을 실험 역할로 정한 궁극적인 이유가 되었다(52-53). 그녀는 어두운 수면객차에서 의족에 걸려 넘어졌다. 이때 두 여자의 대화는 장애인과 비장애인간의 상호작용(태도, 오해, 불안정)을 강조했다. 그저 불행하고 소외된 경험일지도 모르는 이 장애인과의 어색한 만남은 프랜시스에게 깨달음을 주었다. 프랜시스는 다리가 없는 여성을 만났을 때 느끼는 공포를 감추려 노력한 반면, 그 여성은 심리적인 안정감을 보여주었다. 객실에서 떠난 후 프랜시스는 정상(보통)이 가진 패권에 대해 면밀히 조사해야겠다고 마음을 먹었다.

『무곡』의 2부는 전환을 의미한다. 1부에서 장애에 대해 조사하겠다는 마음과 장애인이 갖고 있는 상징적인 힘을 인식한 프랜시스는 마침내 실험을 위해 그녀 스스로 장애인이 되어 장애인과의 우연한 만남을 준비하였다. 프랜시스는 눈에 잘 띄는 신체장애를 갖고 세계 속에 등장했다. 이는 개인적인 장애의 경험을 공공의 범위로 넓히려는 모니코바의 의도를 담은 것이다. 모니코바는 프랜시스를 신체적으로 불편한 장애인으로 만들었다. 이는 그녀뿐만 아니라 그녀를 둘러싼 사회에게 영향을 끼치는 문제가 되었다. 특히, 이때의 휠체어는 모니코바 계획의 핵심이다.

유연한 정상(보통)을 향하여

프랜시스가 장애인이라 거짓말하는 것은 『무곡』의 출판 당시의 시대를 비판하기 위함이었다. 나는 모니코바 소설 속의 휠체어가 주제를 잘 나타내는 핵심이라고 생각한다. 그 이유는 첫째, 휠체어가 소설 내부 논리에 들어맞기 때문이다. 프랜시스는 휠체어를 타면 더 이상 엉덩이가 아프지 않다는 걸 알게 되어 휠체어를 구입하고는 기뻐했다(99). 즉, 휠체어를 선택함으로써 그녀의 장애를 일시적이나마 제거하고, 따라서 그녀가 진행하려 했던 차선책들을 굳이 안 해도 괜찮게 만들었다. 이것에 대해 드루 레더(Drew Leder, 1990)는 프로젝트에 참여했을 때 피험자의 신체는 더 이상 정상이 아니라고 주장했다. 일단 프란시스가 휠체어에 타면 완전하지 않았던 몸이 완전하게 회복된다. 휠체어는 더 이상 그저 물건이 아닌 '그녀의 신경 영역', 즉 신체의 일부가 되는 것이다(Merleau-Ponty, 2002: 195).

두 번째 이유는 휠체어를 거짓으로 타고 다니는 것이 〈시녀들〉에 대한 모니코바의 해석이라는 점이다. 모니코바는 장애에 대해 조사하기 위해 프란시스를 작가로 만들어 장애인이 겪는 경험을 종합적으로 제공함으로써 관심을 끌었다. 특히 신체장애와 그것을 보는 문화의 관계를 중점적으로 보여 주었으며, 이를 통해 장애와 세상 간의 상호주관성을 알렸다. 나는 프란시스가 휠체어를 사용함으로써 권한을 받았다고 생각한다. 하지만 휠체어를 소유하는 것과 휠체어가 가진 가시적인 효과 사이에 근본적인 긴장이 존재하며, 모니코바는 이 긴장을 최대한 활용했다. 휠체어는 장애를 보여 주는 가시적인 효과를 가져 프란시스를 장애인으로 인식하게 만들었다. 그래서 사람들은 그녀의 주관성을 무시하였고, 장애인에게 주는 낙인을 그녀에게도 경험하게 해 주었다.

스튜어트 홀(Stuart Hall)이 말하기를 일반적으로 문학 속에서 등장하는 휠체어는 일종의 미신을 갖고 있는데, 이는 장애와 같이 두려워서 피하고 싶고 부정하고 싶은 것이었다(Hall, 1997). 휠체어가 특징인 소설을 읽는 독자는 휠체어와 신체장애 간의 연결을 부정해야 한다. 즉, 휠체어는 단순히 다른 주제를 부각시키기 위한 의미 없는 은유적인 이미지로 여겨진 것이다. 모니코바는 의도적으로 이러한 이미지를 사용하지만 의도와는 다르게 프란시스의 휠체어는 '미학적 불안감'을 가진 독자(Quayson, 2007)로 하여금 일시적이나마 장애인을 경험하게 해 주었다. 즉, 그녀는 프란시스의 사례를 통해 독자로 하여금 휠체어 이용자를 만나도록 유인한 것이다.

프란시스는 휠체어를 사용하여 세상을 다르게 보는 법을 배웠다. 그녀는 휠체어를 경험한 사람들처럼 인생이 매우 달라졌음을 깨달았다. 휠체어는 결국 그녀의 몸이 되었다(101). 결정적으로 모니코바는 서구 사회 속 건축물을 통해 휠체어 이용자들이 접근성 측면에서 겪는 어려움을 보여 주었다. 휠체어 이용자에게 리프트 없이 계단 오르는 것은 너무나 힘든 일이다(126). 포장도로의 언덕을 넘을 때에도 휠체어에서 나오거나 도움을 요청해야 한다. 도움을 주는 사람이 움푹 패인 곳에서 그녀의 휠체어의 앞바퀴를 빼낼 때 교통은 마비된다(127). 프란시스는 그녀의 주변 환경보다는 다른 것에 제한을 많이 받았다. 예를 들어, 그녀는 공적인 행동이 가진 불합리성의 피해자가 된 것이다. 그녀는 일반 여행자에게 유효한 기차표를 가졌지만, 장애인은 기차표 없이도 자유롭게 통과해야 한다고 생각했다. 왜냐하면 휠체어가 수하물로 간주되어 기차표 외에 추가요금을 내야 했기 때문이다(106-107).

한편, 모니코바는 관료주의 체계가 장애인에게 호의로서 작용하고 있음을 말하였다. 프란시스는 휠체어 이용자가 가진 지위로 자신감 있게 교수직을 지원했다. 즉, 그녀는 장애를 꼭 보상받아야 하고 뭘 하든 기대치를 낮춰야 한다는 것으로 이해하지 않았던 것이다. 오히려 힘을 부여받을 것으로 이해했다. 프란시스는 자신의 필요(욕구)를 확인해야 할 책임이 있었다. 장애인의 역할을 맡은 그녀는 단순히 수동적으로 복지혜택을 받기(144)보다는 적극적인 장애 생산물의 소비자(109)가 되었으며, 그녀의 휠체어를 '보편적인 의자'라고 이름 지어(115) 그녀가 느끼기에 부정적인 의미가 내포된 전통적인 언어 표현을 제거하려는 노력을 보여 주었다.

이러한 행동은 자기결정권의 개념을 반영한 것이다. 프란시스는 단지 월슈미트(1998)가 이야기한 '유연한 정상(flexibly normal)'이 된 것이다(『무곡』은 15년 전에 출판됨). 비록 장애인의 책임이 부분적으로 사회단체로 옮겨졌지만, 이 모델은 그녀가 사회적 적합성과 눈에 띄는 지위에 따라 정상의 지역사회 속 구성원으로 받아들여졌다고 보았다. 따라서 장애인은 그녀처럼 자신에게 권한과 책임을 부여하여 자신의 행동을 모니터링 하도록 요구된다. 물론, 개인의 통합적 경험과 그녀가 사용하는 눈에 잘 띄는 교정장치, 휠체어를 이유로 그녀를 다시 작은 존재로 만들어 버리는 보통의 관찰자 사이의 차이를 지금 볼 수 있다. 프란시스에게 휠체어는 그녀의 얼굴 표정보다 사람들의 반응에 계속해서 영향을 미친다(102).

프란시스는 장애인으로 생활함으로써 장애에 대한 사회적 태도를 인식하게 되었다. 실제로 모니코바는 장애가 더 이상 정상과 대척점을 지고 있는 것이 아니라는 프란시스의 표현을 통해 이야기했다. 축구 경기장을 방문한 프란시스는 골대 뒤쪽에 휠체어 이용자의 자리가 있다는 것과 이것이 관객들에게 사용되지 않는다는 점, 이것은 게임에 참여할 수 없는 축구선수를 위한 자리라는 결론을 냈다. 나중에 그녀는 '그들은 나처럼 정상적인 장애인(normal disabled)일 뿐이라는 것'을 깨달았다(33). 모니코바가 '정상적인 장애인'이라는 문구를 사용하는 것은 그녀의 목적, 즉 경계의 문제화에 관심을 갖게 하기 위함이다. 프란시스는 장애인과 자신을 실용적으로 조화시켰다. 독자들은 소설 속 프란시스가 만난 사람들과 달리 그녀의 말과 자신을 장애인이라고 속이는 행위를 모순적이게 받아들였다. 즉, 독자는 그녀가 '정상적인 장애인'이 아니라 '정상'임을 안다. 여기서 모니코바는 독자들의 분류가 거짓임을 알리기 위해 그들이 생각하는 '정상'과 '장애'의 분류를 이용하였다. 모니코바는 장애라는 것의 범주가 유동적인 것임을 이야기한 것이다. 만약 프란시스가 평범한 사람이자 장애인으로서 모두 기능할 수 있다면 그녀의 장애인의 경험은 정상적인 것으로 인식되어야 한다. 이와 똑같이, 평범한 사람이 장애인이 되었을 때에도 마찬가지일 것이다. 예를 들어, 프란시스는 휠체어를 탄 경험보다 그 이전의 술취한 경험이 더 그녀를 쓸모없는 존재로 만들었다.

결론

모니코바는 장애인을 피하고 좀처럼 마음을 열지 않는 독자들을 향해 장애인의 경험에 대해 도발적이고 성실하게 표현하여 보여 주었다. 따라서 장애인들에게만 국한되었던 장애인의 개인적인 상호작용이 평범하지 않은 소설을 통해 체계적인 방법으로 드러났다. 모니코바는 장애인이 되는 것이 대상화된 삶으로 고정되어 사는 것이 아니라는 것을 증명하였다. 장애인의 주관은 순간순간마다 변화하는 장애의 의미로부터 드러났다. 궁극적으로 장애인의 경험은 은유의 세계 속 관례에서 벗어나 새로운 관점을 제시해 주었다. 메를로-퐁티(Merleau-Ponty)가 '장애인이 참고 견딜 수 있다는 것은 정말 대단한 것이다. 왜냐하면 그들은 스스로 불구자가 되려 했거나 죽음의 문으로 들어가려 하지 않았기 때문이다'라고 한 것으로(Merleau-Ponty, 2002: 504) 모니코바의 업적은 장애인인 척하는 주인공을 내세워 독자에게 장애인의 정상과 비정상을 경험하게 함으로써 장애인이 스스로 장애인이 되려 하지 않았다는 것을 알려 주었다는 것이다.

모니코바의 계획은 사회에 구축된 장애 문화에 대해 철학적으로 접근하는 역할을 수행했다. 모니코바는 장애에 대한 표현을 손상시켜 독자로 하여금 권한을 부여받은 장애인의 사회적 역할을 일시적으로 경험하게 해 주었다. 그녀의 표현은 장애인의 경험에 대하여 진지한 탐색을 제공함으로써 정말 많은 장애인이 살면서 경험하는 것(아직은 대상화된 삶으로 비추어지지만 사실은 주체로서 살고 있는 삶)을 정상화하여 보여 주었다.『무곡』은 문학의 표현이 신체의 의미를 탐구할 뿐만 아니라 그 의미를 바꾸는 데 강력한 도구임을 보여 주는 명쾌한 사례를 제공하였다.

모니코바의 소설은 또한 장애학 연구가 독일어 또는 다른 언어의 문헌을 무시하면 안 된다는 것을 알려 준다. 실제로 우리는 모든 유형의 글을 장애의 문화적 모델로 봐야 한다. 독일 학자들은 심지어 그들이 연구한 것이 신약성경 속 장애라고 해도, 장애의 문화적 모델로 재해석해야 한다고 했다. 나의 연구 결과는 장애인의 경험을 연구하는 방법으로써 문헌분석에 힘을 실어주는 것과 허구의

213

이야기가 장애에 대한 사회적 태도를 바꾸는 데 효과적인 도구라는 인식 둘 모두에게 희망을 준다고 하겠다.

참고문헌

Bolt, D. (2012). Social encounters, cultural representation and critical avoidance. In N. Watson, A. Roulstone, & C. Thomas (Eds), *Routledge Handbook of Disability Studies*. London: Routledge.

Braunbeck, H. G. (1997a). The body of the nation: the texts of Libuše Moníková. *Monatshefte*, 89, 489-506.

Braunbeck, H. G. (1997b). Gespräche mit Libuše Moníková, 1992-1997. *Monatshefte*, 89, 452-67.

Davis, L. J. (2002). *Bending over Backwards: Disability, Dismodernism and Other Difficult Positions*. London: New York University Press.

Gürtler, C. (2005). Inhr Körper, neu zusammengestellt aus Begriffen, stand da. Körperbilder im Werk Libuše Moníkovás. In P. Broser & D. Pfeiferova (eds), *Hinter der Fassade: Libuše Moníková. Beiträge der internationalen germanistischen Tagung Ceske Budejovice-Budweis 2003*. Wien: Edition Praesens, 85-98.

Hall, S. (1997). The spectacle of the 'Other'. In S. Hall (Ed.), *Representation: Cultural Representations and Signifying Practices*. London: Sage Publications in association with the Open University.

Klee, E. (1980). *Behindert: Ein kritisches handbuch*. Frankfurt: S Fischer Verlag.

Kyncl, P. (2005). Libuše Moníková interviewed by Peter Kyncl: writing is a murderous occupatio. In B. Haines & L. Marven (Eds), *Libuše Moníková: In Memoriam*. Amsterdam: Rodopi.

9. 손상된 것인가? 권한을 가진 것인가?

214

Leder, D. (1990). *The Absent Body*. Chicago: Chicago University Press.

Linklater, B. (2001). 'Philomela's revenge': challenges to rape in recet writing in German. *German Life and Letters*, 54(3), 253-271.

Mannsbrügge, A. (2002). *Autorkategorie und Gedächtnis: Lektüren zeu Libuše Moníková*. Würzburg: Königshausen und Neumann.

Merleau-Ponty, M. (2002). *Phenomenology of Perception*. London: Routledge.

Moníková, L. (1988). *Pavane für eine verstorbene Infantine*. Berlin: Deutscher Taschenbuch Verlag GmbH.

Poore, C. (1982). Disability as disobedience? An essay on Germany in the aftermath of the United Nations year for people with disabilities. *New German Critique*, 27, 161-195.

Poore, C. (2007). *Disability in Twentieth-century German Culture*. Ann Arbor: University of Michigan Press.

Quayson, A. (2007). *Aesthetic Nervousness*. New York: Columbia University Press.

Snyder, S. L., & Mitchell, D. T. (2006). *Cultural Locations of Disability*. Chicago: University of Chicago Press.

Steiner, G. (1999). Selbsthilfe als politische Interessensvertretung. In E. Rohrmann & P. Günther (Eds), *Soziale Selbsthilfe. Alternative, Ergänzung oder Methode sozialer Arbeit*. Heidelberg: Universitätsverlag, Ed. S.

Waldschmidt, A. (1998). Flexible normalisierung oder stabile Ausgrenzung: Veränderungen im Verhältnis Behinderung und normalität. *Soziale Probleme*, 9, 3-25.

Waldschmidt, A. (2006). Normalcy, bio-politics and disability: some remarks on the German disability discourse. *Disability Studies Qurterly*, 26, 2.

Weigel, S. (1989). *Die Stimme der Medusa: Schreibweisen in der Gegenwartsliteratur von Frauen*. Hamburg: Rowohlt.

10. 우위에 선 시각

미학, 표현, 그리고 태도

데이비드 볼트(David Bolt)

문화적 상상 속에서 시각장애에 대한 표현은 넘쳐난다. 문제는 이러한 표현들이 시각적인 부분에만 초점을 두고 있다는 것이다. 실제로 그것들은 일반적으로 미적 감각과 관련하여 시각을 최고의 감각으로 두고 있다. 이처럼 문학 속 표현은 시각장애에 대한 사회적 태도를 보여준다. 이번 장에서 최근에 진행되었던 두 가지 프로젝트의 결과에 대해 비교하고 대조할 것이다. 첫 번째는 캐나다에서 출판된 문헌으로, 실명에 대해 다룬 『모자이크(Mosaic)』이며(Bolt, 2013), 두 번째는 미학적 측면을 주목해야 할 영국의 시각 손상 연구 저널(British Journal of Visual Impairment)에서 제작한 광고이다(Bolt, 2014). 나는 이 서로 다른 형태인 두 가지 프로젝트에 대해 조사하여 시각장애에 대한 사회적 태도에 대해 고려할 것이다. 이렇게 비교함으로써 문학과 광고의 시각이 서로 다르다는 것을, 그 차이가 무려 100년 이상이란 것을 보여 줄 것이다.

배경

처음에 이 프로젝트에 대해 조사할 때 난 미학적 실명이라는 비판적인 단어를 만들었다. 실명에 대한 미신(미학적 자질에 관하여)을 나타내기 위해서였다. 이 단어에는 두 가지 오류, 즉 평범한 선입견을 갖고 있다. 그것은 바로 보통 사람들은 실명이 되면 그 사람이 시각적으로 인지하는 미학적 특성이 사라진다고 생각한다는 것이다. 이것은 다소 문제가 되는 미신이다. 이 단어에서 나타난 표현과 태도의 문제는 실명과 미학이 종종 거리가 먼 것, 즉 시각이 가진 힘과 시각의 손상을 양립할 수 없는 것으로 만들었다는 것이다.

이 프로젝트의 가설은 미학적 실명이라는 말에서 나온 1890년대의 문헌에서부터 시작되었다. 이러한 직감을 확인하기 위해 오스카 와일드(Oscar Wild)의 『도리언 그레이의 초상(The Picture of Dorian Gray)』이 나온 1891년을 중심으로 수많은 작품을 조사하였다. 나는 주로 아름다움에 대해 시각적으로만 표현하는 경향에 따라, 실명에 대한 표현 역시 시각적인 것에만 집중하는 것이 실명의 존재를 마치 유령처럼 존재를 인정하지만 아직 인간 사회에 존재하지 않는 상태를 만든다고 생각했다. 즉, 시각 중심의 사회적 미학에 의해 사람들은 장님이 되어 버렸다.

모리스 마테를링크(Maurice Maeterlinck)의 연극 〈맹인(The Blind)〉(1891년에 최초 발표)은 관객과 독자를 미학적 실명에 빠뜨린 것으로 유명하다. 이 연극은 관객들로 하여금 사회 환경에서 시력이 필요하지 않다는 상상을 하게 한다. 시각 중심의 사회적 미학을 생각해 봤을 때 마테를링크의 인물들은 부담스럽고, 비생산적이고, 공감할 수 없고, 인식과 존재 모두가 부족하다. 이러한 주제는 러디어드 키플링(Rudyard Kipling)의 『실패한 빛(The Light of That Failed)』과 조지 기싱(George Gissing)의 『신 삼류 문인의 거리(New Grub Street)』(둘 다 1891년에 최초 출판)에서도 발견할 수 있었다.

다음으로는 최근 광고에 대해 눈을 돌렸다. 2012년 여름, 나는 BBC 라디오 4의 In Touch를 듣고 나서부터 광고에 대해 관심이 생겼다. 그 결과, 나는 장애가 미학적으로 어떻게 나타나는지 알기 위해 20세기 광고를 분석하고자 연구도구를 개발하기 시작했다 (Brolley & Anderson, 1986; Scott-Parker, 1989; Barnes, 1991; Ganahl & Arbuckle, 2001; Haller & Ralph, 2001; Panol & McBride, 2001; Thomas, 2001; Haller & Ralph, 2006). 이 나쁜 관행에 대해 연구한 초고를 보면 왜곡, 편파성, 폭로, 분리, 배제의 이슈와 관련되어 있었다. 그 프로젝트는 에이블리스트의 미학이 측정 가능한 광고에 대항하는 구상주의적 회귀모델로 사용될 수도 있다는 생각에 고안된 것이다.

이 연구도구를 시험하기 위해 21세기 '아름다움을 위한 도브 사(社)의 캠페인'에 적용하였고, 그 결과 여성을 낙인으로 만드는 사회미학을 담은 광고라는 페미니스트의 비판을 불러일으켰다(Dye, 2009; Froehlich, 2009; Johnston & Taylor, 2008; Scott & Cloud, 2008).

이러한 페미니스트 장애 연구 작업에서 나는 시각장애를 가진 여성을 특징으로 하는 3가지 광고(데오드란트, 자부심을 위한 운동, 샴푸/컨디셔너)에 대해 볼 것이다. 2007년과 2012년 사이에 방영된 이 세 광고는 주류 캠페인이고, 삶의 단면을 표현한 광고 중 에이블리스트의 미학에서 벗어난 광고였다. 하지만 시각적인 게 최우선이라는 것은 완전히 거부되지는 않았다. 이러한 최근의 광고들은 지금 이 시점에서 100년 전부터 확산된 미적 무지를 상기시켰다.

1891년의 3부작

넓은 의미에서 시각장애와 관련하여 표현의 회귀(와 그 아래 깔려 있는 태도)는 시각의 우월성을 보증한다고 볼 수 있다. 그런 의미에서 마테를링크의 『맹인』은 회귀적인 표현을 구성했다고 볼 수 있나. 연극이 시작되기 전, 제목에서 추론할 수 없었던 수많은 등장인물들의 실명을 통해 우리는 실명이 주요 관심사라는 것을 추측할 수 있다. 하지만 연극은 평소 느낄 수 없는 고대 숲의 어둠 속에서 장님이 아니었던 성직자의 죽음으로부터 시작된다. 그의 시신 오른편에는 6명의 눈먼 남성이 있었고, 왼편에는 6명의 눈먼 여성과 장님이 아닌 아기가 있었다. 20세기 말 연극 소개에 따르면 이러한 시각 중심적인 시련은 매우 단순했다. '눈먼 자들은 앞을 볼 수 있었던 성직자에게 의지하며 살아왔다. 관객은 성직자가 죽은 것을 보았지만 그들은 보지 못했다. 따라서 그들은 모르지만 눈먼 자들을 돕는 사람은 없다(Slater, 1997: xv). 행동은 거의 없지만

관객은 눈먼 자들이 보지 못하는 것을 봄으로써 극적인 긴장감을
느낀다. 즉, 관객은 '곤경에 처한 눈먼' 등장인물들과 함께 '까막잡
기(teasing game of blindman's buff)'에 참여하는 것이다(Gitter, 1999:
679). 이러한 시력의 특권은 설명에 의해서, 연극 속 인물들의 표현
에 의해서 드러난다.

가장 눈에 띄는 것이 있는데, 시력의 우위가 태양에 대한 수많
은 미적 표현에 따라 명백하게 드러나는 것이다. 태양계 속 행성처
럼 대화는 태양을 중심으로 돌았다. 이때의 대화는 태양의 열보다
는 빛에 더욱 신경을 썼다. 즉, 등장인물들이 생각한 태양은 철저히
외면적이라는 것이다. 젊은 눈먼 여성은 '그녀가 보았던 태양'에 대
해 회고하였고(22), 가장 나이가 많은 남성, 여성 모두 그들이 '어렸
을 때' '보았던 태양'을 이야기하였다(17). 반면, 태어나기를 장님으
로 태어난 3번째 남성은 '태양을 결코 볼 수 없었음'에 대해 불평하
였다(17). 실제로 장님으로 태어난 3번째 남성은 장님으로 태어난
1번째 남성의 '결코 볼 수 없을 것이라는 말(16)과 가장 나이가 많은
남성이 '우리는 결코 서로를 보지 못할 것'이라는 예언(31)을 했을
때 동사 '봄'과 부사 '결코'를 수정하여 미학적으로 소외되었다는 감
각을 불러일으켰다. 이와 같은 소외는 젊은 눈먼 여성이 스스로에
게 '결코 보지 못해 왔고(24)' '못할 것(31)'이라 했던 말에서도 드러
난다(31). 이 연극에서 보여 준 결코 본 적이 없다는 말의 반복은 오
직 시각적인 의미에서만 미학적인 표현이 가능하다는 개념을 강조
한 것이다.

미학적 실명은 대인관계 능력에 영향을 준다. 가장 나이가 많은
눈먼 남성은 다음과 같이 이야기했다.

우리는 서로를 보지 못해 왔다. 우리는 서로에게 질문을 해 왔고, 답을 했다. 우리는 함께 살았고, 항상 함께해 왔다. 하지만 우리는 우리가 누군지 모른다! … 우리는 단지 두 손으로 서로를 만지는 것이 전부이며, 눈은 손보다 더 잘 볼 수 있다(24).

그에게 시각은 대화, 공유된 경험, 냄새, 소리, 맛, 촉감 등보다 서로를 알아가는 데 독보적인 것이며, 그 믿음은 다음의 말에서 더 강하게 나타난다. "우리는 수년 간 같이 있어 왔고, 서로의 시각을 가져 본 적이 없다! 이는 마치 우리가 항상 우리의 현재인 것 같다"(25). 시각은 이러한 시각 중심의 사회적 미학에서 나와 타자의 존재를 입증해야 하며, 따라서 인간 사회의 형성과 기능에 있어서 나와 타자 간의 연결의 기본이 된다.

이러한 관계의 문제는 마테를링크의 등장인물에게 동정심과 공동체의 이슈를 끌어냈다. 이는 그들에게 서로를 보고, 느끼고, 이해하고, 살 수 있도록 해 준 것이다(Slater, 1997: xvi). 어떤 이는 '울기 위해 보아야 한다.'라고 주장했는데(28), 이는 감정이 시각과 관련되어 있다는 가정을 하고 있다. 즉, 장님은 감정이 메말랐다고 보는 것이다. 이러한 감정의 메마름은 가장 나이가 많은 남성 장님의 한마디 "넌 그들을 보지 않고 사랑할 수 없다"(25)에서 극에 달한다. 비인간적이게도 시각이 사랑의 조건이라는 것을 의미한다. 즉, 마테를링크는 장님을 무시했던 오랜 전통을 이어 갔던 것이다.

미학적 실명은 드라마에서뿐만 아니라 키플링의 『실패한 빛』과 같은 동시대의 사실주의 작품에서도 나타난다. 이 소설은 수단에서 전쟁 특파원으로 활동하다 머리를 다쳐 시각을 잃은 화가 딕 헬다의 이야기를 담고 있다. 그에게는 시력보다 그의 걸작〈멜랑콜리아(The Melancholia)〉, 유채화을 완성하는 것이 우선이었다. 하지만 이 작품은 원작자도 모르게 베시 브로크에 의해 훼손되었다. 이는 와일드의 『도리언 그레이의 초상』에서처럼 예술가가 잊혀지면 그 작품의 의미도 잃는다는 것이다. 나는 캔버스 위에 그려진 딕의 생각에서 너무나 많은 오류가 나타나기에 이러한 주장을 하는 것이다. 딕은 모델링 왁스 작업을 하게 되었는데, 이와 같은 예는 미학적 실명과 관련하여 시간이 지날수록 혼란을 주었다. 하지만 시각은 여전히 최고의 감각이다. 촉각의 측면에서의 미학은 예술가인 주인공의 삶이 무의미해짐에 따라 버려진다. 그는 이제 과거의 자아만 남은 유령이 되어 버린 것이다.

결국, 경멸적이기는 하지만 『실패한 빛』은 실명에 대해 『맹인』처럼 시각 중심적이지 않았다. 마테를링크의 등장인물들처럼 키플링의 딕 헬다는 밤낮을 혼란스러운 상태에 있었다. "낮에 졸려서 잠에 빠져들곤 했고, 추운 새벽에는 가만있지를 못했다"(167). "하지만 시간을 혼동할 때에는 누군가의 코 고는 소리를 들어야만 방을 찾아 들어갈 수 있었다. 그리고 그제야 아직 낮이 오지 않았음을 알았다"(167). 다시 말해, 딕의 인식은 청각과 시각에 의존하고 있는 것이다. 이러한 다차원적인 관점은 그의 인생 속 미학에도 영향을 주었다. 예를 들어, 그는 달을 보고 싶을 때 '사막의 이야기를 듣기' 위해 잠시 멈춘다(206). 이 소설에는 미학적 실명의 기원이 담겨 있지만 사랑, 존경, 예술, 아름다움, 삶 자체가 시각의 우위를 뒤따른다는 것을 이야기하지는 못한다. 이 경멸적인 표현의 정도는 전쟁이 끝나 돌아오는 중 타살된 딕의 이야기에서 드러난다.

　　기싱의『신삼류 문인의 거리(New Grub Street)』에서는 비슷하지만 눈에 띄지 않는 장님이 등장한다. 이 소설은 작가, 편집자, 저널리스트, 학자 집단의 이야기와 다른 민속적인 이야기를 담았다. 이 그룹은 문학 공동체에 영향을 주는 보편 교육, 대중 저널리즘, 매스 커뮤니케이션과 같이 영국을 강타한 문학적 위기에 사로잡혔다고 말했다. 알프레드 율(Alfred Yule)은 문제의 시각장애인이지만, 그의 딸 마리안 율은 '정말 완벽한' '칭찬할 만한 인물'이다(Severn, 2010: 157). 그녀는 아버지가 시력을 잃을 때까지 아버지를 위한 연구원이자 유령작가로서 헌신적으로 일하고 편집자로서의 역량을 발휘하였다. 아버지가 시력을 잃자, 그녀는 가정의 재정적인 책임을 떠맡아 신경쇠약이 올 때까지 일하였다. 그녀는 우리에게 마테를링크의 연극에 나오는 성직자를 떠올리게 한다.

　　기싱의 알프레드 율은 공허할 뿐만 아니라 짐짝으로 여겨지는 존재를 견뎌야 했다. 독자들은 알프레드에 대해 다음과 같이 볼 수 있다. 일프레드는 실명과 함께 '노년기의 쇠약'을 겪어 있고(414), '집에서는 조용히 벽난로 한편에 자리할 것'이다. 왜냐하면 그는 '지쳤고', 곧 '쓸모없는 노인, 짐이나 성가심으로 여겨질 것이기 때문이다'(335). 이러한 시각 중심적 존재론은 키플링의 딕에게도 나타난다. 딕은 '장님이 된 순간, 즉 동료로부터 짐짝이 된 순간 그때 죽음을 맞이하였다'(142). 시각 중심의 사회적 미학은 두 인물을 기생하는 인물로 만들었다. 그들은 남겨 줄 것이 없기에 전문가로서의 삶은 끝났다. 딕의 삶은 '죽는 것보다 좋은 것이 없었으며'(167) 알프레드의 삶은 '끝'이자 '낭비'였다(335). 실제로 알프레드는 소설 속에서 죽었다고 언급도 안 할 정도로 장님이 되었을 때 너무나 쓸모없게 되었다(Severn, 2010). 단지 New Grub Street의 저녁 파티에서 지나가는 얘기로 나왔을 뿐이다. "그는 이 나라 어딘가에서 죽었어. 장님이었고, 불우한 시절을 보냈고, 가난하고, 늙은 동료였어."(420). 이 차가운 결말은 시각 중심의 사회적 미학에서부터 비롯된 장님과 장님이 아닌 이의 차이를 생생하게 보여 준다.

도브 광고 3부작

시각장애와 관련하여 내가 지금까지 주장한 바에 따르면 진보적인 표현과 그 아래 깔려 있는 태도는 시각의 우월성에서 벗어난 것으로 평가된다. 즉, 이 말은 1891년에 이뤄졌던 도브 광고 3부작보다 훨씬 더 진보적이라는 것이다. 문학작품이 광고보다 훨씬 더 진보적이지만, 시각장애를 구체화한 표현을 보고 판단할 때 장애에 대한 근본적인 사회적 태도는 에이블리스트의 관점에서 더 멀어졌다.

도브 사(社)의 3부작 광고 중 첫 번째인 데오도란트 광고는 친구를 만나러 나갈 준비를 하는 한 여성을 보여 준다. 그녀는 이러한 상황이 자신의 긴장을 풀어 주고, 뭐든 마음껏 할 수 있게 해 주었다며 좋아하고, 그녀의 모든 경험을 치료했다고 주장했다. 그녀는 데오드란트와 헤어스프레이를 떨어뜨려 놓아야 한다고 설명하였다. 왜냐하면 이 둘을 단순히 시각적으로 구분하기 힘들다고 생각했기 때문이다. 이러한 상황은 그녀가 시각장애가 있지 않을까 의심하게 하는 대목이다. 마지막에 그녀는 자신이 완전히 시력을 잃었다고 시인하였다.

내가 여기서 이야기하고자 하는 바는 광고 속 여성이 시력을 잃었음에도 불구하고 초기에 이 사실을 숨긴 것은 평범한 사람이 지닌 미학을 지킬 뿐만 아니라 그녀가 시력으로 외모를 인식하지 못한다는 사실을 폭로하게 했다는 것이다. 이렇게 폭로하게 한 힘은 시각장애의 무지를 의미하며, 미학이란 것은 단순히 시각에 의한 것이라는 미학적 실명으로부터 나온 것이다. 어쨌든 데오드란트 광고인데 후각은 전혀 다루어지지 않았다. 실제로 미학은 다른 감각보다 시각적인 표현에 의해 인식되며, 이것이 합법이 아니라면 시각적인 암시와 참조에 따라 표현된다. 그녀는 "난 내가 왜 거울을 쓰는지 모르겠어. 나는 나를 못 보거든."이라고 이야기했는데, 이는 시각이 아닌 다른 감각으로 인지하던 사람을 시각을 신경쓰도록 만든 것으로 볼 수 있다. 거울의 사용은 아름다움을 무조건 시각으로 평가하는 것처럼 미학적 실명을 의미한다. 마침내 그녀는 카메라를 보며 "어울려?"라고 물어보는데, 이는 미학적 실명을 확인하게 해 준다. 그녀의 아름다움을 시각적으로 평가하는 것의 중요성이 명백히 드러나며, 관객들은 친숙한 시각 중심적 미학이 불러일으킨 긴장에서 풀려남을 느끼게 된다.

두 번째, 자부심을 위한 운동 광고는 여성이 나온다는 것은 비슷하지만, 이 여성은 아름다움이나 외모에 신경 쓰지 않는다. 그녀는 밖에 나가려고 준비하기보다는 크리켓을 하기 위해 준비한다. 또한 이 광고 속 여성은 당당하게 시력을 잃어가고 있다는 점에서 다르다. 실제로 광고 속 환경에서 이렇게 시각장애를 드러내는 것은 '한 사람의 다양한 특성을 단 하나로 보는' 위험을 가져올 수 있다

(Garland-Thomson, 1997: 12). 즉, 비록 그녀가 일주일에 두 번씩 크리켓을 하는 열정을 시청자에게 보여 주지만, 대다수의 사람들은 그녀가 시력을 잃어 간다는 사실에 대해 이야기한다는 것이다. 그렇게 그녀는 존재론적으로 유령이 되었다.

광고는 시각적인 것에 고정되어 있으며, 때때로 이를 극복하기도 한다(Mitchell & Snyder, 2000; Snyder & Mitchell, 2006). 그녀는 시력을 잃기 시작하자 마테를링크의 연극에서도 나타난 것처럼 시각장애를 극복하기 위해 시각 중심적인 언어를 사용했다. "모든 것이 너무 어두워 보여." 그녀는 또한 "나의 열정을 찾았어."를 "한줄기 빛을 찾았어."라고 표현했다. 이 광고는 볕이 드는 장면을 적절히 사용하여 크리켓에 대한 그녀의 열정을 드러냈다. 그녀는 "난 명확히 보기 시작했어." "난 나의 시야를 방해하지 않아."라는 시각적인 표현을 계속적으로 사용했다. 이러한 표현은 결국 시각장애를 의미하며, '만약 장애인의 행동이 극복의 사례로 쓰인 것이라면 이는 단지 그들 스스로 생물학적인 낙인으로부터 벗어나는 것에 지나지 않음'을 의미한다(Snyder & Mitchell, 2006: 208). 여성의 자부심은 시각장애의 낙인으로부터 스스로 멀어지는 것에 달려 있다. 모순적이게도 시각장애를 극복하는 이 이야기는 그녀의 역경을 의미하게 되었다. 시각 중심적 미학이 표면적으로 성취의 표현을 허락했지만, 이는 필연적으로 시각장애를 가진 이들을 떠나게 했다.

세 번째, 헤어 컬러 래디언스 샴푸·컨디셔너 광고 또한 한 여성이 나오는데, 좀 더 복잡한 인물로 나타난다. 그녀는 소파, 해변, 차, 보트 등에 앉아 있는 모습을 보여 준다. 첫 광고에서처럼 에이블리스트의 미학은 처음에는 혼란에 빠지지 않았다. 왜냐하면 그녀가 "장님이 되면 내 머리카락 색을 볼 수 없겠지?"라고 이야기할 때까지 그녀가 시각장애인이라는 것을 몰랐기 때문이다. 따라서 시각장애는 숨기는 것이 효과적이라는 생각에 미학적 설명은 숨겨지기 마련이다. 특히, 시력을 잃은 여성이 아름다움을 보여 주고 아름다움에 대해 이야기하는 것은 그녀의 폭로를 뒷받침해 준다.

세 번째 광고에서 주목해야 할 것은 놀라움의 환기와 공감각의 개념으로부터 나온 다른 감각이다. 라디오 토론에서 사라 뱀포드(크레이티브 책임자)는 광고의 아이디어가 도브 사(社)와 색 심리학자의 실험에서부터 나온 것이라고 설명했다. 색 심리학자는 눈을 가리고 색상이 시원한지 따뜻한지 맞추는 실험을 했다(In Touch, 2012). 광고에 나온 여성 케이트 크로프츠는 같은 프로그램에서 (한 감각이 다른 감각을 즐기고 경험하는) 공감각 현상에 대해 정확히 알고 있었다고 이야기했다(In Touch, 2012). 광고에서 그녀는 관객들에게 색은 소리이자, 냄새이자, 글이라고 이야기했다. "노란색은 그녀의 얼굴 위의 햇빛이자, 음료의 레몬이에요." "파란색은 시원한 물이자, 공기 그리고 하늘이죠." 그녀는 또한 다음과 같이 색에 맞는 분위기를 적절하게 사용하였다. 금발은 "거품이 많고, 재미있고, 여성스러워요." 붉은색의 머리카락은 열정을 나타낸다. 이는 고정관념으로 문제가 될 수 있다. 이렇게 가정된 색의 중요성은 시청자가 이 광고를 보고 보통의 것을 생생한 것으로 볼 때(따라 할 때) 좀 더 극적인 효과를 준다. "내 피부 위에 태양이 비추는 것 같은 느낌 또는 내 머리카락에 바람이 부는 것 같은 느낌이야." "나는 웃고 춤추는 것 같아." 그리고 "나는 아름다운 느낌이야. 나를 행복하게 만들고 그래서 매일 이런 느낌을 느끼고 싶어. 지금에 머무르고 싶어." 즉, 그녀는 시각보다는 다른 감각으로 인식했지만 그녀의 감정은 시각적인 용어로 번역된다. 실제로 시력이 다른 감각을 이끌어 내는(이끌어 내야만 하는) 최고의 감각인 것처럼 색이 가장 중요하다.

결론

비록 장르도 다르고 출판된 시기도 달랐지만, 두 3부작은 여러 가지 면에서 통일되었다. 특히나 1891년의 3부작은 당시의 미학자들의 작품을 모았고, 도브 3부작은 사실미라 불리는 것에 집중하였다. 두 3부작 모두 실명을 사용하여 미학에 대해 극적인 포인트를 만들었다. 시각의 우월은 6개의 실험에서 반복되는 주제였고, 시각장애인들은 타인이 되었다. 나의 작업에서는 이러한 표현과 표현 밑에 깔려 있는 태도를 바꾸기 위해 미학적 실명, 시각 중심의 사회적 미학, 시각장애의 구체화라는 단어를 사용했다. 나의 논문은 근본적으로 잘못되었지만, 미학적 실명이 시각 중심의 사회적 미학을 도출해 낸다는 것이다. 이는 시력이 없는 이들을 소외시키는 형태를 만들고, 시각장애의 구체화된 표현으로 혼란을 줄 수 있다.

이 논문을 염두에 두고, 또한 우리는 지난 세기부터 시각장애에 대한 태도가 어떻게 변화해 왔는지 추측해 보면서 이 두 3부작이 어떻게 다른지도 생각할 수 있다. 중요한 것은 도브 광고 3부작의 여성이 모두 시각장애를 그들 스스로 밝혔다는 점에서 1891년의 3부작보다 진보적인 태도를 보여 준다. 즉, 도브 광고 3부작은 시각

장애 역할을 캐스팅할 때 시각장애가 아닌 사람을 캐스팅하지 않
았다. 하지만 1891년의 3부작 때 장님 역할을 한 대다수의 배우는
시각장애자가 아니었다. 실제로 이 책을 작업할 때 나는 미국에서
새롭게 막을 올린 마테를링크의 연극을 보고 전문가로 그 속에서
나타난 시각장애에 관한 표현에 대해 이야기하려 했다. 처음에는
장애의 표현에 대해서 즐겁게 기여하고자 했다. 하지만 고맙게도
나의 한 동료가 시간을 내어 준비하는 나의 순진함을 깨닫게 해 주
었다. 나는 이번 21세기 프로젝트에서 배우들이 스스로 시각장애
가 있다고 가정했었다. "아아, 난 틀렸어."

참고문헌

Barnes, C. (1991). Discrimination: disabled people and the meida. *Contact*, 70, 45-48.

Bolt, D. (2013). Aesthetic blindness: symbolism, realism, and reality. *Mosaic*, 46(3), 93-108.

Bolt, D. (2014). An advertising aesthetic: real beauty and visual impairment. *British Journal of Visual Impairment*, 32, 1.

Brolley, D., & Anderson, S. (1986). Advertising and attitudes. In M. Nagler (Ed.), *Perspectives on Disability*. Palo Alto: Health Markets Research.

Dye, L. (2009). A critique of Dove's Campaign for Real Beauty. *Canadian Journal of Media Studies*, 5(1), 114-128.

Froehlich, K. (2009). Dove: changing the face of beauty?. *Fresh Ink: Essays From Boston College's First-Year Writing Seminar*, 12, 2.

Ganahl, D. J., & Arbuckle, M. (2001). The exclusion of persons with physical disabilities from prime television advertising: a two-years quantitative analysis. *Disability Studies Quarterly*, 21.

Garland-Thomson, R. (1997). *Extraordinary Bodies: Figuring Physical Disability in American Culture and Literature*. New York: Columbia University Press.

Gissing, G. (1996). *New Grub Street*. Hertfordshire: Wordsworth.

Gitter, E. G. (1999). The blind daughter in Charles Dickens's 'Cricket on the Health'. *Studies in English Literature. 1500-1900*, 39(4), 675-689.

Haller, B., & Ralph, S. (2001). Profitability, diversity and disability: images in advertising in the United States of America and Great Britain. *Disability Studies Quarterly*, 21.

Haller, B., & Ralph, S. (2006). Are disability images in advertising becoming bold and daring? An analysis of prominent themes in US and UK campaigns. *Disability Studies Quarterly*, 26, 3.

In Touch. (2012). BBC Radio 4. 24 July 2012.

Johnston, J., & Taylor, J. (2008). Feminist consumerism and fat activists: a comparative study of grassroots activism and the Dove Real Beauty Campaign. *Journal of Women in Culture and Society*, 33(4), 941-966.

Kipling, R. (1988). *The Light That Failed*. London: Penguin.

Maeterlinck, M. (1997). *Three Pre-Surrealist Plays*. Oxford: Oxford University Press.

Mitechell, D. T., & Snyder, S. L. (2000). *Narrative Prosthesis: Disability and the Dependencies of Discourse*. Ann Arbor: University of Michigan Press.

Panol, Z. S., & McBride, M. (2001). Disability images in print advertising: exploring attitudinal impact issues. *Disability Studies Quarterly*, 21.

Scott, J., & Cloud, N. (2008). Reaffirming the idea: a focus group analysis of the Campaign for Real Beauty. *Advertising and Society Review*, 9, 4.

Scott-Parker, S. (1989). *They Aren't in the Brief: Advertising People with*

Disabilities. London: King's Fund Centre.

Severn, S. E. (2010). Quasi-professional culture, conservative ideology, and the narrative structure of George Gissing's New Grub Street. *Journal of Narrative Theory, 40*(2), 156–188.

Slater, M. (1997). Introduction. In M. Maeterlinck (Ed), *Three Pre-Surrealist Plays*. Oxford: Oxford University Press.

Snyder, S. L., & Mitchell, D. T. (2006). *Cultural Locations of Disability*. Chicago: University of Chicago Press.

Thomas, L. (2001). Disability is not so beautiful: a semiotic analysis of advertising for rehabilitation goods. *Disability Studies Quarterly, 21*.

Part 3

장애, 태도 그리고 교육

11. 민족 청소?

장애와 인트라넷의 식민지화

앨런 홉킨슨(Allen Hodkinson)

이번 장에서는 학교에 설치된 전자미디어, 인트라넷 사이트에 관한 나의 생각을 다루고자 한다. 이 사이트들은 존재론적인 포장으로 재설정되었다. 그러한 포장은 개별화를 옹호하고 조이고, 강요하였다. 그 결과 속내가 드러나지 않은 '너무나 부족한 표현'으로 사회적 태도가 만들어지고 변형되었다(Latour, 2010: 44). 그것들은 현대 권력의 구조와 에이블리스트들의 의제를 통합하여 '매끄럽게 다듬은' 이미지로 포장되었다(Agamben, 1998). 난 학교의 인트라넷을 '조작·변형된 형태'로 보고 다시 생각해 보았다(Pinto, 2004). 이러한 인트라넷 사이트에 대한 조사는 강요된 이분법적인 변증법을 밝혀내고, '장애인이 경험한 배제된 상황'을 발표해 냈다(Goodley, 2007:

145). 교육에서 이러한 변증법과 '예의 범절'은 인트라넷 사이트를 통해 전달되는 정보(개인의 신체, 사회적 태도, 자유 및 사회정의)로서 기호로 된 좌표를 제공한다. 이 좌표는 '겸손의 부정확성과 매너리즘의 고정 관념 간의 섬세한 균형을 유지시킨다'(Agamben, 1998: 58). 이렇게 잘못 표현된 공간에서 '손상된 유기체'에 대한 표현은 장애인을 타인으로 여기는 계층적 구조화를 통해 비롯된 것이다.

내가 처음 이 연구에 참여했을 때, 한 선생님은 나에게 학교의 인트라넷 사이트가 아이들이 공부하는 데 안전한 장소를 제공해 준다고 이야기했다. 이후에 안전한 장소에 대해 분석을 해 보았는데, 그 결과 장애인이 제한되고 의학적으로 부족하다고 표현한 것을 발견할 수 있었다. 이러한 표현은 결국 사람들에게 장애에 대해 고정 관념과 부정적인 태도를 갖게 하고, 전자미디어를 식민화하는 장애에 대한 부정적인 사회적 구조를 만들어 냈다.

이렇게 식민화된 인트라넷 사이트를 탐구하기 위해 나는 개인과 커뮤니티의 문화적 이미지에 대해 조사하게 되었다. 그 결과 어떻게 그러한 공간에서 정체성이 형성되고 또 변형되는지 분석하기 위한 도구로서 역사 고고학을 접하게 되었다. 역사 고고학은 혁신적이고 즉흥적이며, 문맥을 파악하여 '지배하는 집단 속 개인의 감각'을 연구한다(Chapman et al., 1989: 19). 이는 '지배했던 이들의 이야기를 모순으로 만들어' 소외된 집단에 대해 연구하는 방법이다(Funari et al., 1999: 17). 역사 고고학은 고고학 및 민족지학의 감춰진 부분을 캐내어(Meskell, 2007) 물질과 정체된 현상 간의 단순한 상관관계에 대해 적절한 설명을 제공한다(Roux, 2007). 이 방법론은 살아 있는 사람을 과거의 얼어붙은 유물이 아니라 과거와 현재의 공동체를 잇는 연결고리로 가정했다(Meskell, 2007).

학교 인트라넷 사이트 속의 전자미디어는 나의 정적인 인공물이 되었다. 이 인공물은 인트라넷의 현재와 과거를 연결하고 있다. 따라서 사회적 개념과 장애에 대한 태도를 시간적, 공간적, 역사적으로 분석을 가능하게 한 것이다. 이번 장에서는 이 인트라넷 공간의 지배자들이 남긴 장애에 대한 이미지, 개념 및 태도를 보다 잘 조명하고자 한다. 나는 페트라 쿠퍼스(Petra Kuppers)처럼 "관찰자로서 '장애인'의 구조화된 위치를 파괴할 것이다"(Kuppers, 2003: 4). 또한 어떻게 질병 및 장애의 표현이 그들을 타자로 만들고, 소외시키고, '보통의' 사회 밖에 위치하게 했는지를 밝히고 싶다(Kuppers, 2003: 4).

식민지 건설과 공간의 식민지화

민족주의자가 주장하기를 풍경은 관계의 지리학으로, 이는 과거와 현재의 관행을 보여 주는 데 유용하다(Whitehead et al., 2010). 민족주의자는 일단 마을의 배치와 집의 배치에 세심한 주의를 기울여 공간이 어떻게 쓰이는지 관찰함으로써 '공간이 조직된 방식'을 해석하는 데 관심을 두었다(Auge, 1995: 42). 식민지 지도를 분석할 때에는(Whitehead et al., 2010) 반드시 사회적 관행(건물의 배치)을 비촉각의 차원에서 조사해야 한다(Pels, 1997). 이 장에서는 식민지 재실현을 위해 학교 인트라넷 사이트 내에서 행정적 조작이 나타났다는 것을 주장하고자 한다. 내 생각에 이러한 조작은 (유럽의 식민지화와 마찬가지로) 이 사회의 장애를 보는 방식(노예화 모델)을 제공했다고 본다(Pels, 1997). 나는 이번 분석을 통해 마치 민족주의자처럼 새로운 공간과 디지털 시대의 지리와 사람들을 묘사하였다(Auge, 1995).

나는 학교 인트라넷 사이트의 정돈된 규칙성과 관습적인 기하학을 집중적으로 탐구하였다([그림 11-1] 참조). 내가 컴퓨터 화면을 응시했을 때 작은 노란색 폴더가 나타났다. 이 폴더들은 정렬된 공간 속에서 행과 열을 깔끔하게 맞추고 있었다. 각 인트라넷 사이트는 계층 구조 내에 배치되었다. 첫 폴더는 핵심적인 국가 교육과정의 과목(문맹 퇴치 또는 산술 능력)를 나타내고 있다. 그 뒤에는 과학이 뒤따르고 있다. 하위 조직은 일정하진 않으나 보통 역사 · 지리 · 종교 교육 등으로 이루어진다. 이후에는 크리스마스, 학교 사진 및 기록부 등으로 더욱 무작위로 구성되었다. 이 노란 폴더를 관찰하면 할수록 나의 오래된 학교의 사물함과 비슷해져 갔다. 교실 구석에 위치한 이 낡은 공간은 관습적인 교육과정을 통제하고 쓰레기 같은 학교의 삶을 유지시켜 왔다. 이것은 교사의 혼에 새겨진 풍경의 지도였다(Bachelard, 1994). 또한 나는 이 폴더들을 보며 마치 집 위의 지붕처럼 깔끔하고 규칙적인 거리를 관찰할 수 있었다. 바슐라르(Bachelard)의 말을 사용하자면 우리는 '과거의 역사가 이 새로운 집에 머물러 왔었다.'라고 이야기할 수 있을 것이다(Bachelard, 1994: 10).

나는 이러한 풍경을 구분지을 때 거주지와 사람 간의 시너지를 잘 관찰하기 위해 관리된 정원으로 한계를 정했다(Whitehead et al., 2010). 인트라넷 공간에서도 이러한 식민지 구조가 지배하였다. 이 공간에서 옛 세계 질서를 다시 확인하고 강화시키는 것처럼 보이는

문해	숫자
과학	역사
지리	예술
종교교육	PE
D&T	사진
기록부	크리스마스

인트라넷 속 식민지 구조의 배치

'의도가 있는 배치'를 엿볼 수 있었다(Auge, 1995: 5). 이 식민지에서 집들은 이 세계의 한 지방이 된다(Bachelard, 1994). 하지만 이 인트라넷 마을은 애초에 보르디에(Bourdieu)의 용어로 패러다임 상 조용한 마을에 해당하지는 않았다(Shields, 1997). 오히려 사회현상처럼 고도로 계층화된 거주 패턴을 볼 수 있다(Whitehead et al., 2010). 국어와 수학은 식민 지배자의 이념적 도구로 사용되었다. 이 과목들은 식민지 사고를 부여하기 위한 도구가 되어 사회적·교육적 과

238

정에 영향을 주었다. 기초 과목과 다른 학교 교재는 강등되고, 핵심 과목에 종속되어 통제되었다.

이때의 식민지는 사람들을 새로운 땅으로 인도하고 정착하게 하는 글을 도구로 한 식민화를 의미했고(Radune, 2005), 특히 별로도 구분된 장소의 거주 양식은 중앙집중화된 통제 체계를 반영했다(Orser, 1990). 하지만 나는 식민지의 '상징적 표현'에 대해 집중해 보았다. 이는 '거주 패턴'에서 나타나는 힘과 통제를 보여 준다(Joseph, 1993: 59). 여기서 식민 지배자는 '정교히 구축된 풍경'을 통해 지리학적 위치(Joseph, 1993: 59)와 식민지를 적극적으로 활용하여(Delle, 1999: 136) 전지전능한 위치에 오르려는 것처럼 보인다(Orser, 1990). 이 식민 이데올로기는 교사들이 어떻게 인트라넷 공간을 통제하는지에 대해 생각해 보게 한다. 이러한 식민지화 과정에서 식민지 오두막에 살고 있는 사람들처럼 거주자들의 이미지 또한 통제되었다.

이쯤에서 역사 고고학을 재검토하기 위해 다른 측면을 보다가 흥미로운 점을 발견하였다. 바로 역사 고고학의 핵심은 지배/저항, 불평등, 식민자/식민지화의 개념 간의 복잡한 권력 관계를 파헤치는 것이다(Funari et al., 1999). 그러나 우리는 식민주의의 주요 전장이 식민지가 되어 지배자들에 의해 통제되었음을 잊어서는 안 된다(Said, 1993). 식민지화는 단순히 '군사와 대포'일 뿐만 아니라 '이미지와 상상력에 관한 형식'이다(Said, 1993: xxi). 이 영역의 변증법과 그 방식에 따르면 식민주의의 존재 이유는 '다른 이야기를 하거나 차단할 수 있는 힘'(Said, 1993: xii)과 토착민에 대한 태도를 형성하고 개혁하는 힘에 있다. 이와 관련하여 라센(Larsen)은 '국가를 대표할 수 있는 힘은 국가를 지배하는 힘'이라 이야기했다(Larsen, 2000: 40). 따라서 식민주의는 항상 다른 종류(인종)를 관리하고 '부과, 제한, 규제 및 억압'에서의 다름을 다루는 데 중점을 두고 있다(Quayson, 2000: 112).

어떤 견해로는 식민주의와 같은 민족주의 현상에서 나타난 문화적 및 사회적 함의가 복잡할 수밖에 없으며(Strathern, 1991), 오직 단순화를 통해 이 복잡함이 드러난다고 한다(Quayson, 2000 참조). 따라서 나는 인트라넷 속 장애를 나타내는 인공물을 조사하기 위한 단순한 분석이 무엇인지 설명하고자 한다. 하지만 이 분석 방법 또한 실제 진행되는 식민지화 과정을 포착해야 하기 때문에 복잡하다. 이러한 과정들은 사이버 세계 속의 '타자성에 대한 존재론적 글귀'를 현상학적으로 수축시켜 버린 것(Larsen, 2000)을 비판하게 만들었다(Quayson, 2000: 100). 나는 '사물의 영역'으로서의 사이버 환경 분석에서부터 벗어나 식민지화 과정 속의 '사고의 방식'과 이미지에 대해 토론해 보고자 한다(Quayson, 2000: 100). 나의 주장은 비교적 단순하다. 장애를 나타내는 인공물은 현존하는 담론을 대체한(Larsen, 2000) 현 사회의 의식이 담겨 있는 내용으로 볼 수 있다. 따라서 여기서 형성된 문화적 및 사회적 함의의 복잡성은 이념적으로 사람들을 오해하게 만들어 장애인 권리 의제를 방해하려는 근본적인 목적 때문이다(Larsen, 2000). 식민지 정착 담론에 귀속된 이러한 인공물은 장애인을 비장애인 백인 남성의 하위 계층으로 만들면서 노예화한 역사를 드러낸다. 이러한 인트라넷 공간 속의 장애에 대한 긍정적인 태도와 이미지는 보이지 않는 유령이 되어 사회의 한계 언저리에 머무르게 되었다(Larsen, 2000).

'노예'라는 장애 이미지

식민지화된 공간 속의 이미지는 여러 측면에서 주목할 만하다. 장애인의 별다른 시각적 이미지가 없었다는 것이 이번 연구의 핵심이다. 4,485개의 삽화, 930개의 사진, 59개의 영상을 분석해 봤으나 단지 34개만이 장애와 관련이 있었으며, 보통 신체장애에 관한 내용이었다. 실제로 지적 장애는 글과 그림 어느 곳에서도 찾아볼 수 없었다. 34개의 이미지를 분석해 보면 26.5%는 휠체어 사용자, 그 중에서도 8.8%만이 스스로 휠체어를 사용하였고, 7.7%는 팔다리가 없는 사람, 11.7%는 해적의 이미지였다. 또 여기서 주목할 것은 8.8%가 아동과 관련 있다는 것이다(전체 이미지에서 아동은 0.05%보다 적게 다루어졌다). 그리고 오직 두 이미지만이 장애에 대해 우호적이었다. 그런데 이번 연구에서 눈여겨 볼 것은 많은 양의 학교 이미지(운동장, 교실, 수영 교실, 운동회 등)를 분석했지만 그 속에서 장애 이미지를 볼 수 없었다는 것이다. 이 분석 결과는 대부분의 학교에 다니는 아이가 교육의 결과로 백인, 비장애인 성인 남성의 이미지를 생각한다는 것을 알 수 있게 되었다.

언어를 분석했을 때에는 오직 2개의 텍스트만이 장애에 대해 언급하였다. 첫 번째는 장애를 해적의 이미지로 비유한 전자 서적이다(데이터 중에서도 흔치 않은 이미지였음). 이야기 속에서 관련 인물은 '나쁨'을 표현하기 위해 사용되었다. 이 해적은 작은 체형에 과체중이었고, 볼은 빨갛게 달아올랐으며, 건강해 보이지 않았다. 실제로 몇몇은 그를 보고 심장마비에 걸린 것 같아 보인다고 했다. 그의 팔은 절단되어 나무로 만든 보철물을 사용하였고, 애꾸눈과 '덥수룩한 검은 수염'을 가졌다(Lawson, 2006). 설명된 내용은:

> 대부분의 해적은 (그는) 나무다리를 사용하였고, 그래서 걸어 다닐 때마다 휘청거린 것이다…
> 그들은 (그는) 아주 무시무시한 해적처럼 보이지 않았다.
>
> (Lawson, 2006)

보통 장애인의 이미지는 '사악한' 이미지로 굳어졌다. 하지만 이 해적은 그와 다르게 보다 동정을 이끌어 내고, 우스꽝스러운 이미지를 가졌다(Barnes & Mercer, 2003).

여기서 기억해야 할 것은 그동안 서구 역사 속에서 신체장애(소위 꼽추, 갈고리 손, 나무다리, 애꾸눈)는 사악함과 부패를 비유해 왔다는 것이다(Connor & Bejoian, 2007). 반대로 '좋음'을 비유할 때에는 길게 늘어뜨린 머리와 웃는 얼굴을 가진 천사가 사용되었다. 이렇게 상반된 이미지들은 우리에게 사회와 사회에 대한 태도, 가치에 대해 많은 것을 보여 준다(Connor & Bejoian, 2007). 이후에 이 이미지들은 장애인들에 대해 부정적으로 생각하도록 하는 장애인차별주의의 형태로 나타날지도 모른다.

두 번째 예는 재활치료사가 한 아이에게 휠체어를 보여 주는 이미지이다. 이미지 아래에는 '재활치료사들은 장애아가 독립할 수 있도록 돕는다. 또한 그들이 심한 외상이나 오랫동안 질병을 앓은 이후에 학교로 돌아갈 수 있도록 돕는다.'라는 문구가 적혀 있었다. 여기서 외상과 질병이라는 단어를 사용함으로써 장애를 의료적인 처치를 받지 못한 이미지로 만들었다. 여기서 재활치료사가 장애아를 돕는 것과 그들을 학교로 돌려보낸다는 것을 결합해서는 안된다. 이 글귀는 의료 전문가를 장애인들에 대해 권력을 갖고 통제할 수 있는 지위에 올린다. 즉, 이는 장애에 대한 태도는 물론이고 긍정적인 이미지를 가져다주기는 커녕 오히려 '치료적 돌봄'에서 나타나는 권력의 역동성을 강조했다. 마치 이들의 결정에 의해 아이들이 학교로 돌아가는 것이 결정되는 것처럼 보이게 했다.

이 발견은 매튜 아널드(Matthew Arnold)의 용어 '그동안 알려지고 생각되어왔던 최선의 저장고'가 아니다(Said, 1993: xiii 인용). 오히려 계층화되고 다양화된 인구학 내에서 존재론적으로 구별 짓는 '가설의 등록'과 '식별의 증후'를 제공했다(Quayson, 2000: 100). 이렇게 장애를 미적으로 상품화해 버린 것은 식민주의의 과정을 낱낱이 드러낸다. 선교자들은 '지배권 내의 모든 것에 대해 표현하는 것'을 통제했다(Said가 인용한 필드하우스, 1993: 13). 존재론적으로 말하자면 이곳에 자리 잡은 식민지화 과정은 장애에 대해 '변함없을 지적 기념물'이라는 에이블리스트들의 표현을 합법화해 버린 것이다(Said, 1993: 12). 이 담론은 '식민주의자들의 정신적 태도'를 중언했고, '대안을 생각해 내지 못했음'을 보여 주었으며, 게다가 인구통계학의 통제와 공식화를 드러냈다(Said, 1993: 13). 이러한 영역 속에서 선교사들은 강력하고 긍정적인 장애 이미지를 만들지 못하게 하는 '억압하는 힘'으로 보여질 수 있을 것이다(Quayson, 2000).

논쟁점

여기에 나온 정보들은 공간을 창조할 만한 이야기를 제공하고, 코라(chora)가 선교사들에 의해 어떻게 기하학의 공간에 한 획을 그었는지, 그리고 이때의 선교사들이 발견한 새로운 세계 속에서의 장애는 어떤 것일지 예측 또한 제공하였다. 결국, "기존 질서의 이해를 벗어나는 긍정적인 질서의 해방된 영토를 창조하는 것보다 더 숭고한 것은 무엇인가?"(Žižek, 2009: 116) 문제는 이 식민지 세력이 포르노그래피와 소아성애로부터 안전한 반면에, 다른 측면에서는 이 식민지가 '통제 명령'의 대상이 아니라는 것이다. 이 인트라넷은 식민지 지배 세력에 의해 옛 세계 질서와 사이버 공간을 공략 · 복종 · 묘사하기 위해 '선택적인 전통'(Williams, 1961)을 채택한 주도된 반민주적 공간이 되었다. 선교사로 재창조된 교사들이 전달했던 '문명적이고 억압적인 힘'은 그들이 지배 및 자제에 대하나 식민지 기술의 중점에서 중요한 역할을 맡았던 빅토리아 제국주의 시대를 떠오르게 했다(Pels, 1997: 168). 그들은 지배와 자제의 식민지 기술의 시점에서 독특한 입장을 취했다. 그들은 인트라넷 공간을 통제하기 위해 목록화하고, 채널을 만듦으로써 개척자의 역할을 했다(Deleuze & Guattari, 1972). 공간의 현대성을 창출하면서 지식과 정체성을 심어 놓은 건축 양식을 탄탄하게 했다. 이 건축물의 양식은 지배였고, 건축 재료는 자기기술이었다(Van der Veer, 1995). 1800년대 후반부터 이곳의 선교사들은 열정이 지나친 나머지 토박이들의 열등함(장애)을 (적어도 그들의 눈에는) '문명화'시켰다. 이러한 공간의 몰수(식민지화)는 타인에 대한 위생의 이미지에 기초한 지배권을 유산으로 남겼다(Pels, 1997).

　이 장애 문화유물의 발견은 마음을 불편하게 만들었다. 왜냐하면 이는 인종(또는 아마도 문화) 청소 과정에서 은밀하게 성취한 것이기 때문이다. 이것은 그저 미디어 프로젝트인 게놈이 이 공간[무주지(아무도 소유하지 않은 땅)]을 휩쓸어 제거한 것처럼 보였을 것이다(Meekosha, 2011: 672). 일부 정착민들(새로운 원주민) 중 불법 이민자를 추방하여 사적인 환경을 만들어 냈는데(Auge, 1995), 여기서 토속신앙을 믿고 심리의학을 경멸하면서 나타난 장애의 사회적 상형문자를 발견할 수 있었다. 베트남의 경우 미군이 철수한 뒤로 조상신들이 재분류되었고, 따라서 장애권리가 강했던 조상신은 동굴 속으로 모시거나 버려졌다(Kwon, 출판 예정). 멕시코의 경우 국립 고고학 연구소(Mexico Instituto Nacional de Antropología e Historia)에 의해 수행된 사회 통제는 토박이의 인공물을 위생적으로 제거하고 주민들이 에이블리스트의 사회 지배 아래 교육받게 만들었다. 이 장애 문화유물(상형문자)은 평등이 사라진 피난민이 되었다. 이 미셸 푸코(Michel Foucault)의 철학과 관련된 나병 환자는 위협적이지 않고, 통제되었고 새로 선 그어진 공간 안에 관찰할 수 있도록 배치되었다. 그런 다음에 인트라넷 공간은 영역화되어 지배받게 되었다(Deleuze & Guattari, 1987). 나는 장애가 파블로프 웨스트(Pavlov-West, 2009)의 '아이리쉬 펍(Irish theme pub)'이 되었다는 것을 깨달았다. 이 시골 마을 속의 건물에서 다시금 존재감과 소속감과 관련하여 창조 및 개념화된 장애에 대한 본질과 태도가 잘 드러났다. 이 형식화된 문화 속에서 장애의 구체적인 실재를 나타내지 않으면서(Chiesa, 2009 참조) 현재의 '복잡한 현실에 쉽게 동화될 수 있는 버전'(David, 2001: 141)을 만들었던 축소(생략)의 모티브가 운영되었다.

이 새로운 세계의 이야기는 어둡고 억압적이다. 그러나 나는 이제 이 '장애'를 통제해 왔던 이야기가 인트라넷 환경 속 모든 사람에게, 그리고 그들에 의해 어떻게 다시금 이야기될 수 있었는지 말할 수 있다. 또한 이 식민화된 환경에서 벗어날 수 있는 방법을 제시할 수 있다. 『희망의 유토피아(Utopia of hope)』(Bloch, 1995)의 글귀처럼 폐쇄적인 억압 체계가 열리고 재구성될 것이다. 아직 의식할 수 없지만(Bloch, 1995), 미래에는 평등을 추구하여 이를 달성할 수 있는 국가에서 사회정의를 창조하고, 현존하는 사이버 환경을 합리적으로 바꿀 수 있을 것이다. 이 개혁은 내가 그리는 '희망찬 이미지'이다(Bloch, 1995).

그러기 위해서는 교육이 변화해야 한다. 인권, 민주주의, 평등 그리고 사회정의의 원칙이 재정립되어야 할 것이다. 결정적으로 전자미디어와 인터넷 기술도 발전시켜 모든 아이가 평등하게 학교 인트라넷 사이트를 이용할 수 있어야 한다. 또한 이 사이트는 의무적으로 장애에 대한 긍정적인 태도를 갖도록 해야 한다(Sandhill, 2005). 이렇게 현실에 적용하면서 사이버 공간 속 차별, 평등, '사회 속 취약한 집단의 지위'를 해결해야만 한다(Sandhill, 2005: 1). 모순적이지만 나는 '사이버 공간을 훌륭한 민주주의의 공간'으로 만들기 위해 교육을 더 강압적으로 통제할수록 인권적 문화 민감서잉 더욱 발달할 것이라 생각한다. 여기서 교육은 각 개인이 평등하게 자기결정권을 갖고 스스로 행동할 수 있도록 돕는 것이 바람직

246

Part 3. 장애, 넘어 다리 너머

할 것이다. 하지만 문화적 민주주의를 세우기 위해 필요한 선행조건은 각 개인의 참여권과 더불어 사회적·지적·문화적 소양을 가져야 한다(Bernstein, 1996). 이 새로운 공간을 효율적으로 운영하기 위해서는 인트라넷을 관리하는 선생님이 변화해야 한다. 학교에는 사회 속 지배 관계가 존재한다는 것과 일상적인 사이버 환경 속 습관이 효과적인 교육을 방해한다는 것을 인식해야 한다(Slee, 2001). 나는 이 세상이 인권과 민주주의의 의무를 기초로 한 '현상의 구조'(Clough, 2005: 74)를 뛰어넘는다면 임파워먼트 전략과 장애에 대한 긍정적인 태도를 갖게 하는 데 도움이 될 것이라 확신한다. 여기서 민주주의 의무란 전자미디어를 활용한 교육환경을 조정하는 역할을 의미하며, 이는 점차 중요해질 것이다. 이 공간은 우리의 손아귀에 있지만, 그 핵심을 짚고 취해야 할 필요가 있다.

결론

선교사들과 식민 정부는 가상의 공간에서 '후기현대의 지역적 흐름'을 뛰어넘고, 사실과 다른 진실을 만들어 냄으로써 어쩌면 '내부로부터의 변화'를 야기할 수 있었던 그들의 기능을 방해하는 독특한 기회를 가졌을지 모른다(Žižek, 2009: 33). 이곳은 정치적으로 새로운 공간이며, 무한한 가능성을 가진 공간이었다. 따라서 민주주의, 해방 그리고 심지어 파괴적인 세계도 창조할 수 있었다. 하지만 선교사들의 식민 정책은 인트라넷을 정복하고 선을 그어 '열린 공간의 축소를 기초로 한 현실 속 다수의 목소리'를 지워 버렸다

(Chiesa, 2009: 210). 역사 고고학과 식민주의의 이론 틀을 통해 '장애인 토박이'의 조직과 표현을 분석해 보면 옛 기하학과 더불어 장애인 차별주의를 발견할 수 있었다(Deleuze & Guattari, 1987). 마치 '코딩 머신'(Deleuze & Guattari, 1987)처럼 진행한 식민지화는 '기하학적으로' 새로운 공간을 만들어 냈다. 이 공간은 대안과 형태 그리고 사이버 환경과의 관계를 결정할 수 있었다. 장애는 이러한 현실에 따라 들뢰즈(Deleuzian) 철학을 채택하였고, 이전의 이념적 자아를 뒤따르는 가상의 그림자가 되었다. 따라서 장소와 인물은 인위적으로 분리할 수가 없다. 오히려 주요 원칙이 되어 장소와 인물 간의 관계를 강화하였다. 즉, 장애를 가진 사람들은 그들의 손상이 그들 전체를 표현할 수 있는 조각이 된 것이다(Deleuze & Guattari, 1987). 이 세계는 '오직 그들 스스로 세운 기본적인 규칙'에 따라 세워졌다(Žižek, 2009: 22). 따라서 식민지 관념에서 포착되고, 옛 기하학에 의해 코딩된 이미지는 인구의 동질성을 (재)창출하기 위해 현상학적 축소와 '기관의 동질화 논리'를 강화하였다(Golberg, 2000: 73). 이를 통해 해방의 가능성을 지닌 공간을 없애 버린 것이다(Larsen, 2000; Žižek, 2009). 그러므로 장애의 상징이 되는 남은 인공물은 '식민지배의 흑막의 핵심을 관통하는' '다름과 차이'의 관점으로부터 제외되었다(Golberg, 2000: 73). '여러 다른 종류들의 통일화' 이것은 '흐름과 끊김'을 조상들의 강하고 긍정적인 이미지를 소극적으로 만드는 방식을 고정한다(Golberg, 2000: 84). 이 식민지화된 세계는 주관적인 경험과 객체 유물론을 거부하였고(Žižek, 2008), 장애를 '문화적 현실을 기초로 하여 단계화된 정신적 상태 또는 행동적 성향'으로 만들었다(Benthall, 2008: 1).

선조들의 초기의 침묵(또는 어쩌면 존경의 부족)은 근본적으로로 토박이들을 볼 수 없게 만들었다(Golberg, 2000). 사이드(Said)에 의하면 '표현의 예외론(representational exceptionalism)'(Golberg, 2000) 과 같은 생각들을 학교 교육이 '확인하지 않고 무비판적으로 수용하여 세대에서 세대로 복제되어 반복할 것'이라 의심하였다(Said, 1993: 20). 만약 이 새로운 세계의 주민들(그 환경을 탐구하는 아이들) 이 지금처럼 관념적인 형태에 계속해서 남아 있다면, 도대체 장애에 대한 그들의 태도에 어떤 영향을 미칠지 묻고 싶다.

참고문헌

Auge, M. (1995). *Non-places: Introduction to an Anthropology of Supermodernity*. London: Verso.

Agamben, G. (1998). *HOMO SACER, Sovereign Power and Bare Life*. California: Stanford University Press.

Bachelard, G. (1994). *The Poetics of Space*. Boston: Becon Press.

Barnes, C., & Mercer, G. (2003). *Disability*. Cambridge: Polity.

Benthall, S. (2008). *Popper's Third World*. Online. Available http:// interrationale.wordpress.com/popper (accessed 6 September 2013).

Bernstein, B. (1996). *Pedagogy, Symbolic Control And Identity: Theory, Research, Critique*. London: Taylor Francis.

Bloch, E. (1995). *The Principles of Hope*. volume 2. Cambridge: MIT Press.

Chapman, M., McDonald, M., & Tonkin, E. (1989). Introduction. In E. Tonkin, M. McDonald. M. Chapman (Eds), *History and Ethnicity*. London: Routledge.

Chiesa, L. (2009). The world of desire: Lacan between evolutionary biology and psychoanalytic theory. *The Yearbook of Comparative Literature*, 55, 200-225.

Clough, P. (2005). Exclusive tendencies: concepts, consciousness and curriculum in the project of inclusion. In M. Nind, R. Rix, K. Sheey & K. Simmons (Eds), *Curriculum and Pedagogy in Inclusive Education: Values into Practice*, Buckingham: OUP.

Connor, D., & Bejoian, L. (2007). Crippling school curricula: 20 ways to teach disability, The *Review of Disability Studies: An International Journal*, 3(3), 3-13.

David, R. (2001). Representing the Inuit in contemporary British and Canadian juvenile non-fiction. *Children's Literature in Education*, 32, 139-153.

Deleuze, G., & Guattari, F. (1972, *Anti-Oedipus: Capitalism and Schizophrenia*. New York: Viking.

Deleuze, G., & Guattari, F. (1987). *A Thousand Plateaus*. London: Continuum.

Delle, J. (1999). The landscapes of class negotiation on coffee plantations in the Blue Mountains of Jamaica, 1790-1850. *Historical Archaeology*, 33(1), 136-158.

Funari, P. A., Jones, S., & Hall, M. (1999). Introduction: archaeology in history. In P. Funari, S. Jones & M. Hall (Eds), *Historical Archaeology-Back from the Edge*. London: Routledge.

Golberg, D. T. (2000). Heterogenity and hybridity: colonial legacy, postcolonial heresy, in H. Schwarz & S. Ray (Eds), *A Companion to Postcolonial Studies*. London: Blackwell.

Goodley, D. (2007). Becoming rhizomatic parents: Deleuze, Guattari and disabled babies. *Disability and Society*, 22(2), 145-160.

Joseph, J. W. (1993). White columns and black hands: class and classification in the plantation ideology of the Georgia and South Carolina low. *Historical Archaeology, 27*(3), 57-73.

Kwon, H. (n.d.) *Writing an International History from a Village Ethnography*. Online. Available www.lse.ac.uk/anthropology/events/ Conference/Pitch%20of%20Ethnography/Writing_an_International_ History_from_a_Vilage_Ethnography.pdf (accessed 6 September 2013).

Kuppers, P. (2003). *Disability and Contemporary Performance: Bodies on Edge*. Abingdon: Routledge.

Larsen, N. (2000). Imperialism, colonialism, postcolonialism. In H. Schwarz and S. Ray (Eds), *A Companion to Postcolonial Studies*. London: Blackwell.

Latour, B. (2010). *On the Modern Cult of the Factish Gods*. London: Duke University Press.

Lawson, A. (2006). Captain Silverspoons and His Missing Earring. Online. Available http://alanlawson.co.uk/creativewritingpage/captain-silverspoons/captain-silverspoons-and-his-missing-earring/#. U3x0mdJdWSo (accessed 21 May 2014).

Meekosha, H. (2011). Decolonising disability: thinking and acting globally. *Disability & Society, 26*(6), 667-682.

Meskell, L. (2007). Falling walls and mending fences. Archaeological ethnography in the Limpopo. *Journal of Southern African Studies, 33*(2), 383-400.

Orser, C. E. (1990). Archaeological approaches to new world plantation. *Archaeological Method and Theory, 2*, 111-154.

Pavlov-West, R. (2009). *Space in Theory: Kristeva, Foucault, Deleuze (Spatial Practices)*. Amsterdam: Rodopi Numb.

Pels, P. (1997). The anthropology of colonialism: culture, history, and the emergence of western governmentality. *Annual Review of Anthropology*, 26, 163-183.

Pinto, D. (2004). Indoctrinating the youth of post-war Spain: a discourse analysis of a Fascist civics textbook. *Discourse & Society*, 15(5), 649-667.

Quayson, A. (2000). Postcolonial and postmodernism. In H. Schwarz & S. Ray (Eds), A *Companion to Postcolonial Studies*. London: Blackwell.

Radune, R. A. (2005). *Pequot Plantation: The Story of an Early Colonial Settlement*, New York: Research in Time publications.

Roux, V. (2007). Ethnoarchaeology: a non-historical science of reference necessary for interpreting the past. *Journal of Archaeological Method and Theory*, 14(2), 153-178.

Said, E. (1993). *Culture and Imperialism*. London: Vintage.

Sandhill, O. (2005). *Strengthening Inclusive Education by Applying Rights-based Approaches to Education Programming*. paper presented to ISEC 2005. Scotland: University of Strathclyde.

Shields, R. (1997). *Ethnography in the Crowd. The Body, Sociality and Globalisation in Seoul*. Online. Available www.ualberta.ca/~rshields/f/focaal.html (accessed 6 September 2013).

Slee, R. (2001). Driven to the margins: disabled students, inclusive schooling and the politics of possibility, *Cambridge Journal of Education*, 13(2), 385-397.

Strathern, M. (1991). *Partial Connections*, Oxford: Rowman and Littlefield.

Van der Veer, P. T. (1995). *Nation and Migration: The Politics of Space in the South Asian Diaspora*, Philadelphia: University of Pennsylvania Press.

Whitehead, N. L., Heckenberger, M. J., & Simon, G. (2010). Materializing the past among the Lokono (Arawak) of the Berbice River Guyna. *Anthropology*. 114, 87–127.

Williams, R. (1961). *The Long Revolution*. London: Chatt.

Žižek, S. (2008). *Organs without Bodies–Gilles Deleuze*. Online. Available www.lacan.com/zizisolation.html (accessed 1 September 2010).

Žižek, S. (2009). *In Defense of Lost Causes*. London: Verso.

12. 창조적인 과목?

예술교육 및 장애에 대한 비판적 기록

클레리 핀케스(Claire Penketh)

이번 장에서는 30년 넘게 발행된『예술 및 교육에 대한 국제 저널(International Journal of Art and Design Education: IJADE)』을 통해 예술교육과 장애 사이의 상호관계를 탐구하여 장애에 대한 사회적 태도의 범위에서 비판적인 기록을 제공할 것이다. 여기서 우리는 예술교육의 '문제' 장애 연구 관점을 적용할 것이며, 개인적으로는 이전부터 진행해 온 모든 학습자를 위한 예술교육의 의미와 역할에 대해서 탐구할 것이다. 또한 예술교육에 대해 글을 쓰면서 장애에 대한 신념과 태도를 조사함으로써 특정 교과과정 및 교육학 관행에 내재된 예외적인 과정에 대한 정보를 얻으려 한다(Moore & Slee, 2012).

데이비드 볼트는 루트노드 출판사의『장애학 핸드북(Routledge

Handbook of Disability Studies)』에서 문화 연구를 통해 장애에 대해 깊게 이해할 수 있는지, 반대로 장애 연구를 통해 문화에 대해 깊게 이해할 수 있는지 질문했다(Bolt, 2012). 여기서 이러한 상호관계는 예술교육의 독특한 교육 맥락과 관련하여 논의된다. 이번에 나는 예술교육에 대한 연구가 장애에 대해 얼마나 깊게 이해할 수 있게 하는지 그 범위에 대해 탐구하게 되었는데, 개인적으로는 이와 반대의 영향도, 즉 장애 연구가 예술교육에 대한 우리의 이해를 높일 수 있는지에 관심이 있었다. 이러한 생각은 교육에 대한 예술의 독특한 기여에 대한 나의 끊임없는 관심을 드러내게 해 주었으며, 기존의 태도와 관행에 대해 의구심을 갖는 것은 교육의 태도를 변화시키는 데 유용한 출발점이라는 생각을 하게 해 주었다. 이번 장에서는 예술교육과 장애의 접점에서 시간의 흐름에 따라 나타난 담론을 통해 사회적 태도의 변화를 탐구하고자 한다. 따라서 목표는 예술교육과 장애의 접점에서 나타난 담론이 어떻게 진화했는지 탐구하는 것이고, 이를 위해 전제해야 할 것은 이미 존재하는 태도를 조사하는 것이다.

현재와 미래의 예술교육자들을 위한 책에서는 특수교육 욕구라 불리는 학습자에 초점을 둔 것으로 보인다. 이 같은 책에서는 개인의 특정 욕구를 확인하는 것에 관심을 두며, 특정 교육학 개입, 욕구의 범주, 병리학적 학습자를 '포함시키느냐'는 문제에 대해 다뤘다. 또 그들의 특수한 지위와 예술교육에 대한 개입의 필요성을 절대적으로 수용했다는 내용도 담았다. 이런 책에서는 예술교육에 문제가 되지 않는 표현을 제공하고, 예술교사들이 장애에 대해 어떻게 생각하는지 또는 생각하지 않는지를 보여 준다. 예를 들어, 특수 장애에 기초한 '포괄' 전략(Earle & Curry, 2005)은 장애와 예술교육 속에서 문제가 될 만한 표현을 만들어 냈다. 자칫 보기에는 이 실용적인 해결책이 예술교육의 역할과 성격에 대한 가정을 촉진시키고 장애에 대한 종합적인 태도를 강화시키는 것으로 볼 수 있다. 이 접근법에서 뚜렷하게 드러난 병리학적 관점에 대한 우려는 이번 장에서 또 다른 시작점을 제공한다. 즉, 특수교육 욕구를 인식하여 함께 가르치는 접근법의 한계를 인식하게 된 것이다(Moore & Slee, 2012: 230). 이 접근법은 장애가 있는 학습자의 '관행적인 문제'에 대한 규정만 있고, 미래의 교사들은 현 커리큘럼 정책, 교육학, 사정 관행에 대해 거의 문제제기를 하지 않는다. 따라서 IJADE에서는 주류와 비주류를 포함한 예술교육환경에 대한 논문을 작성하였다. 이러한 국제적 관점의 작업은 장애가 예술교육에 관한 글을 통해 시간이 지남에 따라 개념화되었다는 방식에 대해 질문을 던지게 한다.

이러한 맥락에서의 예술교육은 의무교육에서의 시각 및 촉각 예술을 의미한다. 전통적으로 예술교육은 시각 중심으로 진행되었지만 현대 관행을 도입하려는 움직임으로 인해 더 광범위한 방법(예: 비디오 설치, 공연예술, 글과 레디 메이드를 이용한 개념예술작품)이 도입되었다. 예술을 통해 창의적인 과정에 참여하는 것은 필수적인 교육 실습으로 묘사되어 왔으며, 시간이 지남에 따라 많은 저자가 예술 활동과 독창성 학습의 중요성을 알게 되었다(Read, 1970; Brice-Heath, 2000; Eisner, 2002; Ruskin, 2007; Hickman, 2010). 따라서 문맥 연구 또는 시각적 연구로 묘사되는 예술, 공예 및 디자인에 대한 지식과 이해 또한 영국, 유럽, 미국의 커리큘럼의 핵심 요소로 포함되었다.

 예술교육은 전통적으로 수준 높은 미술 실습을 통한 실용적인 기술과 조절의 개발과 관련되어 왔다(Penketh, 2011). 하지만 예술을 통한 교육은 강력한 교육학 도구가 될 수 있다는 인식이 있으며, 이를 통해 그들 자신의 문화적 정체성에 대한 중요한 아이디어에 참여하게 함으로써 청소년의 삶을 변화시킬 수 있다(Dash, 2005; Johnston, 2005). 여기에는 개개인의 창조적인 생산과 특정 기술의 복제에 대한 요구 사이의 긴장에 관해 지금까지도 논쟁이 계속되고 있다. 여기에 관하여 아서 휴스(Arthur Hughes, 1998)는 젊은 사람들에게 있어 가치나 의미가 없는 옛 예술 관행에 대해 질문을 던졌다. 더 최근에는 정체성 작업에 대한 예술교육의 중요성을 인식하면서 현대 미술을 탐구하고 비판적인 사회적 실습으로 예술교육에 참여하는 움직임을 보이고 있다. 앳킨슨(Atkinson)과 대시(Dash)는 예술교육이 잠재적으로 비판적인 사고를 키우는 교육의 수단이 될 수 있다는 점과 교육자와 학습자 모두에게 재편되는 교육체계 사이의 연결점에 대해 논의해 왔다(Atkinson & Dash, 2005: xii).

 줄리 앨런(Julie Allan)은 예술 실습이 그녀가 요구하는 '전술적 도전과 저항'의 기회를 제공하고, 이를 '학내 규율'에 대한 해방으로 표현했다(Allan, 2008: 86). 하지만 예술교육 또한 그저 복제를 이끌 뿐 '진짜' 배움과는 거리가 먼 규율에 지나지 않았다(Atkinson, 2001). 예술교육을 통해 잠재적으로 비판적 실천은 가능하다. 영국에서는 별로 나타나지 않았지만, 미국의 작가들(Blandy, 1994; Derby, 2011; Wexler, 2011)은 장애학 연구와 관련된 비판적 사회 실천과 미술교육 사이의 연결점을 만들어 왔다. 따라서 예술교육과 장애를 연결시키려는 현재의 논의는 예술교육의 복잡한 사회정치적 맥락과 (특히, 영국)학교 교과과정에서 예술을 위한 중요하고 의미 있는 논쟁이 계속되고 있음을 인식하고 있다(Adams, 2013).

『IJADE』학술지의 장애 논쟁

『IJADE』는 예술과 디자인 교육에 초점을 맞춘 국제 상호 심사 저널이다. 1982년에 첫 발간을 한 이 저널은 미술과 디자인 교육학을 증진하기 위해 1944년 영국에서 세워진 예술과 디자인 분야의 교육 학회(the National Society for Education in Art and Design: NSEAD)의 업무와도 밀접하게 관련되어 있다. 이 저널에서의 연구논문들은 예술 및 디자인 교육 연구의 발전에 관한 논의를 바라보는 데 통찰력을 제공한다. 나는 예술 및 디자인 전공으로 대학원 교육 과정 중에『IJADE』를 읽기 시작했고, 지금은 공동편집자 중 하나로 참여하고 있다. 따라서 여기에는 자전적인 이야기도 담겨 있다. 그렇기에 특정 담론에 대한 분석과 논문 선택이 중복되는 경우가 있는 것을 감안해야 한다(Rose, 2012: 197).

내가 처음 연구를 진행할 때, 비록 장애 탐구에 덜 명확한 주제에 초점이 맞춰졌지만 14개의 논문을 확인했다. 그것들은 첫 번째 장이 쓰인 지 4년 후 출판된『정신장애인의 진짜 예술(original art of mentally-handicapped people)』(Timmerman, 1986)을 시작으로, 2011년에 출판된『난독증과 제작소: 이론과 실천의 격차 메우기 (Dyslexia and the studio: bridging the gap between theory and practice)』

까지였다. 지난 30년 동안 900개가 넘는 논문들이 출판되었고 이 중 14개 정도가 장애에 대해 명확한 언급이 있는 논문이었다. 여기서 나는 다른 논문 속에 장애에 관련되어 숨겨진 내용을 찾기보다는 확인된 논문들의 범위와 유형에 대해 중점적으로 조사하려고 한다.

난 이번 장의 이론적 틀에 미셸 푸코의 업적을 끌어왔다. 특히, 지식이 생산·재생산되는데 규율이 얼마만큼 영향을 끼치는지 질문했던 그의 작업을 살펴보았다(Foucault, 1991). 그의 작업 과정은 지식의 틀을 창조하고 설명한다는 면에서 고고학과 유사하다(Foucault, 1980: 81-82). 이 '틀'은 그간 창조되었던 담론들을 고려했을 때 굉장히 매력적인 아이디어이다. 푸코의 '생각의 체계'는 예술교육 탐구를 통해 장애에 대한 '지식'을 끌어오는 방법과 반대로 장애의 표현을 통해 예술교육의 지식을 끌어오는 방법을 생각하게 해 주었다. 푸코의 탐구방법은 권력·지식의 정보가 서로 관련이 있음을 전제하고 있다. 권력은 위에서부터 휘둘러지는 것이 아닌 사람들 또는 조직 간의 복잡하게 얽힌 관계의 일부분이다(Foucault, 1991). 상호 심사 저널을 통해 출판된 작업물들은 '공적 지식'의 특정한 형태로 구성되어 있다. 이 전문적이고 학문적인 지식은 담론에서 추출된 것이고, 이후 공적 지식이 된다. 푸코는 공적 지식의 형태가 다른 이들을 방해한다고 인식했다. 그는 정복된 지식은 불분명한 출처를 가지기에 역사적 지식의 가림막이라며, 이는 결국 밝혀질 수 있다고 했다(Foucault, 1980: 81-82). 중요한 것은 이러한 공적 지식의 형태 또한 병리학을 이상으로부터 구분하면서 표준화의 도구로 활용된다는 것이다. 따라서 다른 이들을 지배하고 복종시킨 담론은 폭로되었다. 이후 예술교육에 중점을 두었던 저널에서의 장애의 표현은 예술교육의 본질에 대한 주장을 강화하기 위한 도구(하위 텍스트)가 될 수 있다.

14개의 논문은 예술교육에 집중하고, 장애의 표현은 하위 텍스트로 존재했다. '생각의 체계'는 우리들로 하여금 난해하고 강압적인 권력을 발휘했던 학내 지식의 형태에 대해 의문을 갖게 하였다. 이렇게 수많은 출판물 가운데 중점은 바로 장애가 있는 학습자의 참여를 독려하기 위해 고안된 일부 프로젝트와 함께 학교 및 갤러리 환경이 예술교육에 포함되느냐 마느냐이다(Corlett, 1994; Candlin, 2003; De Coster & Loots, 2004; Penketh, 2007). 헤르몬(Hermon)과 프렌티스(Prentice, 2003)는 다름을 인정하도록 독려하고, 표현의 형태에 질문하고, 정보를 확인했다. 그들의 프로젝트는 '경계 부수기'로 정의되며(Hermon & Prentice, 2003: 269), 특수교육 지위의 결과로 낙인을 경험한 학습자들을 위해 선입견(이미지, 정체성)에 도전할 기회를 제공했다. 비록 촉각의 경험이 시각장애인들에게 보상의 경험으로 여겨진다 해도 시각적 참여가 지배적이었던 갤러리와 박물관의 관습은 도전을 받게 되었다(Candlin, 2003). 이 논문들은 예술교육을 제공하는데 있어서 불공평성을 인식하고 접근성 문제를 다루기 위해 노력하였지만, 그들은 '전문가' 예술교육자와 '포함된' 학습자 간의 거리를 확인하면서 '베일에 싸인 피험자'에게 하는 것처럼 보이도록 했다(Garland-Thomson, 1997: 8). 타인을 포함시키고자 하는 것은 자칫 우리가 그간 저항하려 했던 타인화의 공범자로 우리를 만들어 버릴 수 있다(Graham & Slee, 2008). 하지만 이러한 관심은 최소한 다른 누군가가 학습자의 범위에서 제외되었던 관행을 인식하게 해 준다. 따라서 남은 담론의 주요 초점은 어떻게 표준화 과정(덜 인식되는 것처럼 보였던 본래의 장애 담화)에 의해 예술교육이 촉진되었는지에 있다.

표준화 과정

『클리닉의 탄생(The Birth of the Clinic)』에서 푸코는 의학적 관점에서 본 지배의 중심을 "알고 결정하는 눈이 지배하는 눈이다."라고 묘사했다(Foucault, 1976: 88). 이러한 지식의 형태는 전문적 지식 및 관찰에 의한 것으로 전문가의 권력에 의한 제도화된 정보 및 지식과 연관되어 있다. 관찰은 다름을 확인하는 데 있어서 중요하며, 따라서 관찰자는 '항상 예외를 받아들여야한다'. 이러한 담론과 관련된 수많은 논문에서 저자들은 학습자와 다른 이들의 관찰자이며, 그들의 예술 활동과 작품을 보고 '다름, 다양성, 이상함'을 인지하게 되었다. 바로 이 부분에서 전문가들의 관찰과 비교로부터 만들어진 전문가의 지식이 권력이 된 것이다(Dowling, 1994). 그렇게 예술활동은 다름과 이상함을 감시하고 확인하는 과정이 되었다. 전문가의 시선이 우선시됨에 따라 전문가의 판단이 지배하고, 이러한 상황이 학습자의 '잘못된' 관찰에 의해 강화되었다.

특히 그림을 그리는 활동은 인간의 배움의 능력에 의해 표준화된 판단이 이뤄지는 증거이다. 그렇게 그림을 그리는 것은 병리학을 보여 주는 장소가 되었다. 여기서 교육과 의학의 경계가 불분명해졌다. 이제 그림을 미학적으로 볼 뿐만 아니라 의학적으로도 보게 된 것이다. 논문『뇌의 잘못된 부분을 그린다는 것: 비언어적 학습장애를 인지하기 위한 교사의 사례(Drawing on the wrong side of the brain: an art teacher's case for recognising non-verbal learning disorders)』(Warren, 2003)에서는 이렇게 불분명하게 되어 버린 활동과 진단 사이의 경계를 보여 준다. 저자는 이 특정 '장애'에 조금 더 관심을 두었고, 예술 강의가 우뇌 속의 '창'과 같이 관찰하는 진단의 역할을 한다고 주장했다(Warren, 2003: 332). 이러한 가짜 과학과 더불어 최근의 논문[난독증 학생에 대해 탐구한 논문(Alden & Pollock, 2011)]에서는 장애의 의학적 정의를 보강하여 병리학적 학습자의 정의를 합법화시켰다. 예술교육의 가치는 이 가짜 과학 및 진단의 가치로 인해 강화된 것처럼 보이며, 타인화 과정의 공범으로 만들어 버렸다. 그래도 이러한 맥락에서 이 과정은 비록 무의식적이었지만 예술이 어떻게 그리고 왜 배워야 하는지에 대한 우리의 이해를 강화하기 위해 효과적으로 사용되었다.

월든(Alden)과 폴록(Pollock), 워런(Warren)은 그들의 논문에서 탐구해야 할 학문적 지식은 텍스트와 이미지 둘 모두를 읽어야 한다고 했다. 학습자의 사진과 예술작품의 예는 텍스트에 제시된 내용의 '진실'을 강조한다. 예를 들어, 창의적 실습의 이미지는 창조적인 성장과 교육의 증거를 제공할 뿐만 아니라 학습자의 병리를 정의하는 예술교사의 전문지식으로 사용되기도 한다. 사진과 예술작품은 사회적으로 생산된 것으로 묘사될 수 있다. 심지어 활동이 개인의 창의적인 활동을 표현한 것처럼 보이더라도 본래의 예술작품은 권위에 의해 본래의 의미를 잃곤 한다. 푸코는 무언가를 보이도록 만드는 것은 시각화 또는 마스크의 역할을 한다고 주장했다(Rose, 2012: 193). 예를 들어, 다울링(Dowling, 1994)의 그림은 '보통 수준의 학습이 어려운' 아이들을 대상으로 발달 장애의 정도를 확인하기 위해 사용되었다. 그림 속 리버풀의 가톨릭 성당은 실제 사진과 함께 재현되어 그림의 공간적 표현의 '오류'를 보여 준다. 이를 통해 설득력 있는 '진실 효과'와 함께 학습자가 장애가 있음을 확인하는 증거로 만들어 버린다. 이러한 현상은 영(Young, 2008)과 테일러(Taylor, 2005)의 사진에서도 드러나는데, 이들이 행한 예술의 과정은 기술을 통한 것이라는 이유로 '지원받은 학습자'로 만들어 버려 창조적인 예술실천가로서의 그들의 존재를 부정하였다. 이후에 테일러의 논문을 예로 들어 더 구체적으로 다룰 예정이다.

다른 논문에서는 창조적인 발달의 예시가 되는 학습자의 그림이 학습자의 병리학을 의미하며, 예술교육이 비정상을 드러내는 잠재성을 가진 것처럼 보인다. 티메르만(Timmerman) 연구의 참여자 중 하나인 야프는 '과묵하고 발달장애가 있는 45세 거주자'로 표현된다(Timmerman, 1986: 120). 티메르만은 야프 스스로 다양하고 창의적인 활동에 계속해서 집중하고 있다고 주장했다(Timmerman, 1986: 120). 야프의 그림은 글로 풀어내는 것이 불가능하다. 이것은 예술 교육자의 간섭에 의해 그저 장애를 가진 학습자의 작품에 지나지 않기 때문이다. 비록 야프의 작품의 '의미'가 불분명할지라도 (작품에 의미를 부여하는 것은 작가와 독자이기 때문에) 어느 정도 명료하여 야프의 창조적인 잠재성을 엿볼 수 있다. 따라서 야프의 '진정한' 창의적인 작품을 인정하는 것은 예술교육의 가치가 담긴 작가의 설명을 통해 신뢰성이 추가됨으로써 이루어진다. 능력과 장애의 정의는 '두서없는 시각화'의 과정에 의해 생성되고 강화된다. 이 '과묵하고 발달장애가 있는 중년' 남성이 만든 작품은 우리의 창조에 대한 표준화된 생각에 영향을 끼치게 되었다. 이와 비슷하게, 다울링(Dowling)이 보여 준 '학습장애가 있는' 아이들의 '비정상적인' 그림은 표준화된 관점을 강화시켰다.

　창의적인 활동은 의사소통의 보상 방식, 감정의 출구, 또는 기술 개발로 설명된다. 여기서 학습자는 창조적인 실천이라는 특정한 욕구를 가졌기에 장애를 가진 것으로 강조되며, 장애인 학습자가 창조한 부산물은 예술교육의 보편적인 욕구를 추구한 것으로서 축하받을 만한 일이 된다. 세이건(Sagan, 2009)은 예술교육과 정신건강에 대해, 그 중에서도 예술 활동이 의사소통의 의미로 인식되는 것에 대해 조사하였다. 이는 일종의 치료적 완화 및 불행을 이겨 내는 빛, 그리고 정신건강과 관련된 어두운 부분으로 그려졌다. 예술 활동은 '아픈' 개인에게 효과가 있는 것으로 여겨졌다. 이는 예술 종사자와 그들의 활동을 그것이 가진 심미성, 교육성을 무시한 채 그저 치료적 효과로만 여기는 '폐쇄된 고리' 속에 가두어 버린 것처럼 보인다. 세이건은 학생의 작품 두 개를 예로 들었다. 하지만 그 예 속에는 맥락적인 정보가 거의 없었고 이 활동의 교육성 또한 찾기 힘들었다.

　페인(Paine, 1997)은 자폐증을 가진 환자의 '초기 강박증이 드러나는 그림'을 탐구하였다. 이때의 예술 활동은 그들의 두려움과 불안을 해소하는 활동이었다. 여기서 정의한 '강박의 그림'은 강박증을 진단하고 다른 결핍을 보상해 주기 위한 의사소통의 수단으로 제공된다. 하지만 초기의 강박의 그림은 예술교사의 통제를 벗어 났으며, 예술 활동은 과도한 것이고 따라서 일탈적인 것으로 간주 된다. 이제 어른으로서, 실천적 예술가로서의 지위에 따라 합법화된 자폐증을 가진 사람들도 예술 활동을 인정받을 수 있다. 하지만 이들의 작품 활동이 지속적·자율적으로 가능한가 보았을 때 그리 희망이지 않아 보인다. 형식화된 교육 과정에 기타를 포함시켜야 하는 명령은 주류의 의무교육 밖에 존재하는 예술 활동을 인정하자는 주장에 대한 보상으로 해석될 수 있다.

삭제된 활동들

고려했던 대부분의 논문은 장애인 학습자를 위한 예술교육이 차이, 지원, 보상 또는 재활을 확인하기 위한 장소가 되는 표준화 과정과 관련이 있다. 나는 이 사실이 특수교육적 욕구의 영역에서 장애에 대한 비판적 담론이 나타나지 않도록 작용했음을 주장한다. 그중에서도 IJADE의 특수교육 담론이 관계 차원 또는 '담론 형성'을 증명했다는 것이 나의 주요 주장이다(Rose, 2012: 191). 장애인 학습자와 예술교육은 예술교육에 대한 접근과 포용의 이슈를 높이기 위해 모두 해결되어야 할 실용적이고 기술적인 문제로 나타난다. 중요한 것은 이 담론의 지배력이 학습자와 피험자 모두의 힘을 약화시키는 것처럼 보인다. 이번 장의 마지막 부분에서는 어떠한 방법에 대해 자세히 조사할 것인데, 그 방법이라 하면 표준화 담론 작업의 일환으로 지원에 초점을 맞추어 장애가 있는 학습자와 그의 행동을 지워 버리는 것이다. 그러므로 나는 테일러(2005)의 논문『시각적 언어의 발전에서의 접근과 지원: 예술교육과 장애 학생(Access and support in the development of a visual language: arts education and disabled students)」을 다시 살펴보려 한다.

테일러는 3명의 학습자 조, 샘, 앤서니의 경험에 초점을 두고 당시(후기 16 교육) 장애학생의 예술 제작을 지원하는 기술 도입 및 기술 지원자의 사용에 대해 설명하였다. 테일러는 기술 지원자 및 ICT의 사용을 통해 '장애학생이 시각예술에 대한 원활한 접근'을 할 수 있어 '장애 학생의 특별한 경험'을 표현할 수 있다고 주장했다(Taylor, 2005: 325). 〈상호작용하는 화이트보드를 사용하는 조〉라는 사진은 제작 또는 창조보다 작품 그 자체와 조의 '사용한다'는 구체적인 의미에 집중하고 있다. 두 번째 이미지는 기술 지원자와 함께 작업하는 앤서니를 보여 준다. 기술 지원자는 전경에서 철조망 조각을 조작하고 있으며, 앤서니는 배경에서 관찰·감독하고 있다. 두 학생은 모두 도움을 받은 학습자이며, 무엇을 그리고 왜 생산하는 데 도움을 받는지 별로 관심이 없다. 오직 샘만 기술 의존에 대해 적나라하게 표현되었다. 테일러는 이에 다음과 같이 설명했다.

> 그녀의 예술 작품 제작은 디지털로 조작할 수 있는 전통적으로 물질을 생산해 내는 표식과 디지털 및 렌즈 기반 미디어에 의존하고 있다.
>
> (Taylor, 2005: 330)

이를 달리 표현하면, 샘이 디지털 기술을 전문적으로 사용한다고 설명할 수도 있다. 샘의 사진은 보이지 않는다. 그녀의 사진은 그녀처럼 볼 수 없을 뿐만 아니라 말할 수도 없다. 소통할 수 없는 그녀의 뚜렷한 무능력은 그녀의 예술 활동 참여의 커다란 한계로 존재했으며, 이를 통해 우리는 학생과 기술 지원자가 친하지 않아 의사소통이 잘 되지 않으면 '시간을 극단적으로 소비하고, 오해할 수 있음'을 알 수 있다(Taylor, 2005: 330). 테일러는 예술작품 제작을 위해 ICT 사용을 강조한 반면, 샘의 작업에 대해 별다른 인식이 없었으며, 이는 그녀가 극복해야 할 일련의 기술적인 문제로 보았다. 그녀는 무엇을 만드는가? 왜 그녀가 그것을 만드는 것인가? 무엇을 보거나 느끼는가? 그게 무엇을 뜻하는가? 샘의 작업과 창작자로서의 그녀의 정체성은 삭제된다. 테일러는 다음과 같이 기술한다. "샘과 다른 많은 장애학생은 기술과 지원을 통해 물리적 한계를 극복함으로써 창조적 아이디어를 실현할 수 있다"(Taylor, 2005: 330). 그러나 샘에 대한 이러한 표현은 예술에 종사하는 그녀의 능력에 대한 우리의 인식에 영향을 미친다.

여기서는 예술교육에 대한 표현과 물리적인 생산 기술에 중점을 두고 있다. 이렇게 제한적인 장애의 표현은 예술교육의 개념화와 창의적 실천의 실현보다는 기술 생산에 관심을 갖는 과목으로 좁은 관점을 강화시킨다. 창조적인 피험자인 조, 샘, 앤서니를 부정하는 것은 예술교육의 축소된 형태를 보여 준다.

결론

이번 장에서는 예술교육과 장애에 관한 글을 살펴보았다. 예술교육에 대한 글쓰기가 장애에 대한 특정한 생각을 반영하고 재생산한다는 인식을 높이는 데 주력하였다. 또한 여기서 다룬 많은 사례는 특수교육의 인식론을 강화시키는 데 이바지했음을 인식하게 하는 데에도 노력하였다(Moore & Slee, 2012). 비록 앳킨슨과 대시 (2005)는 비판적 및 사회적 실천으로서 예술교육을 옹호하였지만, 이것은 결국 인종, 계급, 성별에 더욱 직접적인 사회 체계를 강조하는 것처럼 보였으며, 장애에 관련한 일에 대한 비평을 피하게 만든 건 아닌지 의심하게 되었다(Bolt, 2012). IJADE에서의 예술교육과 장애의 교차점은 장애인 실천가, 장애인 예술 교육자 또는 장애 예술의 변화무쌍한 잠재력에 우선권을 받을 수 있는 영향력을 제공해 주었다. 나는 예술교육자들이 특수교육적 욕구의 한계와 장애의 정치를 넘어선다면 비판적인 사회적 실천의 유용한 예를 발견할 수 있다고 생각한다.

이 책은 '태도'는 변화될 수 있고, 정치사회적 맥락에 의해 형성되거나, 정치사회적 맥락을 형성할 수도 있다는 점을 강조한다. 초기 논문에서 사용된 일부 언어가 이제는 받아들일 수 없는 것으로 여겨지는 것은 놀랄 일이 아니며, 이러한 관점은 장애를 표현하는 데 있어 변화를 반영한다. 한편, 우리는 장애인을 비정상적이고 불완전하게 표현하고, 특히 예술교육에 있어서 이들에게 '특별한' 선물이 필요하다고 이야기한 IJADE의 최근 연구에 의문을 제기해야 한다. 가장 중요한 것은 미래의 예술교육자들이 장애인 학습자의 욕구를 특수한 것으로 생각하는 것이 문제임을 아는 것과 학습자와 선생님이 이러한 표준화된 학습 방식이 문제임을 인식해야 한다는 것이다. 예술교육은 실용적이고 창의적인 표현을 통해 학습자의 정체성을 개발하는 가치를 갖고 있다. 따라서 우리는 이를 잘 활용하여 학습자들의 정체성을 개발할 수 있도록 해야 한다. 이는 미술교육자가 중대한 장애학 연구를 이해하고 그들의 연구 및 교 육학 실천에 응용할 수 있음을 의미한다.

참고문헌

Adams, J. (2013). Editorial: the English baccalaureate: a new philistinism?. *International Journal of Art and Design Education*, 32(1), 2-5.

Alden, S., & Pollock, V. L. (2011). Dyslexia and the studio: bridging the gap between theory and practice. *International Journal of Art and Design Education*, 30(1), 81-89.

Allan, J. (2008). *Rethinking Inclusive Education-The Philosophers of Difference in Practice*. Dordrecht: Springer.

Atkinson, D. (2001). Assessment in educational practice: forming pedagogised identities in the art curriculum. *The International Journal of Art and Design Education*, 20(1), 96-108.

Atkinson, D., & Dash, P. (2005). *Social and Critical Practices in Art Education*. Stoke on Trent: Trentham.

Blandy, D. (1994). Assuming responsibility: disability rights and the preparation of art. *Educators Studies in Art Education*, 35(3), 179-187.

Bolt, D. (2012). Social encounters, cultural representation and critical avoidance. In N. Watson, A. Roulstone & C. Thomas (Eds), *Routledge Handbook of Disability Studies*. London: Routledge.

Brice Heath, S. (2000). Seeing our way into learning. *Cambridge Journal of Education*, 30(1)s, 121-132.

Candlin, F. (2003). Blindness, art and exclusion in museums and galleries. *International Journal of Art and Design Education*, 22(1), 100-110.

Corlett, S. (1994). Students with disabilities on fine art degrees. *Journal of Art and Design Education,* 13(3), 267–273.

Dash, P. (2005). Culutural demarcation, the African diaspora and art education. In D. Atkinson & P. Dash (Eds), *Social and Critical Practices in Art Education.* Stoke on Trent: Trentham.

De Coster, K., & Loots, G. (2004). Somewhere in between touch and vision: in search of a meaningful art education for blind individuals. *International Journal of Art and Design Education,* 23(3), 326–334.

Derby, J. (2011). Disability studies and art education. *Studies in Art Education: A Journal of Issues and Research,* 52(2), 94–111.

Dowling, S. (1994). Children's early drawing development and its links with special teaching abilities. *Journal of Art and Design Education,* 13(3), 251–266.

Earle, K., & Curry, G. (2005). *Meeting SEN in the Curriculum: Art.* London: David Fulton.

Eisner, E. (2002). *The Arts and the Creation of Mind.* Yale: University Press.

Foucault, M. (1976). *The Birth of the Clinic.* London: Tavistock.

Foucault, M. (1980). *Power/Knowledge: Selected Interviews and Other Writings 1972-1977.* New York: Pantheon.

Foucault, M. (1991). *Discipline and Punish–The Birth of the Prison.* London: Penguin.

Garland-Thomson, R. (1997). *Extraordinary Bodies: Figuring Physical Disability in American Culture and Literature.* New York: Columbia University Press.

Graham, L., & Slee, R. (2008). An illusory interiority: interrogating the discourse/s of inclusion, *Educational Philosophy and Theory,* 40(2), 277–292.

Hermon, A., & Prentice, R. (2003). Positively different: art and design in special education. *International Journal of Art and Design Education,* 22(3), 268-280.

Hickman, R. (2010). *Why We Make Art and Why It Is Taught.* Bristol: Intellect.

Hughes, A. (1998). Reconceptualising the art curriculum. *Journal of Art and Design Education,* 17(1), 41-49.

Johnston, J. (2005). Art in contentious spaces. In D. Atkinson & P. Dash (Eds), *Social and Critical Practices in Art Education.* Stoke on Trent: Trentham.

Moore, M., & Slee, R. (2012). Disability studies, inclusive education and exclusion. In N. Watson, A. Roulstone & C. Thomas (Eds), *Routledge Handbook of Disability Studies.* London: Routledge.

Paine, S. (1997). Early obsessive drawings and personal development, *Journal of Art and Design Education,* 16(2), 147-155.

Penketh, C. (2011). *A Clumsy Encounter: Dyspraxia and Drawing.* Rotterdam: Sense.

Penketh, C. (2007). Supporting pupils with dyspraxia in the visual arts: does drawing from observation function as an official and discriminatory discourse?. *International Journal of Art and Design Education,* 26(2), 144-154.

Read, H. (1970). *Education throught Art.* London: Faber and Faber.

Rose, G. (2012). *Visual Methodologies.* London: Sage.

Ruskin, J. (2007). *The Elements of Drawing.* London: A. and C. Black.

Sagan, O. (2009). Open disclosures: learning, creativity and the passage of mental (ill) health. *International Journal of Art and Design Education,* 28(1), 107-116.

Taylor, M. (2005). Access and support in the development of visual language: arts education and disabled students. *International Journal of Art and Design Education*, 24(3), 325–333.

Timmerman, M. (1986). The original art of mentally–handicapped people. *Journal of Art and Design Education*, 5(1–2), 111–123.

Warren, R. (2003). Drawing on the wrong side of the brain: an art teacher's case for recognising – NLD. *International Journal of Art and Design Education*, 22(3), 325–334.

Wexler, A. (2011). *Art and Disability: The Social and Political Struggles Facing Education*. Basingstoke: Palgrave MacMillan.

Young, G. (2008). Autonomy and artistic expression for adult learners with disabilities. *International Journal of Art and Design Education*, 27(2), 116–123.

13. 비합리증(dysrationalia)[1)]
제도적 학습장애?

오언 바든(Owen Barden)

저명한 캐나다 심리학자인 키스 스타노비치(Keith Stanovich)는 1995년에 출판된 레나드 데이비스(Lennard Davis)의 『강요되는 정상성(Enforcing Normalcy)』에서 학습장애에 대한 개념 설정에 의구심을 갖고 있었다. 그는 비평을 통해 새로운 학습장애, 비합리증(dysrationalia)을 개념화하였다(Stanovich, 1993). 비슷한 시기에 피터 센지(Peter Senge)는 자신의 책 『다섯 번째 규율(The Fifth Discipline)』에서 학습 능력을 관장하는 조직이 있으며, 심지어 학습

---

1) 역자: 지식이 충분히 있음에도 특정 상황에서 비합리적으로 생각하거나 행동하는 경향을 의미한다.

장애를 가진 사람도 그 조직이 있음을 주장하였다(Senge, 1990). 이 장에서는 철학, 비판적 및 인지적 심리학 그리고 조직 관리를 포함한 담론의 현재 및 역사적 관점을 토대로 비합리증이 장애에 대한 사회적 태도를 설명하는 데 도움이 되는지 알아볼 것이다.

비합리증

1993년, 스타노비치는 비합리증(dysrationalia)의 개념에 대해 소개했다. 그동안 인지심리학자와 '선택적 결핍' 모델에 대한 오래된 비평이 종종 특정한 학습장애에 대해 정의하곤 했는데, 그는 그런 장애가 심리학적 담론에 의해 개념화되고 작용되는 방식에 대해 요점을 두었다. 특정 학습장애를 정의하는 논리는 다음과 같다. 특정 학습 영역에서의 성취 수준과 IQ 테스트로 측정한 전반적인 지능 간의 모순을 확인하면 이를 특정 학습장애라고 정의한다. 이를 수행하는 심리학자들은 특정한 인지기술과 지능을 분리해야 한다. 따라서 새로운 특정 학습장애를 '발견'하기 위해서는 IQ 테스트에서 제외된 인지영역을 선택해야 한다. 그리고 몇몇 사람들의 해당 영역에 대한 성취, 아이큐 테스트를 통해 측정된 지능 사이에서 나타는 분명한 차이를 찾는다. 예를 들어, 난독증은 심리학자가 한 사람의 문맹 퇴치 성과와 IQ 점수 사이에 통계적으로 유의미한 모순이 해소될 때 '발견'된다.

스타노비치는 진단의 논리를 확장하여 새로운 특정 학습장애, 비합리증을 고안해 냈다. 그는 기존의 특정 학습장애에 사용된 형식을 고수하면서 다음과 같은 특징을 가진 일관된 성향으로 비합리증을 정의했다.

> 적절한 지능이 있어도 합리적으로 생각하고 행동할 수 없다. 그것은 신념의 형성 및 일관성, 그리고/또는 자신의 목표를 달성하기 위한 행동을 결정하는 데 겪는 어려움에 의해 드러나는 장애의 이질적인 집단을 지칭하는 일반적인 용어이다. 다른 신체장애 상태(예: 감각 장애)와 함께 발생할 수 있지만, 이는 그 상태로 나타난 결과는 아니다. 비합리증에 대한 주요 진단 기준은 개인의 지적 능력 수준(개별적으로 관리되는 IQ 테스트로 결정)보다 훨씬 낮은 사고 및 행동에서 입증될 수 있는 합리성의 수준이다.
>
> (Stanovich, 1993: 503)

스타노비치는 비합리증의 실제 사례를 설명하기 위해 유용한 예들을 가져왔다. 그중 하나로 캐나다의 멘사클럽 회원들을 대상으로 초자연적인 신념에 대해 설문조사한 것이다. 멘사 회원은 높은 지능 지수를 보여 주고 있지만, 이 조사에서 56%는 외계인 방문자의 존재를 믿고, 44%는 점성술을 믿는 것으로 보고했다. 그들은 '유효한 증거가 없다'는 믿음으로 그러한 선택을 한 것이다 (Stanovich, 1993: 503). 그의 요점은 IQ가 적절하거나 높아도 사람들은 '신념 형성에 어려움'을 겪는다는 것이다. 왜냐하면 예에서 나온 이 지적인 사람들도 비합리적인 신념(즉, 설득력 있는 증거가 부족한 신념)을 쉽게 형성하고 유지하기 때문이다.

18. 비합리증(dysrationalia)

합리성

비합리증의 개념은 전적으로 합리성의 개념과 관련이 깊다. 합리성은 계몽주의의 핵심 아이디어였다(Venn, 1984). 계몽주의 시대의 철학자들이 이야기한 합리성은 무엇이 옳고 그른지, 어떻게 행동해야 하는지 결정하기 위한 사고, 판단, 추론의 인간만의 구조화된 과정이었다. 17세기부터 철학과 과학이 연관성을 띠기 시작하여 많은 서구 철학 협회와 과학자들은 사람들이 본질적으로 합리적인 존재이며, 자신의 결정적이고 합리적인 목표에 가장 적합한 행동을 선택한다고 생각했다. 이 '호모 합리주의'(Venn, 1984: 119) 태도는 오늘날에도 인지 및 발달심리학에 여전히 영향을 미친다(Gergely et al., 2002).

이러한 도구적 합리성의 규범적인 가정은 심리학의 역사적 억압과 일탈 그리고 치료 및 통제를 위한 태도 위에 세워졌기에 근본적으로 무능력하다(Goodley, 2012). 또한 산업혁명이 군사력과 경제 생산 방식의 효율성 요구를 충족시키기 위해 권한을 확대하고 인체의 유용성을 극대화하려는 선전(Morgan, 2006)은 억압의 이데올로기와 다친 사람들의 소외로 이어졌다(Barnes & Mercer, 2003). 이러한 합리성의 개념은 산업혁명이 진행됨에 따라 이익을 극대화하고자 하는 조직과 회사에 적용되었다.

이것은 관료주의와 '조직'을 기계로 특징짓는 관료주의와 '과학적' 경영 스타일을 불러일으켰다. 이는 사람들을 기계에 적합하게 하고, 기계가 가능한 한 효율적으로 작동할 수 있도록 관리해야 하

277

는 요소로 보았다. 이때 장애가 있는 사람들은 기계에 잘 맞지 않았다. 게다가 산업 경제를 위한 노동자를 기르기 위해 고안된 새로운 보편적 학교 체계는 도구적 합리성이 교육의 지배, 억압, 차별, 전체주의에 관한 태도와 연관되도록 도왔다(Han, 2002).

이러한 편애로 인해 한 가지 결과로, 심리학과 장애학 간의 관계에 문제가 생겼다(Goodley, 2012). 하지만 나는 이렇게 장애학이 기존학문에 대하여 반대 세력을 만들어 지속시키기보다는 다른 학문 분야와 동맹을 맺어야 한다고 생각한다(Goodley & Lawthom, 2006). 그리고 나는 심리학의 증거가 장애에 대한 개인 및 조직의 반응을 설명하는 데 도움이 되고, 심리학이 장애에 대한 합리성 및 사회적 태도에 대한 통찰력을 제공하기 위해 비합리증을 채택하였다고 생각한다.

스타노비치는 합리적인 사고를 개인의 신념 형성과 의사결정 과정의 스타일로 보았다. 이는 수단을 강조하는 철학을 특징으로 하는 합리성의 도구적 관점이다. 사람들이 합리적이려면 원하는 것을 얻기 위해 건전한 이유에 따라 행동을 선택해야 한다. 그는 합리적인 사고의 세 가지 구성 요소, 즉 신념의 형성, 믿음의 일관성 및 행동 결정으로 구별한다(stanovich, 1993). 신념의 형성은 세계에 관한 정보가 신념을 고치는 방식에 관한 것이다. 믿음의 일관성이란 사람들이 자신의 신념이 자신의 목표와 욕망에 얼마나 잘 부합하는지 모니터링하는 과정을 말한다. 따라서 사람들이 합리적으로 사고하고 행동하기 위해서는 자신의 신념과 욕망이 논리적으로 일관성이 있는 행동을 선택해야 한다. 이러한 개요는 합리적인 사고 처리의 7가지 요구사항에 의해 확장된다.

18. 비합리증(dysrationalia)

1. 행동의 선택은 주어진 목표와 신념에 따라 최적의 선택이어
   야 한다.

2. 마음을 정하기 전에 정보를 수집하라.

3. 결론에 도달하기 전에 다양한 견해를 찾아라.

4. 이용 가능한 증거의 정도에 따라 의견의 강도를 조절하라.

5. 행동을 취하기 전에 결과에 대해 생각하라.

6. 상황의 긍정적인 면과 부정적인 면을 명확하게 측정하라.

7. 뉘앙스를 찾고 절대주의(absolutism)를 피하라.

(Stanovich et al., 2011: 796)

요약하자면, 사람들이 합리적이기 위해서는 잘 교정된 신념[가능한 증거(인식론적 합리성)에 비례하는 신념]을 가져야 하며, 목표(도구적 합리성)를 성취하기 위해 신념에 적절하게 행동해야 한다는 것이다. 그러나 신념으로 외부 세계를 모형화(모델링화)하는 것은 너무 빈약하기에 이를 비합리적이라고 봐야 할 수도 있다고 지적되었다(Stanovich, 1993: 504). 비슷한 맥락으로, '인간의 판단은 대표성이 없는 개인적 증거와 사례 증거에 의해 지나치게 영향을 받으며, 오히려 대표적이고 진단적인 통계적 증거에 의한 영향을 덜 받는다'는 것이 관찰되었다(Stanovich & West, 2000: 647). 장애를 갖지 않은 사람들이 장애인에 대해 굉장히 부정적으로 고정관념을 갖고 표현하는 경향이 있는데(Bolt, 2012), 이렇게 외부세계의 모델링이 과도하게 영향을 미쳐 사람과 조직의 신념 형성과 태도에 영향을 미칠 가능성이 높다. 이것은 장애인과 마주칠 때 다음과 같은 비합리적인 행동과 편견을 가진 태도를 불러일으킨다. 장애인에 대한

생각을 갖기 전에 사람들은 그들에 대한 충분한 정보 없이 그들을 대한다. 장애인과 비장애인의 다양한 견해를 충분히 찾지 않는다. 이용 가능한 증거에 대한 의견을 받아들이지 않는다. 행동을 취하기 전에 결과를 생각하지 않는다. 행동하기 전에 상황의 긍정적인 면과 부정적인 면을 명시적으로 고려하지 않는다. 뉘앙스를 찾지 않고 절대주의를 좋아하는 경향이 있다.

(개인의) 비합리증

따라서 비합리증은 적절한 지능이 있다고 해도 합리적으로 생각하고 행동할 능력이 없다는 것을 의미한다. 사람들은 스스로 합리적으로 행동한다고 생각하는 경향이 있지만, (즉 논리적이고 그들이 가진 최고의 흥미에 따라) 아직도 몇몇 심리학자들은 인간이 합리적 존재라는 가정과는 달리 사람들의 생각과 행동은 종종 체계적으로 비합리적이라고 주장한다. 즉, 그들의 행동은 논리적이 아니거나 자신의 최선의 이익을 추구하지 못한다(Kahneman & Tversky, 1984; Kahneman, 2011). 왜 그런 것인가? 이 논의에 대해 나는 참가자의 합리성에 대한 실험에서 진행한 인지심리학의 고유한 방법보다는 사람들이 어떻게 생각하는지(Stanovich & West, 200), 그리고 그들의 생각이 어떤 행동을 결정하는지에 대한 통찰력에 초점을 맞추었다.

심리학자들은 비정상이라고 여겨지는 사람들을 평가·분류하고, 치료하는 것 대신에 사람들의 사고방식을 이해하려고 노력한다. 인지심리학자는 사고방식을 유형 1(T1)과 유형 2(T2)의 두 가지로 나누었다. T1 사고는 일종의 기본 설정으로 간주된다. 이는 자동적이고 자율적이다. 따라서 감각에서 도착하는 정보를 지속적으로 적은 노력으로 응답해야 한다. 그것은 우리가 생각하고 있다는 것을 깨닫지 못한 채 생각하는 방식이다. 예를 들어, 누군가의 얼굴에 그려진 감정을 해석할 때처럼 말이다. 빠르고 가볍기 때문에 빠른 생각이라고도 한다(Kahneman, 2011). 이와 대조적으로, T2 사고는 정교한 분석을 포함하는데, 예를 들어 우리가 갈팡질팡하게 되는 내용이다. 그것은 정보를 반영하여 의식적인 결정을 요구하고, 노력이 필요하며, 따라서 느린 사고라고 불린다(Kahneman, 2011).

1970년대의 사회과학자들은 인간 본성에 관한 두 가지 개념을 광범위하게 받아들였다. 첫째, 두려움, 애정 그리고 그들의 사고와 같은 감정은 정상적이고 건전하다. 둘째, 두려움, 애정, 증오와 같은 감정은 사람들이 합리성에서 벗어나는 대부분의 경우를 설명한다(Kahneman, 2011). 그 이후로 심리학의 영역 내에서 '인지적 오류와 편견(heuristics and biases)'이라는 분야가 등장했다. 이 분야는 합리성에 기초한 지식의 역할에 대해 조사한다. 즉, 이 영역은 자율 정신이 경험에서 파생된 숙달된 지식을 끌어내는 방법과 이 지식이 합리성에 어떤 영향을 미치는지에 관심을 둔다. 이 분야의 의사 결정에 대한 인지연구는 대부분의 비합리성을 설명하는 감정에 의한 생각의 단순한 '오염'이 아니라고 주장했다. 그 대신에 인식체계에서의 결함이 사람들로 하여금 비합리적인 사고에 빠지게 만든다고 하였다.

인지심리학자들은 빠른 T1의 사고(빠르며 오류가 발생하기 쉬운)

가 기본 설정이라고 주장하였다. 그러나 합리적 사고는 빠른 T1과 느린 T2를 요구한다. 분석적인 사고는 직관적이고 충동적인 것을 무시하고 의식적인 추론을 해야 한다. 그러나 유감스럽게도 사람들은 느리고 노력이 필요하기에 T2(즉, '게으른 통제자')를 사용하지 않는 경향이 있다. 이처럼 사람들은 노력이 덜한 사고와 분석에 대한 우리의 반감을 갖고 빠름을 추구하는 편견을 갖는다. 이로써 사람들은 과거의 경험에 대해 지나치게 일반화하려는 경향과 새로운 증거나 정보에 직면했을 때, 그들의 신념을 바꾸지 않으려고 하는 경향을 드러낸다. 그래서 그들은 합리적인 근거 없이 행동하곤 하는 것이다.

예를 들어, 경험에 의존하는 방법을 사용하여 얼마나 쉽게 예시가 떠오르는지에 따라 사고가 어떤 편향을 초래하는지 알아봤다. 특히, 극적이고 감각적이며 개인적인 사례는 특정 사건의 빈도 또는 특정 사안의 중요성을 과대평가하는 결과를 낳는다(Kahneman, 2011). 이렇게 생생하지만 아직 대표성이 없는 편견은 장애에 대한 비합리적인 사회적 태도를 설명하는 데 도움이 될 수 있다. 따라서 선정주의자들은 장애 혜택에 대해 경멸적으로 보도하여 사람들로 하여금 장애 급여의 규모를 10배로 과대평가하도록 유도하였다. 이는 사회 전반에 걸쳐 부정적인 태도를 강화시켰고, 심지어 장애인을 증오하게 되어 그들을 대상으로 하는 범죄를 증가시키기도 했다(Briant et al., 2011).

따라서 경험과 편견은 느린 T2의 합리적인 사고를 실패하도록 하는 한 가지 이유를 설명한다. 또한 정서만으로는 사람들이 합리성에서 벗어나는 이유를 설명할 수 없지만, 모든 자극은 자동적

18. 비합리증(dysrationalia)

으로 '선' 또는 '나쁨'에 대한 정서적 평가를 생성한다(Kahneman & Frederickson, 2002). 다른 말로 하면, 모든 생각은 의식적인 또는 무의식적인 감정적 연합에 의해 중재된다는 것이다. T1 사고는 사람들이 자신의 감정에 따라 행동을 조절하도록 도와주며, 때로는 위험한 동물에서 벗어나는 것처럼 빠르고 합리적인 반응을 유도한다. 하지만 때로는 감정적인 반응을 무시하고 합리적으로 생각하고 행동하기 위해 천천히 생각할 필요가 있는 경우가 있을 것이다. 예를 들어, 건강을 회복하기 위해 불쾌한 맛의 약을 먹어야한다면 역겨움의 감정을 무시할 필요가 있다. 이것은 T2 사고가 나오는 것이다. 따라서 이성적 반응을 생성하기 위해서는 T2 사고가 정서적 연관성에 기인한 편향을 인식하고, 개인의 신념, 욕구 및 목표와 관련하여 '더 나은'(즉, 보다 합리적인) 응답의 의도적 추론과 인지 시뮬레이션을 통해 T1 사고에서 생성된 초기 감정적 반응을 정정해야 한다. 따라서 비합리성의 또 다른 잠재적 원인은 T1 사고에서 자동으로 생성된 정서적 반응을 T2 사고가 극복하는 데 실패한 것이다.

그렇다면 장애에 대한 초기 반응을 지배하고 방해할 수 있는 장애인과 관련된 감정, 고정관념 및 표현은 무엇인가? 일반적으로 두려움, 동정, 혐오감이 강조되어 왔다(Hughes, 2012). 사회와 문화에 의한 부정적 정서와 숙달된 연관성(Powell & Gilbert, 2008)이 낙인의 기초 형성(Goffman, 1963; Bolt, 2012)과 편견의 사고방식을 형성하는 데 영향을 끼쳤다고 보는 것이 합리적으로 보인다. 그렇게 소수집단에 대한 적대감과 회피를 초래하는 '비합리적, 보편적이고 지속적인 감정'(Katz, 1991: 127)이 형성된 것이다. 이는 여기서 다룬 인지심리학의 증거로 입증된다.

　감정은 사람들의 추론에서 중요한 역할을 하며, 지성과 감정을 분리하려는 이성주의적인 시도는 잘못된 것이라고 생각한다 (Gabriel & Griffiths, 2002). 인간의 판단과 태도는 쉽게 회상된 생생한 표현에 지나치게 영향을 받는다. "우리의 선택에 있어 … 우리의 감정에는 아마도 비합리성이 많다." 그리고 "문제의 구체적인 특징과 의미론적 연관성은 생각에 대한 지배적인 영향력을 행사한다". 결과적으로 "그간 우리가 사용한 신념은 가볍게 버려진 것이 아니다".(Stanovich & West, 2000: 655, 661). 합리성은 가능한 한 많은 사전 지식을 가지고 문제를 맥락화하고, 가정을 하고, 그 가정으로부터 추론하는 경향과 합리적인 응답에 도달하기 위해 필요한 인지적 추상에 관여하지 못하게 하는 내러티브의 사고방식에 참여하려는 경향에 의해 더욱 방해를 받는다. 즉, 사람들은 기존의 신념과 어려운 문제에 직면했을 때 불완전하거나 잘못되었거나 단순화된 표현에 의존하는 경향이 있다. 이러한 인지심리학의 통찰력은 한 사람이 눈에 띄는 장애가 있을 때 다른 사람의 인식 처리를 지배하는 경향이 있거나 자신의 초기 반응에 혼란을 일으키는 경향이 있다는 장애 연구 관점의 주장과 현저하게 겹친다(Garland-Thomson, 1997; Bolt, 2012).

　경험과 편견의 연구자들은 지능과 관계없이 사람들이 합리적인 가르침을 습관적으로 위반한다고 반복적으로 정의했다. 그들은 편견을 확신하는 경향이 있으며, 가설을 철저히 시험하지 않으며, 이용 가능한 증거에 대한 신념을 정확하게 교정하지 않으며, 다른 사람들에게 자신의 의견을 과도하게 주입하려 한다(Stanovich et al., 2011). 합리성의 개인차는 부분적으로 지능의 변화로부터 영향을 받기도 하지만, 캐나다 멘사 회원의 경우처럼 높은 지능만으로는 비합리성을 설명할 수 없다. 그 주장은 수천 명의 피험자를 대상으로 한 다른 많은 연구에서 다루었으며, 합리적인 생각과 관련된 사고 처리와 지능과는 상관관계가 약하거나 거의 일치하지 않는 것으로 나타났다(Stanovich et al., 2011: 792). 그래서 대부분의 사람은 아니지만 다수의 개인은 비합리증에 취약한 것으로 보인다. 그러나 조직(집단)에 대해서도 똑같이 말할 수 있을까?

각 개인의 인지와 비합리증의 개인적 사례에 대한 논의는 개념에 대한 이해와 그것이 어떻게 생기는지를 알아보는 것이 필요하다. 그러나 이 장의 제목은 비합리증을 개별적인 것보다는 조직적인 학습장애로 생각하는 것이 더 유익할지도 모른다고 묻고 있다. 다시 말해, 적절한 지능에도 불구하고 조직이 합리적으로 행동할 수 없다는 것을 보여 줄 수 있는가라고 묻는 것이다. 조직이 학습장애를 가질 수 있는지 여부를 논의하기 전에 조직이 의미하는 바를 고려하는 것이 중요하다. 조직은 공동 노력, 자산, 자원 및 물리적 존재에 종사하는 사람들로 구성되어 있지만 이 부분의 합보다 더 많은 것을 의미한다. 따라서 우리는 무엇이라 지적하고 '저것이 조직입니다'라고 말할 수 없다(Stacey, 2003). 이러한 표현할 수 없음은 조직을 설명하는 은유를 불러일으키는 경향을 만들어 냈다. 언급했듯이, 산업혁명 당시부터 도구적 합리성과 밀접한 관련이 있는 하나가 바로 기계로서의 조직의 상징이었다. 또 다른 이미지로는 조직으로서의 두뇌이다(Morgan, 2006). 조직은 두뇌처럼 내부 과정과 외부 세계를 모니터링하고 의사결정을 하기 위해 방대한 양의 정보를 처리한다. 작업이 분산되어 있고 전문화되어 있지만 전체적으로 공통된 목표를 가지고 있다. 이때의 목표는 조직의 신념과 가치와 관련된 것이다. 여기에는 상호의존적인 부분 사이의 복잡한 패턴과 상호작용이 있어 자기조직화를 만든다.

만약 우리가 뇌의 은유를 받아들이면 조직이 지능적일 수 있고 배울 수 있다는 것을 알게 된다. 이는 학습과 지능이 뇌의 특성을 정의하기 때문이다. 1990년대 초반, 조직 지능과 학습을 다루는 많은 문헌이 나왔다. 그중 센게의 『다섯 번째 규율』은 학습 조직의 개념을 소개했다. 유감스럽게도 그는 학습 조직에 대한 구체적인 정의를 제시하지 않았지만(Örtenblad, 2007), 책 전체에 걸쳐 다소 복음주의적인 톤으로, 다양한 방식으로 조직의 특성을 설명하였다.

> 학습 조직은 사람들이 새롭고 방대하게 사고방식을 키우고,
> 집단적 열망을 자유롭게 두고 사람들이 지속적으로 함께 배우
> 는 법을 배우는 곳이며, 진정으로 원하는 결과를 창출할 수 있
> 는 역량을 지속적으로 확장하는 조직이다.
>
> (Senge, 1990: 3)

이 설명은 특히 나의 논문에서 두드러진다. 첫째, 마지막 절은 조직 그 자체가 배우는 것이 아닌 (그들이 '사물'이 아니라면 어떻게 되겠는가?) 함께 모여 사는 사람들이다. 둘째, 우리는 사람들의 욕구를 지속적으로 확대하여 자신이 원하는 결과를 창출한다는 아이디어에서 강력한 도구적-합리주의적인 하위 텍스트를 발견할 수 있다. 셋째, 앞선 논의에 비추어 우리는 잠재적인 문제를 볼 수 있다. 학습 조직에서 새롭고 확장된 사고방식이 길러진다는 것은 개인으

로는 새롭고 확장된 사고방식을 갖기가 어렵다는 것을 의미한다. 우리가 봐 왔던 것처럼 사람들은 이미 자신이 가진 신념과 사고처리에 따르는 경향이 있다. 그것이 아무리 잘못되고 불완전하고 비생산적일지라도 말이다. 센게는 어느 정도까지는 이것을 예상하여 '귀하의 조직은 학습장애를 가지고 있습니까?'(Senge, 1990)라는 책의 두 번째 장을 마련하였다. 그는 대부분의 조직이 '밝고 헌신적인 사람들의 최선의 노력에도 불구하고(Senge, 1990: 18) 그들이 속한 조직이 배움에 소홀한 것은 우연이 아님을, 따라서 그곳에서 일하는 사람들의 충분한 지성에도 불구하고 합리적으로 행동하지 못함을 주장했다.

여기서 핵심은 정신모델의 개념이다. 정신모델은 센게가 주장한 조직이 배우기 위해 습득해야 하는 5가지 '분야' 또는 차원 중 하나이다. 그는 정신모델을 깊이 뿌리내린 이미지, 가정 및 세계가 어떻게 작동하는지에 대한 이야기로 설명한다. 이러한 생각은 우리가 익숙한 사고와 행동 방식으로부터 제한하는 것이다. 그는 하버드 비즈니스 스쿨(Harvard Business School)의 크리스 아르기리스(Chris Argyris)의 말을 인용하여 이 모델이 세상을 어떻게 인식할 것인가를 결정할 뿐만 아니라 우리가 행동하는 방식을 결정할 수 있다는 점에서 '적극적'이라고 주장했다.

> 사람들은 자신들이 (항상) 주장하는(그들이 이야기한) 이론
> 과 일치하는 행동을 하지는 않지만, 사용 중인 이론(정신모델)
> 과 일치하게 행동합니다.
>
> (Argyris, 1982에서 인용된 Senge, 1990: 175)

이 주장은 인지심리학에서 파생된 것이다. 따라서 사람들은 자신의 신념에 따라 세계를 모델링한다. 그때의 신념은 종종 인식론적 합리성이 부족하다(그들은 진실인 것을 정확하게 표현하지 못함). 이는 사람들이 생생한 이미지와 대표성 없는 이전의 경험에 의해 지나치게 영향을 받기 때문이다(Stanovich & West, 2000). 따라서 조직 내의 사람들이 부정적이고 틀에 박힌 장애 이미지를 가지고 있다면 정신모델에 결함이 생기게 된다. 이러한 결함 있는 정신모델은 장애인에게 해로울 수 있는 방식으로 행동을 형성한다. 예를 들어, 장애인에 대한 일반적인 고정관념은 불길하고, 일탈적이거나, 그저 불가능하다는 것이다(Barnes, 1992). 더욱이 사람들은 자신이 믿어 왔던 생각을 거부하기 꺼려하기 때문에 장애인이 아닌 사람들은 장애가 있는 사람들을 만날 때 자신의 정신모델을 갱신할 가능성은 거의 없다.

센게는 심리학 및 장애 연구 문헌에서와 마찬가지로 사람의 사고와 행동을 규제하는 감정의 역할을 강조했다. 곤란은 일반적으로 장애와 관련된 또 다른 감정으로서 이성적 행동을 무시하는 반응으로 반복적으로 언급된다. 그는 학교의 조직들이 우리들이 불확실하고 무지한 것처럼 보이는 것을 숨기도록 우리에게 가르치고 있다고 얘기한다. 동료들과 권위자들 앞에서 실수하여 당혹스럽게 하고 조롱하는 것을 막기 위해서 말이다. 그렇기에 당혹감은 새로운 이해를 차단하고 사람들이 학습하는 것을 방해한다. 그래서 사람들은 당혹스러움을 겪지 않기 위해 곤란한 문제를 제기하지 않거나 의견의 불일치를 피하는 '수비적인 일상'으로 발길을 돌린다. "회사의 현재 정책에 대해 어려운 질문을 제기한 사람이 보상을 받

는 것은 도대체 언제일까?"(Senge, 1990: 249, 325). 그는 부정확한
정신모델, 불합리한 감정적인 반응 및 방어적인 일을 한 결과 사람
들이 당혹스럽거나 위협적일 수 있는 복잡한 문제(예를 들어, 관리
계층의 의견 불일치)를 만났을 때 사람들이 진술하는 것을 피하면서
팀워크가 무너진다고 주장하였다(Senge, 1990: 24). 그렇게 함으로
써 팀은 모두가 배울 수 있는 방식으로 문제를 조사하지 못하고 의
도적인 추론이 부족하여 결국 조직으로서 학습하는 것에 실패를
겪는다. 다른 말로 하면 인식론적 합리성이 부족한 이유는 사람들
이 도구적 합리성의 구조를 깨뜨리기 때문이며, 그 원인은 감정에
의해 무시되고 복잡하고 불편한 문제에 집단적으로 대처하지 않기
때문이다. 결과적으로 구성원은 적절한 지능과 학습능력을 갖추고
있음에도 불구하고 배우지 못한다. 바로 이것이 조직의 비합리증
이다.

사회적 태도를 바꾸는 것

나는 비합리증을 진단받아 학습능력이 부족한 대다수의 조직들
에 대해 치유의 처방을 고려하는 것으로 결론을 내릴 것이다. 조직
에서 장애에 대한 보다 합리적인 사회적 태도를 어떻게 육성할 수
있는가? 놀랍게도 여기에는 의견이 수렴되는 것이 있다. 경제적·
도구적 합리성, 인지 및 비판 심리학에서 얻은 통찰력, 경영 문학에
서의 권고, 장애인들의 목소리 등 모두 추구하는 방향이 같아 보인
다. 반성과 대화는 부정확한 신념과 비합리적인 태도에 직면하기

위한 것이다. 첫째, 후기산업, 후기현대주의 시기로의 전환은 유
물론적 · 조직적 · 합리주의론적 관점의 조직이 개조되지 않았다
는 것을 의미하며, 일과 그 전개에 있어서 사회적 · 윤리적 차원에
더 많은 관심을 기울여야 할 필요가 있다고 하겠다(Hinchcliff, 2006;
White, 2006; White, 2013). 둘째, 장애에 대한 사회적 태도 변화의
비판적 심리학은 개인으로부터 집단으로 관심을 옮겨야 한다고 제
안했다(Venn, 1984). 이는 사회 변화를 일으키기 위해서는 공동체
에서 함께 힘써야 함을 의미한다(Goodley & Lawthom, 2006).

그러나 사람들은 불편한 문제에 대한 집단적 탐구를 회피하는
경향이 있다. 그래도 일부는 이렇게 하는 것이 학습 조직에서 필
수적이라고 주장했다(Senge, 1990; Gabriel & Griffiths, 2002; Smith &
Sharma, 2002; Stacey, 2003). 가정을 명확히 하고, 모순을 발견하고,
모델과 현실 사이의 격차를 줄이기 위한 전략을 개발하기 위해서
는 정신모델에 대해 발굴하고 반성할 필요가 있다. 이것을 메타노
아(metanoia)라 부르는데, 마음의 변화라는 의미를 갖는다(Senge,
1990: 13). 인지심리학 언어에서는 숙달된 부정적인 감정의 연관성
및 의미론적 연관성이 합리적 사고를 통해 알려지지 않아야 하며,
적어도 T1 사고의 자동 작동을 재조정하기 위해 T2 사고가 가능하
도록 중지되어야 한다. 우리는 이해를 위해 장애에 대한 정보를 얻
고, 고정관념에 도전하고, 차별을 제거하기 위해 태도 장벽을 맞닥
뜨려야 한다. 집단 토의는 합리성을 증가시키는 것으로 보이며, 사
람들은 그렇게 하는 방법을 지시받을 때 편향을 중지하고 이성적
으로 생각할 수 있다(Stanovich & west, 2000; Kahneman, 2011).

직원들이 자신의 태도와 감정에 대해 개방적으로 생각하고, 그

18. 비합리증(dysrationalia)

들의 사고에 어떤 영향을 미치는지 격려하는 것은 장애에 대한 '올바른' 정서적 반응(Gabriel & Griffiths, 2002)을 유도하는 프로그램을 만들어 낼지도 모른다. 그러나 여기서 합리성에 대한 대안적인 개념이 적용될 수 있다(아직 논의하지는 않았지만). 자신의 장애에 대한 어린 시절의 반응과 도구적 합리성에 대한 의심(Clifford, 2012)을 통해 철학을 형성한 위르겐 하버마스(Jürgen Haberman)는 의사소통적 합리성(Han, 2002)을 주장했다. 하버마스는 합리성의 인지적 해석이 미리 결정되지는 않았지만 '더 나은 논의의 힘'을 통해 도달된 '진리'와 함께 추론에서의 상호 주관성과 대화의 역할을 애매하게 한다고 느꼈다(Han, 2002: 152). 따라서 의사소통적 합리성의 목표는 민주적이며 포괄적이다(Clifford, 2012). 상호이해와 신뢰에 도달하고 도구적 목표에 도달하지 못하게 한다. 사회 규범은 도구적 또는 전략적 합리성에 맞는 행동을 하도록 동기를 제공하기 때문에 새롭게 합의된 사회적 규범을 수립하는 데 초점을 맞추고 있다(Moon, 2006). 하버마스는 사회정치적 운동의 노력과 희생이 옳다는 것을 다른 사람들로 하여금 설득하기 위해, 행동을 결정하기 위해 합리적 사고의 원칙과 맥락에 맞게 적용해야 한다고 주장했다(Warnke, 2006: 133). 따라서 장애인권리운동은 '더 나은 논의를 만드는' 역할을 하므로 조직을 장애에 대해 합리적이고 정보에 입각한 이해를 할 수 있도록 이끌어야 한다. 조직은 자신의 입장에서 경청하고 추론해야 하며 증거의 중요도에 따라 결정해야 한다. 우리는 장애의 '문제'에 '올바르게' 대응하도록 조정될 필요가 있는 게 아니라, 대신에 합리적 사고(Stanovich et al., 2011)의 요구 사항을 충족시켜야 한다. 그 방법은 다음과 같다. 마음을 전하기 전에 정

보를 수집한다. 결론에 도달하기 전에 다양한 견해를 찾는다. 이용
가능한 증거의 정도에 따라 의견의 강도를 조절한다. 행동을 취하
기 전에 결과에 대해 생각한다. 긍정과 부정을 명확하게 측정한다.
뉘앙스를 찾고 절대주의를 피한다. 목표와 신념에 따라 최적의 행
동을 선택한다.

참고문헌

Barnes, C. (1992). Disabling imagery and the media: an exploration of
the principles for media representations of disabled people. *British
Council of Organisations of Disabled People*. Online. Available http://
disability-studies.leeds.ac.uk/files/library/Barnes-disabling-imager.
pdf (accessed 30 October, 2013)

Barnes, C., & Mercer, G. (2003). *Disability*. Cambridge: Polity.

Bolt, D. (2012). Social encounters, cultural representation and critical
avoidance. In N. Watson, A. Roulstone & C. Thomas (Eds), *Routledge
Handbook of Disability Studies*. London: Routledge.

Briant, E., Watson, N., & Philo, G. (2011). Bad news for disabled people:
how the newspapers are reporting disability. Online. Available http://
eprints.gla.ac.uk/57499 (accessed 30 October, 2013).

Clifford, S. (2012). Making disability public in deliberative democracy.
Contemporary Political Theory, 11, 211-228.

Davis, L. J. (1995). *Enforcing Normalcy: Disability, Deafness and the
Body*. London: Verso.

Gabriel, Y., & Griffiths, D. S. (2002). Emotion, learning and organizing.
The Learning Organization, 9(5), 214-221.

Garland-Thomson, R. (1997). *Extraordinary Bodies: Figuring Physical*

18. 비합리증(dysrationalia)

Disability in American Culture and Literature. New York: Columbia University Press.

Gergely, G., Bekkering, H., & Király, I. (2002). Rational imitation in preverbal infants. *Nature,* 415, 6873, 755.

Goffman, E. (1963). *Stigma: Notes on the Management of Spoiled Identity.* Middlesex: Penguin.

Goodley, D. (2012). The psychology of disability. In N. Watson, A. Roulstone & C. Thomas (Eds), *Routledge Handbook of Disability Studies.* Routledge: London.

Goodley, D., & Lawthom, R. (2006). Disability studies and psychology: new allies?. In D. Goodley & R. Lawthom (Eds), *Disability and Psychology.* Basingstoke: Palgrave.

Han, G. (2002). An educational interpretation of Jürgen Habermas's Communicative Rationality, *Asia Pacific Education Review,* 3, 2, 149-59.

Hinchcliff, J. (2006). The future of the university: some ethico-epistemological explorations. *On the Horizon,* 14(2), 77-83.

Hughes, B. (2012). Fear, pity and disgust: emotions and the non-disabled imaginary. In N. Watson, A. Roulstone & C. Thomas (Eds), *Routledge Handbook of Disability Studies.* Routledge: London.

Kahneman, D. (2011). *Thinking, Fast and Slow.* London: Penguin.

Kahneman, D., & Tversky, A. (1984). Choices, values and frames. *American Psychologist,* 39(4), 341-350.

Kahneman, D., & Frederickson, S. (2002). Representativeness revisited: attribute substitution in intuitive judgement. In T. Gilovich, D. W. Griffin & D. Kaheman (Eds), *Heuristics and Biases.* New York: Cambridge University Press.

Katz, I. (1991). Gordon Allport's 'The Nature of Prejudice'. *Political Psychology,* 12(1), 125-157.

Moon, J. D. (2006). Practical discourse and communicative ethics. In S. K. White (Ed.), *The Cambridge Companion to Habermas*. Cambridge: Cambridge University Press.

Morgan, G. (2006). *Images of Organisation*. Thousand Oaks: SAGE.

Örtenblad, A. (2007). Senge's many faces: problem or opportunity?. *The Learning Organization*, 14(2), 108–122.

Powell, J. L., & Gilbert, T. (2008). Social theory and emotion: sociological excursions, *International Journal of Sociology and Social Policy*, 28(9–10), 394–407.

Senge, P. M. (1990). *The Fifth Discipline, The Art and Practice of the Learning Organisation*. London: Random House.

Smith, P. A. C., & Sharma, M. (2002). Rationalizing the promotion of non-rational behaviors in organizations. *The Learning Organization*, 9(5), 197–201.

Stacey, R. (2003). Learning as an activity of interdependent people. *The Learning Organization*, 10(6), 325–331.

Stanovich, K. E. (1993). Dysrationalia: a new specific learning disability. *Journal of Learning Disabilities*, 26(8), 501–515.

Stanovich, K. E., & West, R. F. (2000). Individual differences in reasoning: implications for the rationality debate?. *The Behavioral and Brain Sciences*, 23(5), 645–665; discussion 665–726. Online. Available www. ncbi.nlm.nih.gov/pubmed/11301544 (accessed 30 October, 2013).

Stanovich, K. E., West, R. F., & Toplak, M. E. (2011). Intelligence and rationality. In R. J. Sternberg & S. B. Kaufman (Eds), *Cambridge Handbook of Intelligence*. New York: Cambridge University Press.

Venn, C. (1984). The subject of psychology. In J. Henriques, W. Hollway, C. Urwin, C. Venn & V. Walkerdine (Eds), *Changing the Subject*. London: Methuen.

294

Warnke, G. (2006). Communicative Rationality and cultural values. In S. K. White (Ed), *The Cambridge Companion to Habermas*. Cambridge: Cambridge University Press.

White, M. (2013). Higher education and problems of citizenship formation. *Journal of Philosophy of Education*, 47(1), 112–127.

White, S. K. (2006). Reason, modernity and democracy. In S. K. White (Ed), *The Cambridge Companion to Habermas*. Cambridge: Cambridge University Press.

14. '렉시즘'과 '난독증'을 정의하는 문제

크레이그 콜린슨(Craig Collinson)

이번 장에서는 난독증을 정의하는 문제에 대해 다룰 것이다. 이는 비난독증(정상성)이 지배 담론이 되는 것에 도전하는 '난독증 환자'에 의해 쓰여졌다. 즉, 이 말은 나에게 난독증의 존재 여부에 대해 의문을 갖게 하였다. '난독증'을 정의하는 문제는 글을 읽고 쓰는 능력 또는 문해력(literacy)에 대한 우리들의 문화적 인식의 문제 중 하나이다. 그런데 문해력에 대한 개념화는 문화적 맥락과는 거리가 먼 역사적 · 기술적 · 교육적 도구로서만 이해되고 주입되어 왔다. 이와 반대로, 나는 다양한 문화실천을 집합적으로 받아들인 문해력의 '이데올로기적 모델'을 채택했다(Street, 1984). 여기서 나의 주장은 우리의 문해력에 대한 문화적 선입견이 난독증을 비정상으로 판단하게 만든다는 것이다.

난독증과 연관된 장애의 존재는 개념적으로 난독이라고 하는 것과는 구별된 것으로 생각할 수 있다. 적절한 지성과 교육으로 문해력을 획득하는 데 고군분투하는 사람이 있다는 것이 학문적 문헌속에서 인지되는 데에는 매우 오래 걸렸다(Rice & Brooks, 2004). 난독증의 존재가 개념적으로 문제로서 입증되었음에도 말이다(Elliot & Gibbs, 2008). 렉시즘(lexism)[1](문해 능력에 대한 표준어 사용, 가정, 태도 등)은 누군가를 난독증 또는 장애라고 정의하는 것인데, 난독이라는 생물학적 측면이 아닌 태도의 문제에 초점을 둔다(Collinson, 2012). 따라서 렉시즘은 난독증이 어떤 식으로 존재해 왔는지 우리로 하여금 다시 인식하도록 해 주는 새로운 개념이다. 나는 이전에 난독증을 대신하기 위한 모델로 '그림자 개념'으로 제시했다. 난독증은 문해 능력을 둘러싼 또 다른 개념들에 의해 창조되고, 요구되고, 위장된 개념으로 생각할 수 있다(Collinson, 2012). 이것이 앞서 내가 이야기한 렉시즘이다. 이번 장에서 '렉시즘'의 역사적 측면, 즉 그 핵심 특징이 주어진 시간과 장소에서 어떻게 만들어졌는지 조사할 것이다.

실제로 난독증 환자는 수용 내지는 도움을 받기 위해 난독증이라는 용어가 필요할 수 있다(Riddick, 2001). 그러나 우리가 렉시즘의 존재를 인식할 때 난독증은 더 이상 문제 있는 정의에 의존하지 않게 된다. 따라서 이러한 개념적 문제를 조사하기 위해 난독증의

---

1) 역자: 렉시즘은 문해 능력이 떨어지는 사람에 대한 사회적 차별을 의미하는 용어이다. 인종차별에 대해 RACISM이라고 하듯이, 언어능력에 대한 차별로 Language라는 용어에서 변형 · 발전시켜 나온 용어로 볼 수 있다.

문제를 자세히 살펴보고 분석하였다. 따라서 문해의 어려움 또는 난독증 같은 특징에 대한 초기의 기록을 역사적 증거로 제시하였다. 총 2개의 사례로, 하나는 17세기 후반 영국, 나머지 하나는 고대의 사례이다. 이 사례들은 모두 19세기 후반부터 시작된 낮은 문해 수준의 의료화 이전의 사례이다(Campbell, 2011). 이 사례들은 문해에 대한 사회적 기준이 일정하지는 않지만, 사람들은 다른 이들을 덜 지식이 있다고 생각한다. 하지만 또한 이 사례들 속 교육받은 사람들은 우리의 문화적 유산에 속한다고 주장한다. 나는 요점을 설명하기 위해 '사고 실험(thought experiments)'이라는 철학적 방법을 사용할 것이다(Cohen, 2005; Baggini, 2005; Collinson, 2012).

시간의 문제

난독증에 있어 시간의 문제는 문해에 대한 문화적 기준과 태도가 시간이 지나면서 급진적으로 변한다는 것이다. 즉, 시간과 관련이 있다는 것이며, 문해의 문화적 기준이 특정 시기에 따라 다름을 의미한다. 이 시간에 관련된 문제는 3가지 측면이 있다. 첫 번째는 역사적 기록에 있는 개인에 대한 심리적 평가가 어렵다는 것, 두 번째는 난독증을 비정상이라 판단하는 문해력의 기준이 변할 수밖에 없다는 본질, 이는 난독증은 생물학적인 것이 아니라는 것을 의미한다. 세 번째, 난독증에 관련된 초기 문서(증거)가 지금까지 남아 있느냐의 문제가 있다.

첫 번째 측면은 특히 역사적인 기록에서 '유명한 난독증'의 식별에 관한 뜨거운 논쟁거리였다(Thompson, 1971; Adelman & Adelman, 1987; Aaron et al., 1988; West, 1996; Thomas, 2000; Kihly et al., 2000). 이 학문적 논쟁은 개별적인 사후 부검 진단을 바탕으로 만들어진 난독증의 심리-의학적 모델을 가정하는 경향이 있어 왔다. 역사적인 인물들에게 심리학자들이 정의하는 '난독증'이라는 정체성이 함부로 부여되어서는 안 된다. 그러나 그렇게 난독증이라 가정하는 시도는 결국 난독증으로 정의하게 만들었다. 이때의 난독증은 정의나 개념적으로 명확하지 않다(Elliot & Gibbs, 2008). 난독증이 렉시즘에 의해 타자화되는 것으로 정의될 때 정신병학이 아닌 문화에 기반을 둔 새로운 개념이기에 가능하다(Collinson, 2012). 장애학 역사연구 내에서의 폭넓은 문제이자, 타자화되는 것의 역할에 대한 조사의 필요성은 이전부터 강조되어 왔다(Bredberg, 1999; Kudlick, 2003). 인터넷에서의 '유명한 난독증을 가진 이들'의 인기가 '발명된 전통' 또는 '과거의 재사용'으로 인식된 이유는 사람들로 하여금 다른 시기에, 다른 사회적 집단에서 형성된 자아정체성으로 인식했기 때문이다(Plumb, 1969; Finley, 1971; Finley, 1985; Hobsbawn & Ranger, 1992; Hen & Innes, 2000). 따라서 이처럼 유명한 역사적 인물의 '발명된 전통'이란 것은 어쩌면 난독증에 대한 심리학적 정의보다 난독증의 정체성을 구성하는 데 더 유용할지도 모른다.

이 난독증이라는 용어는 문해력에 대한 기준과 마찬가지로 시간이 지남에 따라 지식이 부족하지만 교육을 받은 사람을 묘사하는 용어로 사용되었다. 하지만 타자화는 교육 및 문화에 기반한 문해력을 갖춘 사회 속에서 일반적으로 나타나는 현상이다. 예를 들어, 19세기 후반과 20세기 초반의 미약한 정신상태는 '난독증'을 포함하여 다양한 '(손상)장애'로 정의된 것을 포괄하는 데 사용되었다 (Bennison, 1987; Franklin, 1994; Baker, 2002). 하지만 난독증에 대한 가장 초기의 설명은 문해는 떨어지지만 지능이 있다고 여겨지는 사람의 정의를 '미약한 정신상태'라는 정의로부터 분리하려 했다(Campbell, 2011). 유럽의 탐험가와 제국주의자는 책을 읽지 못하는 사람들을 외계인, 야만인, 원시인 및 나와는 다른 존재라고 보았다.(Harbsmeier, 1989). 따라서 이 시기의 문해 능력은 '사회적 다윈주의' '우생학' '미약한 정신' 등 광범위한 인종차별적 이념과 의제를 뒷받침하는 유럽의 우월주의 정당화의 일부였다(Thompson, 1998; Carey, 1992). 난독증은 문명화된, 똑똑한, 정상적인(McPhail and Freeman, 2005)과는 반대로 원시적인, 야만적인, 비정상적인 것으로서 19세기 후반과 20세기 초반에 나타났다(McPhail & Freeman, 2005). 19세기 후반에 대중의 문해력의 역할이 강조되었는데, 이는 문해력이 떨어지는 사람들을 의료적 처치가 필요한 사람으로 간주했다(Campbell, 2011). 그러한 신념은 문해 능력을 합리성과 '완전한 인간성'과 관련시키는 순수한 기술적 도구로 이해한 것이었다 (Street, 1984).

두 번째 측면은 더 중요하다. '다중 문해'(Street, 1984; Street, 1995)가 존재한다고 주장되어 왔고, 이를 통해 우리는 시기마다 여러 다른 유형의 문해가 다양하게 존재했음을 덧붙일 수 있다. 글로서의 영어는 역사적으로 일관성을 가진 것이 아니다. 따라서 언어가 바뀌지 않는 이상 난독의 어려움은 변하지 않을 것이다(Riddick, 2001). 마찬가지로, 문해와 관련된 엘리트 사회의 지배적인 형태도

일정하지 않다. 그것의 규범적인 관행과 가정 또한 함께 바뀐다. '난독증'은 문화적 차원에서 '비정상적인' 것으로 판단될 수 있지만 그러한 기준은 역사적으로 일관성을 가진 것이 아니다. 이와 같이 난독증의 정체성은 민족성의 정의와 유사하지만 동일하지는 않다. 두 경우 모두의 경계는 서로 다른 신화, 그 속에서의 '우리'와 '그들', 정상과 타자들의 문화를 바탕으로 만들어진 사회적 기준과 태도에 의해 이끌어진다.

읽고 쓰는 사회적 활동에 생물학적 기준을 적용하는 문제는 난독증 분야에서 널리 인식되어 왔다. 문해에 대한 진화론적 기준이 없고, 난독증은 문해에 대한 사회적 기대를 충족시키지 못함으로써 정의된다고 주장되어 왔다(Waber, 2001). 하지만 난독증이 '비정상'으로 정의될 수 있는 어떤 형태의 생물학적 기준은 없다(Stanovich, 1994). '난독증'은 '정상적인' 독서 수준의 끝자락을 나타낸다(Shaywitz et al., 1992). 어쨌든 그러한 독서는 '자연적인' 과정이 아니다(Reid-Lyon, 2001). 따라서 난독증을 정의하는 시간의 문제는 우리가 '난독증'을 어떻게 정의할 수 있는지에 대한 일반적인 문제이다. 아마도 이것은 '다중 문해'(Street, 1984; Street, 1995)라는 집단 명사의 영향보다는 '문해 능력'에 대한 우리의 문화적 오해가 만들어 낸 결과로 볼 수 있다.

사회 엘리트 집단은 계속해서 문해력에 대한 규범적 기대를 높여 왔고, 이러한 기대를 충족시키는 데 실패한 이들을 의료화했다(Carey, 1992; Payne, 2006; Campbell, 2011). 19세기 후반과 20세기 초반에는 의료계의 발전과 대중의 문해 능력에 대한 정부의 욕구를 연결시키는 의제가 굉장히 중요했다(Campbell, 2011). 전문 엘리트들은 1960년대부터 계속해서 문해에 대한 정상치라는 규범적 기대가 높았다(Payne, 2006). 사실 지식인들 사이에서 그들의 사회적 지위가 위협받고 있다는 두려움은 1870년에 「교육법(Education Act)」을 도입하게 했고, 그 후 영국에서 문해 능력이 증진되기도 했다(Carey, 1992). 이것은 학식을 전하는 데 필요한 만큼 높은 수준의 문해 능력이 필요한 것으로 나타났다. 이 담론은 1870년대의 교육의 확대와 함께 19세기 후반의 영국의 문해에 대한 사회적 규범을 인위적으로 높였다. 따라서 엘리트 활동으로서의 문해는 그 기준과 기대치를 계속해서 높였다. 문해 능력과 문학에 관한 이러한 논의는 우생학에 관한 논쟁이기도 했다(Carey, 1992). 실제로 문해의 문화적 개념의 변화는 '과학적' 또는 '생물학적'이 아니라 문해에 대한 사회적 규범과 기준치의 변화에 의한 것임에도 불구하고 종종 그러한 것('과학적' 또는 '생물학적')으로 묘사된다.

세 번째 측면으로 나온 역사 속 일부 기간에 대한 제한된 출처란, 주어진 시간이나 장소에서 글을 읽거나 실제로 글을 쓰는 사람들의 비율을 확신할 수 없다는 것을 의미한다. 또한 역사적 인물이 자신의 사회 또는 사회 집단에서 문해의 기준과 기대를 충족시키지 못했는지 했는지 여부를 확신할 수 없다. 그러므로 역사적 기록에 있는 그러한 개인의 신원 확인은 심리적 평가가 아니라 타자화 과정 속의 인식에서 나온 것이다. 마찬가지로 인터넷에서 '난독증'으로 밝혀진 역사적인 인물은 역사적 증거의 한계의 결과로 볼 수 있다. 즉, 그 인물은 자신의 문화적 맥락에서 문해의 기준과 기대를 충족시키지 못한 것이다. 그럼에도 불구하고 이 증거는 심리학자를 만족시키지 못할 것이다. 시간이 지남에 따라 변화하는 문해력의 기준은 역사적인 인물에 대한 심리학적 분석 시도를 무의미하게 만들 것이다. 다른 시대에 속한 다소 문해력이 떨어지는 사람들에 대한 타자화는 비교적 일정한 반면, 문해력을 테스트하는 수준은 계속해서 일정하지 않을 것이기 때문이다.

초창기의 역사적 자료들

문해 능력이 떨어지는 사람을 타자화시켰던 각 시대와 문화에서의 문해 능력의 기준은 강조해야 한다. 난독증에 대한 초기 조사는 명쾌한 해답을 제공했다(Campbell, 2011). 따라서 그 논쟁을 여기서 다시 꺼내기보다 앞서 이야기한 3가지 출처의 증거를 보여줄 것이다. 첫째, 17세기 후반 영국에서 대중 매체에서 발견된 문해 능력이 낮은 사람들의 어려움을 과학적으로 표현한 것을 볼 것이다. 두 번째 및 세 번째 출처는 난독증과 유사한 특성을 암시하는 문해 능력이 낮은 사람들의 어려움에 대한 초기의 사실 및 허구 설명에서 비롯된다. 여기서의 목적은 '난독증'의 의학적 구성보다는 문해에 대한 문화적 선입견(즉, 렉시즘)의 역할을 강조하는 데 있다. 다시 말하지만, 이 글은 심리학자를 만족시키는 역사적인 증거가 아니다. 그러나 우리는 '난독증'을 식별할 수 없더라도 역사 기록에서 렉시즘을 분별할 수 있다. 게다가 난독증을 렉시즘에 의해 타자화된 사람들의 것으로 정의한다면 이것은 '원시 난독자'(proto-dyslexics)라는 용어의 역사적 증거를 주장할 수도 있다. (원시 낭독자란 난독증이라는 용어가 존재하거나 일반적으로 적용되기 전에 난독증이라 차별받은 사람들을 말한다.)

『아테네 수성(The Athenian Gazette)』(1693)은 '더럼에 사는 소년의 이상한 이야기'에 주목했다. 교장은 소년의 사건을 신문에 기재하고 어떻게 해야 할지 조언을 구했다. (이는 현대의 '고민 상담' 칼럼과 같다.) 그 소년은 15살로, 건강하고 신사의 아들이다. 그는 보고 듣는 것뿐만 아니라 다른 문제가 없었고, 때때로 위트있는 답변을 할 만큼 바보는 아니다. … 즉, 17세기 후반의 문해 능력에 대한 기대에도 불구하고 교사는 그 소년이 단순히 바보가 아님을 알아챌 만큼 현명했다.

학교 교사는 소년이 "어떤 방법을 써도 그는 편지를 적을 수 없다."라고 이야기했다. 그 소년은 '한마디로 어떤 면에서 … 굉장히 뛰어난 기억력을 가진 것'처럼 보였다. 선생님은 알파벳 글자를 기억할 수 없는 것과 같은 특이한 특징을 설명했다. 그 소년은 장기 기억과 지성과는 대조적으로 단기 기억과 연속되는 문제에 어려움을 갖는 특징을 가지고 있었다. 교사는 그 소년이 자신의 이름 외에는 (아마도 철자를 쓰는 일) 그 이상은 쓸 수 없음을 인정했다. 그러나 선생님은 계속해서 나아갔다. "그는 편지를 읽을 수는 없지만, 문장을 들었을 때 곧 그는 철자가 무엇인지 말해 줄 것이다. 이것은 일반적인 아이들에게는 어려운 일이다". 소년은 이러한 어려움을 이겨 내기 어렵지만 교사와 함께 이겨 냈고, 따라서 이 일이 역사적인 기록으로 남게 되었다.

교사에게 주어진 답변은 '이것은 매우 이상한 관계이며, 긍정적인 답변을 주기 위해서는 철학적으로 접근하는 게 낫겠다.'라고 인정하는 것이다. 그러나 이 신문은 두 가지 가능한 대답을 제안했다. 하나는 '눈에서 두뇌로 이어지는 섬유에 결함이 있을 것'이라는 것인데, 이 섬유들이 손상되거나 막혔다는 것이다. 그래서 '기억력을 주재하는 뇌의 부분에 어떠한 인상을 남기지 못하게 되었다는 것이다. 하지만 그렇다면 이것은 일반적인 것이어야 하며, 소년은 그가 보는 것을 보면서 느끼는 것을 기억할 수 없다.'라고 했다. 이때 해결책은 시각장애인에게 나무로 알파벳 문자를 만들어 배울 수 있게 하는 영화(즉, 솔즈베리)의 경우에서와 같이 '공감각' 또는 대안 기술을 사용하는 것이다. 다른 신문의 답변은 '문자에 대한 설명할 수 없는 반감 등으로, 진짜 그렇다면 모든 방법이 비효과적일 것이니 치료법은 없고 오직 인내 밖에 없음'을 이야기했다. 이 설명은 '난독증'이 아닐지라도 사회의 문해 능력 기준보다 낮아 타자화된 이들도 포함하고 있다. 따라서 더럼 출신의 소년은 난독증이란 용어가 존재하기 전에 렉시즘에 의해 타자화된 사람이라는 점에서 '원시 난독자'로 이해할 수 있을 것이다.

　필로스트라투스(Philostratus, Book 2.1.558)는 소피스트의 삶으로부터 가장 초기의 문해 능력이 낮은 사람들의 어려움에 대하여 사실적으로 설명하였다. 헤로데스 아티쿠스(Herodes Atticus)는 그의 아들 브라두아를 바보라고 불렀다(Philostratus, 1921: 165). 이 이야기는 2세기경 로마 제국 시대의 이야기이며, 난독증에 대해 다음과 같이 설명했다.

　　그(헤로데스 아티쿠스)는 그의 아들(브라두아)에게 공격적이었다. 그는 그의 아들에 대해 글도 제대로 못 쓰고 기억력이 좋지 않다는 이유로 잘못 표현했다. 어쨌든 그(브라두아)가 알

파벳을 습득하지 못하자, 헤로데스는 그를 같은 나이의, 각 알
파벳을 이름으로 한 24명의 노예들과 함께 길렀다. 그렇게 해
서 그는 알파벳을 외울 수밖에 없었다.

(Philostratus, 1921: 165)

필로스트라투스는 브라두아가 단기 기억력('기억의 둔함'), 연속
적인 것을 외우는 데 어려움('자신의 이름을 습득할 수 없음'), 읽고 쓰
기의 어려움('문자에서의 어려움')이 있음을 기록했다. 또한 브라두
아의 아버지 헤로데스가 이 단락 바로 뒤에 그의 아들을 '바보'로
언급했다고 했지만, 여기서는 브라두아가 바보같다는 이유로 그의
아버지로부터 잘못 표현된 것이라고 했다. 다시 말하면 브라두아
는 불공평하게 멍청한 사람이 되어버린 것이다. 이 자료가 이런 식
으로 해석된 것은 이번이 처음이 아니다. 왜냐하면 '아들의 난독증
에 대한 부자의 반응이 다른 어떠한 경우보다도 인상 깊었기 때문
이다'(Harris, 1989: 249). 다른 결론들도 결국 이런 식으로 그려졌다
(Papalas, 1981).

그리스 시인 헤로다스(Heroda, 헤론다스라고도 함)의 〈스쿨마스터
(The Schoolmaster)〉(기원전 280년 또는 기원전 270년대)에서도 문해 능
력이 낮게 여겨진 사람들에 대한 설명을 엿볼 수 있다. 이 시는 적
절한 교육과 교양 있는 학부모 밑에서 자랐음에도 불구하고 읽고
쓰는 법을 배우지 못한 소년에 대한 이야기이다(Herondas, 1921).
헬라어 본문은 어렵고 허구이기는 하지만, 벅(Buck)의 번역을 통해
옛날에는 문해 능력이 낮은 사람들의 어려움이 어떻게 설명되었는
지를 보여 준다. 그의 어머니 메트로티마 따르면 (또는 오히려 헤론

다스가 그녀의 말이라고 한 것에 따르면) 소년 코타라스는 말을 하는 데에도 실수를 하고 형편 없는 기억을 보여 준다고 한다(Herondas, 1921). 교장 램프리스코스는 메트로티마에게 그의 아들이 글을 읽을 수 있을 때까지 맞아야 된다고 했다. 시에서 코타라스는 프리지아인(즉, 야만스러움)이라고 비유될 뿐만 아니라 나귀나 다루는 데 쓰이고, 노예보다도 못할지도 모른다고 했다. '초등교육에서 그리스어는 필수'라는 것과 '분노에 찬 어머니'는 이 소년을 난독증을 이겨 낸 유일한 프리지아인일 것임을 예상하였다(Harris, 1989: 140). 이러한 조건에도 불구하고 소년은 실패했다. 결국 코타라스는 '멍청이'였다(Herondas, 1921). 그의 실패는 그를 '타자'로 정의하여 사회-민족 집단의 외부, 즉 그리스인이 아닌 '야만인', 노예, '당나귀 소년'과 유사하게 만들었다.

이 세 가지 예는 교육을 받았지만 읽고 쓰지 못해 차별받는 소수자들을 보여 줌으로써 오랫동안 유지되어 온 문해 능력에 대한 문화적 기준을 제공한다. 우리는 이것을 '원시 난독(proto-dyslexics)'이라고 부른다. 그러나 이러한 원시 난독은 각각 다른 문화적, 역사적, 사회적 및 교육적 맥락에서 존재했다.

조앤과 피터 그리고 타임머신

시간의 문제를 더 설명하기 위해 우리는 오늘날의 기준으로 난독증이라 판정된 두 사람을 타임머신을 타게 하여 '난독증'의 생물학적 요소와 언어의 사회적 규범을 대조하는 사고 실험을 해 볼 것이다. 첫 번째 난독증의 주인공은 조앤이다. 그녀는 오늘날 '난독증'의 4% 수준으로, 이는 가장 심각한 중증의 난독 상태이다. 두 번째 난독증의 주인공은 피터인데, 그는 중간 정도 난동증의 어려움을 갖는 6% 난독증에 속한다. 조앤과 피터는 17세기 영국으로 시간을 거슬러 올라갔다. 이때는 사람들이 말을 할 때 철자를 사용하던 때였다. 그들은 과연 여전히 난독증이었을까? 그들의 생물학적 요소는 똑같이 유지될 것이지만, 영어 능력의 수준은 매우 다를 것이다(Ellis, 1993; Upward & Davidson, 2011). 그 당시에는 '난독증'이라는 개념은 존재하지 않았지만, 글을 쓰고 읽는 데 어려움을 겪는 사람들은 어쩌면 다른 형태로 '타자'가 되었을지도 모른다.

우리는 17세기에서도 영국의 조앤이 여전히 난독증자(또는 읽고 쓰는 데 어려움을 겪는 사람)가 될지도 모른다고 주장할 수 있다. 그러나 21세기 때보다 '난독증이 덜' 할 수 있다. 이것은 그녀가 가장 심각한 난독증 환자 1%에 속했는지 아니면 4% 기준 내에 속하는 것에 불과했는지에 달려 있다. 조앤은 여전히 문해 능력의 사회적 기대 기준을 충족시키지 못했지만, 타임머신을 타기 전보다는 그 기준에 더 가까이에 있다. 그 정도는 그녀의 생물학적 구성에 따라 달라진다. 이 경우 조앤은 난독증 환자로 남게 되고, 우리는 문해 능력의 기준이 제한된 효과만 가지고 있다고 주장할 수 있다. 그러나 난독증으로 평가되지 않는 조앤이라면 이제는 '어리석다' 또는 '게으른' 것으로 여겨질 위험에 처해 있다. 사실 그녀는 21세기보다 더 낙관적인 태도를 취할 수도 있다. 그러나 핵심은 언어의 문화적 변화와 이와 관련해서 17세기에서 21세기 사이에 발생한 기준의 차이에 있다고 하겠다.

그럼 이번에는 피터의 경우를 볼 텐데, 시간 여행을 통해 그는 문해 능력에 대한 사회적 기준을 충족했다. 21세기의 피터는 '적당한' 난독증 환자(즉, 조앤보다 상대적으로 더 많이 읽었지만 현대의 문해 능력 기준보다 더 적게 읽는 사람)로 정의된다고 가정해 보자. 이제 전에 난독증 환자였던 피터는 17세기에 들어서서 우리가 이해할 수 있는 것처럼 '난독증 환자'(덜 읽기 쉬운)가 아니게 된다. 피터는 타임머신에 들어가기 전 자기 자신의 정체성의 일부로 난독증을 받아들였을지도 모른다. 그러나 17세기 기준에 따르면 그는 그 시대가 요구하는 문해 능력에 대한 기대를 충족시킬 것이다. 이 경우 피터의 생물학, 즉 그의 '부족함'은 여전하지만 문맹 퇴치의 사회적 기준치에 해당하는 결정적인 수준의 부족함의 정도는 아니게 된다.

이 실험에서 다룬 피터와 조앤의 경우 생물학적 요소와 문해 능력의 기준과의 관계는 누군가가 난독증과 같은 어려움을 겪을지 여부(또는 그 크기)에 영향을 준다. 사고 실험은 시간의 문제를 강조하여 난독증이 생물학적이고 사회적인 것에 관련되어 있음을 주장하게 하도록 해 주었다.

결론

시간으로 접근했을 때 한 차원에서의 '난독증'은 개념적이거나 철학적이며, 다른 한 차원에서는 문화적 또는 역사적이다. 장애의 사회적 모델이라는 의미에서 '난독증'을 이해하기 위해 우리는 읽고 쓰는 데 어려움이 있지만 지적이고 교육받은 사람들에 대한 문

화적 편견을 이해하고자 한다. 논란의 여지는 있지만, 우리 모두가
글(또는 다른 방식)에서 갖는 적성, 생물학적 차이를 판단할 일정한
기준은 없다. 오늘날 우리는 그러한 (나를 포함한) 개인들을 '난독증
을 가진 사람'이라고 부른다. 다른 역사적 맥락에서 우리는 원시 난
독이라고 부를지도 모른다.

문해 능력에 대한 관행과 기준의 넓은 범위('다중 문해 능력')는 난
독증이 역사적으로 또는 유전적으로 일정한 집단이 아니라는 것을
의미한다. 난독증이 일정한 집단이라고 주장하는 것은 문해 능력
을 오로지 기술적인 도구로 전제하며, 문화적 맥락에 대한 이해가
필요 없으며, 시간에 따른 변화가 없다는 것을 전제로 한다. 이것은
문해 능력에 대한 매우 의문스러운 개념화라고 증명되었다(Street,
1984). 난독증의 정의와 관련한 문제는 문해 능력에 대한 문화적 선
입견에 개입하지 않고 도전하기를 꺼리는 데에서 일부분이 비롯된
것이다. 난독증 학생에게 읽기·쓰기를 교육하는 것으로써의 문화
적 정체성에 대한 나의 감각을 정의하는 것은 난독증이 아니다. 그
것은 오히려 나의 문화적 환경 속에서 타자화되었던 나의 경험이
었다. 역사적 맥락 속에서 타자화된 다른 이들도 마찬가지였다. 클
린턴 대통령은 말했다. "이게 문화란 말이다, 멍청아!"

참고문헌

Aaron, P. G., Phillips, S., & Larson, S. (1988). Specific reading disability in
    historically famous persons. *Journal of Learning Disabilities*, 21, 523-
    545.

Adelman, K., & Adelman, H. S. (1987). Rodin, Patton, Edison, Wilson, Einstein: were they really learning disabled?. *Journal of Learning Disabilities*, 20, 270-279.

Athenian Gazette (1693). Saturday, August 26: Issue 14.

Baggini, J. (2005). *The Pig that Wants to be Eaten; and Ninety-nine Other Thought Experiments*. London: Granta.

Baker, B. (2002). The hunt for disability: the new eugenics and the normalization of school children. *Teachers College Record*, 104, 663-703.

Bennison, A. E. (1987). Before the learning disabled there were feeble-minded children. In B. M. Franklin (Ed), *Learning Disability: Dissenting Essays*. London: Falmer Press.

Bredberg, E. (1999). Writing Disability History: problems, perspectives and sources, *Disability and Society*, 14(2), 189-201.

Campbell, T. (2011). From aphasia to dyslexia, a fragment of a genealogy: an analysis of the formation of a 'medical diagnosis'. *Health Sociology Review*, 20(4), 450-461.

Carey, J. (1992). *The Intellectuals and the Masses: Pride and Prejudice among the Literary Intelligentsia 1880-1939*. London: Faber and Faber.

Cohen, M. (2005). *Wittgenstein's Beetle and Other Classic Thought Experiments*, Oxford: Blackwell.

Collinson, C. (2012). Dyslexics in time machines and alternate realities: thought experiments on the existence of dyslexics, 'dyslexia'and 'Lexism', *British Journal of Special Education*, 39(2), 63-70.

Elliot, J. G., & Gibbs, S. (2008). Does dyslexia exist?. *Journal of Philosophy of Education*, 42(3-4), 475-491.

Ellis, A. W. (1993). *Reading, Writing and Dyslexia: A Cognitive Analysis*. New York: Erlbaum.

311

Finley, M. I. (1971). *The Use and Abuse of History.* Harmondsworth: Penguin.

Finley, M. I. (1985). *Ancient History: Evidence and Models.* Harmondsworth: Penguin.

Franklin, B. M. (1994). *Backwardness to At Risk: Childhood Learning Difficulties and the Contradictions of School Reform.* New York: State University of New York Press.

Harbsmeier, M. (1989). Writing and the Other: travellers'literacy, or towards an archaeology of orality. In K. Schousboe & M. T. Larsen (Eds), *Literacy and Society.* Copenhagen: Akademisk Forlag.

Harris, W. V. (1989). *Ancient Literacy,* Cambridge: Harvard University Press.

Hen, Y., & Innes, M. (2000). *The Uses of the Past in the Early Middle Ages.* Cambridge: Cambridge University Press.

Herondas. (1921). *The Mimes of Herondas Rendered in English.* New York: Buck M.S.

Hobsbawn, E., & Ranger, T. (1992). *The Invention of Tradition,* Harmondsworth: Penguin.

Kihly, P., Gregerson, K., & Sterum, N. (2000). Hans Christian Anderson's spelling and syntax: allegations of specific dyslexia are unfounded. *Journal of Learning Disabilities, 33,* 506-519.

Kudlick, C. J. (2003). Disability history: why we need another 'Other'. *The American Historical Review,* 108(3), 763-793.

McPahil, J. C., & Freeman, J. G. (2005). Beyond prejudice: thinking towards genuine inclusion. *Learning Disabilities Research and Practice, 20,* 254-267.

Papalas, A. J. (1981). Herodes Atticius: an essay on education in the Antonine age. *History of Education Quarterly,* 21(2), 171-188.

312

Payne, G. (2006). Re-counting 'illiteracy': literacy skills in the sociology of social inequality. *British Journal of Sociology*, 57(2), 219-240.

Philostratus. (1921). *Philostratus: Lives of the Sophists*. In Philostratus & Eunapius (Ed), *Philostratus: Lives of the Sophists. Eunapius: Lives of the Philosophers* London: Harvard University Press.

Plumb, J. H. (1969). *The Death of the Past*, Harmondsworth: Penguin.

Rice, M., & Brooks, G. (2004). *Developmental Dyslexia in Adults: A Research Review*. London: National Research and Development Centre for Adult Literacy and Numeracy. Online. Available www.nrdc.org.uk/ (accessed November 20, 2009).

Riddick, B. (2001). Dyslexia and inclusion: time for a social model of disability perspective?. *International Studies in the Sociology of Education*, 11, 223-236.

Reid-Lyon, G. (2001). Why reading is not a natural process. *Orton Insight*, Autumn, 1-5.

Shaywitz, S. E., Escobar, M. D., Shaywitz, B. A., Fletcher, J. M., & Makuch, R. (1992). Evidence that dyslexia may represent the lower tail of the a normal distribution of reading ability. *The New England Journal of Medicine*, 326, 145-150.

Stanovich, K. E. (1994). Annotation; does dyslexia exist?. *Journal of Child Psychology and Psychiatry*, 35(4), 579-595.

Street, B. V. (1984). *Literacy in Theory and Practice*. Cambridge: Cambridge University Press.

Street, B. V. (1995). *Social Literacies, Critical Approaches to Literacy in Development, Ethnography and Education*. London: Longman.

Thomas, M. (2000). Albert Einstein and LD: an evaluation of the evidences. *Journal of Learning Disabilities*, 33, 149-157.

Thompson, L. J. (1971). Language disability in men of eminece. *Journal of*

Learning Disabilities, 4, 34–45.

Thompson, M. (1998). *The Problem of Mental Deficiency: Eugenics, Democracy and social Policy in Britain c1870–1959*. Oxford: Clarendon Press.

Upward, C., & Davidson, G. (2011). *The History of English Spelling*. Chichester: Wiley–Blackwell.

Waber, D. P. (2001). Aberrations in timing in children with impaired reading: causes, effect or correlate?. In M. Wolf (Ed.), *Dyslexia, Fluency, and the Brain*. Timonium: York Press.

West, T. G. (1996). *In the Mind's Eye: Visual Thinkers, Gifted People with Dyslexia and Other Learning Difficulties, Computer Images and the Ironies of Creativity*. New York: Prometheus.

15. 행동, 감정 그리고 사회적 태도
'도전적 행동을 하는' 학생들에 대한 교육

마리 캐슬린(Marie Caslin)

이번 장에서는 영국에서 도전하는 듯한 행동을 하는 학생들이 성인이 결정한 에이블리스트 교육 시스템의 주요 주제임을 전제한다. 이 시스템은 주요 교육으로부터 학생들을 분리 또는 제외시키는 작업을 수행한다. 바로 그것이 소위 말하는 특수학교로 일컬어지는 분리이자 배제이다(Booth, 1996; DfE, 2010). 관련 주제를 다룬 문헌에서는 이 분리 교육이 대상이 된 아이들의 교육환경을 어렵게 만들었다고 밝혔다(Ofsted, 1999). 이 학생들은 넓은 범위의 교육개정을 경험하면서 종종 혼란스러운 교육과정을 밟게 되었다(Pirrie & Macleod, 2009; Gazeley, 2010; Pirrie et al., 2011). 따라서 수년간 정부가 학교의 기준을 올리는 데 열중했음에도 불구하고 많은 학생이 경험한 교육은 분리된 교육을 유지시키는 공리주의적 접근방식을 택했다는 것이 나의 논쟁점이다(Adams, 2008). 비록 웅변이나 운동을 펼치는 게 더 포괄적인 실행 방법이겠지만, 그렇게 도전하는 것은 현실적으로 매우 어렵다(Carrington, 1999). 즉, 공리주의적 접근방식을 채택함으로써 '이에 도전하는 행동을 하는' 학생들은 더 좋은 학교로 갈 기회를 잃게 되었다. 실제로 제외의 메커니즘을 공식적으로 사용하면서 학교는 비공식적으로(종종 불법으로) 학생들을 배제하곤 했다.

'도전한다고 여겨진다'는 것은 무슨 뜻인가?

행동적 · 감정적 · 사회적 어려움(Behavioural, Emotional, and Social Difficulties, BESD)을 가졌다고 확인되는 많은 학생은 계속해서 성장하고 있다(Cooper, 2006). 무엇이 BESD를 구성하고, 어떻게 그리고 어디서 이 아이들이 교육받아야하는지 정하는 것은 여전히 연구자들 사이에서 심각한 논쟁을 불러일으키곤 한다(Cole, 1998 참조; Cole & Visser, 1999; Daniels & Cole, 2002). 1944년부터 정부는 출판물을 통해 행동적 어려움을 보이는 아이들을 전문용어로, BESD 이외에도 '조절이 안 되는(maladjusted), 감정적, 행동적으로 어려운(Emotional and Behavioural Difficulties, EBD)이라는 용어를 사용하여 표현하였다(Frederickson & Cline, 2009). 실제로 요새 문헌들에서는 BESD가 시대에 따라 변하고 발전되는 애매모호한 용어라고 강조하고 있다(Cole & Visser, 2005).

많은 교육 연구자에게는 BESD라는 라벨이 사용되는 것에 대해 관심이 깊었다(Kelly & Norwich, 2004; Thomas 2005; Tobbell and Lawthom, 2005). BESD라는 말에는 '아동의 결핍 및 탈선'에서부터 비롯된 행동장애라는 의미를 함축한다(Thomas, 2005: 61). 결과적으로 BESD는 희망을 갖는 부모나 교사에게 이를 해결하거나 이전에 예방할 수 있는 방법은 없다는 사실을 '설명하게' 되었다. 만약 교사가 자신이 학생들을 통제할 수 없다고 판단하면 학생들의 교육환경을 변경하지 않을 것이다(Lauchlan & Boyle, 2007). 디스에이블리스트의 낙인은 그들(학생)을 어떻게 인식하느냐를 결정하기에 매우 중요하다. 바로 이것이 태도의 변화가 중요한 이유이며, 따라서 학교는 학생을 문제로 보지 말아야 한다.

학생들을 BESD로 라벨링하는 것의 부정적인 영향에도 불구하고(Thomas, 2005; Lauchlan & Boyle, 2007) 이익으로 인식되는 경우도 있다. 부모와 교사 모두 '문제' 아동에 대한 진단의 여러 형태를 적극적으로 바란다는 것이다. 이는 학부모에게는 바른 교육적 조처에 대한 수용을 할 수 있도록 하고, 교사에게는 교육을 하는 역할과 장애 · 비장애 통합을 하는 역할 사이에서 갈수록 늘어나는 긴장을 조절할 수 있도록 해 준다(Adams, 2008). BESD와 관련된 상태 중 하나는 주의력결핍 과잉행동장애(ADHD)인데, 증상은 지속적 파괴적인 행동의 형태와 밀접하게 관련되어 있다(Watling, 2004). ADHD에 관한 문헌에서는 ADHD라고 진단 받은 자녀의 부모의 주된 이점으로 자녀의 행동에 대해 책임을 느끼지 않을 가능성이 크다는 점을 자주 언급하였다(Cooper, 2005). 하지만 도전적 행동을 하는 자녀의 부모는 종종 책임감을 느낀다. 이 같은 상황에서의 진단은 '용서의 라벨'로 볼 수 있다(Lloyd & Norris, 1999). 청소년들에게도 이러한 라벨은 자신들을 인식하는 데 잠재적인 이점이 있다. 예를 들어, 한 학생이 BESD로 확인되면 소위 특수교육적 욕구(SEN)를 가진 학생으로 등록되고 학생에게 법적 권리가 부여된다(Visser & Stokes, 2003).

하지만 이러한 이익에도 불구하고 라벨링에 대한 우려는 계속해서 존재해 왔다. 이러한 우려 중 하나는 일단 이 라벨을 받으면서 붙여지는 낙인이다(Galloway et al., 1994; Jones, 2003). 이는 특히 행동장애가 있는 학생들이 경험하는 현실이다. 라벨을 받은 학생은 소위 학습장애가 있지 않더라도 그들과 같다는 오명을 갖게 된다(Clough et al., 2005). 다운증후군이나 뇌성마비를 가진 사람들에 대해서는 어떤 비난도 주어지지 않지만, 이와 다르게 BESD로 확인된 학생들은 비난을 받을 가능성이 높다(Clough et al., 2005). 그들은 '자신의 행동을 통제할 수 있고 사신이 원하지 않으면 학교정책에 따르지 않을 만큼 조절이 가능한 것'으로 여겨지기에 비난받는 것이다(Clough et al., 2005: 11). 중요한 것은 (장애의 의료화에 대한 우려를 감안할 때) 도전적 행동에 대한 용어가 불분명하다는 것이다. 왜냐하면 BESD가 공식적인 의료적 진단이 아니기 때문이다. 이처럼 '특징'이 모호하다는 것은 다른 학습장애보다 지위가 낮다고 인식될 수 있다.

청소년들이 BESD를 갖는 것으로 확인되면 사람들로부터 분리되며, '전문적인 도움의 보호막' 속에 갇히게 된다(Thomas, 2005: 67). 라벨을 가지고 있으면 교사는 학생의 교육 능력에 대한 기대치를 낮출 수 있다는 위험을 갖게 된다(Lauchlan & Boyle, 2007). 즉,

그 학생은 손상되었다는 인식에 의해 정의되고 격하된다(Garland-Thomson, 1997; Bolt, 2012). 따라서 라벨은 성인이 그들을 인식하고 대하는 방법에 있어서 그들에 대해 격하시키는, 청소년에게 해로운 영향을 줄 수 있다. BESD 라벨을 받는 과정에서 장애의 문제로는 그들이 '무력한' 사람들이고 지원이 필요하다고 생각하는 성인들에 의해 침묵하게 된다(Thomas, 2005). 그리고 이렇게 타자화된 젊은이들의 관점은 거의 고려되지 않는다. 다음을 살펴보자.

> 아이들이 비합리적일뿐만 아니라 정서적으로도 문제가 있는 것으로 이해하는 과정은 그들의 무언을 비난한다. 특히 비합리적인 것으로 보이는 것은(단순히 어리석은 것보다) 더 비난당한다. 왜냐하면 그것은 당신의 최선의 이익에 관한 상담조차 할 가치가 없다고 여겨지기 때문이다.
>
> (Thomas, 2005: 71)

전문가들은 BESD로 분류된 학생들을 어떻게 이해해야 하는지에 대한 인식을 구축한다. 학생들은 동료들과 사교적으로 어울리지 않는 것으로 간주되어 소외되고 있다(Sutcliffe & Simons, 1993; Gilman et al., 2000; Tobbell & Lawthom, 2005). 그들은 교실에서 보이는 행동 때문에 주류 교육 환경에서부터 제외된다. 그들은 교육 의제에 맞지 않은 것으로 간주되며, 포함한다고는 했으나 주류 교육의 변두리에 남아 있다. 따라서 학생들에게 부착된 라벨은 교육의 경로를 결정한다. 즉, 이 청소년들이 어떻게 이해될지 결정하는 데 책임을 갖는 이는 성인들이고, 청소년들이 받는 지원은 교사와 그들이 다니는 학교의 정신에도 어느 정도 달려 있다.

따라서 라벨은 양날의 검이다. 학생들은 전문가의 지원을 받기 위해 라벨을 요구한다. 하지만 이렇게 라벨을 얻으면 일부 성인에게 부정적으로 인식된다. 이것은 학생들을 주류 교육에서 제외시킬 수도 있다(Sutcliffe & Simons, 1993; Gillman et al., 2000; Tobbell & Lawthom, 2005). 일부 학생들은 라벨을 받더라도 추가 교육 지원에 접근할 수 없다(Lauchlan & Boyle, 2007). 어느 쪽이든, BESD 라벨을 획득하면 교육자들은 그들에게 장애화된 태도로 대한다(Miller et al., 2002; Riley, 2004). BESD 라벨의 모호한 특성 때문에 교육 지원을 거의 못받았던 학생은 라벨링 이후에는 '회전문 환자'로 비유될 만큼 광범위한 교육적 할당과 지원을 받게 된다.

사용된 라벨은 지속적으로 진화하는 정치적 의제로 인해 유동적이다. 최근 역사를 생각해 보자. 1990년대 후반 영국 노동당은 시장 세력들의 의제에 기초한 교육 시스템을 계승했다. 신 노동 정책이 교육의 상품화를 추구함에 따라 동등한 기회라는 이상은 단순한 포장에 불과했다. 교육 수행과 성적표에 중점을 두어 학생들을 모집하기 위해 경쟁할 것을 권장했다. 그들은 '가장 쉽고' '가장 저렴하게' 가르치기 위해 집중했다(Ball, 2004: 6). 실제로 1997년 이전의 장애학생에 대한 배제 관행은 크게 영향을 받지 않고 그대로 유지되었다(Ball, 1999). 이 구조 내에서 BESD 라벨을 받은 학생은 바람직하지 않은 것으로 간주되어 주류 환경에서 계속 제거되었다.

경제적으로 더 큰 이익이 되는 것이 개인의 욕구보다 훨씬 중요하게 여겨졌다. 이때의 교육 효과성은 '학습자'가 상업 세계에 성공적으로 참여하는 데 필요한 지식과 기술을 습득하여 '대기하는 일꾼'이 되는 것이었다(Tomlinson, 2005). 도전적 행동을 보이는 학생들과 같이 이 의제에 적합하지 않은 사람들은 재정적 지원 또는 시험 성적을 얻을 수 있는 기회를 제공하지 않음으로써 거부되거나 제거되었다(Adams, 2008). 학교의 경우 교내 규범에 적합한 '고분고분한 사람'을 만들어 내는 데 중점을 두었다(Foucault, 1979). 공급자−고객 분할에 따라 학교와 교사는 학생을 상업적 가치에 따라 가치를 부여하는 교육 시스템의 대상으로 보도록 격려되었다(Gewirtz, 2002).

신 노동당의 사회적 배제 의제(DfEE, 1997) 내에는 학교의 '기준'과 책임성을 개선하자는 의견이 계속해서 강조되었다. 행동에 문제가 있는 학생이 우선순위가 아니었다. 도움의 초점은 학생들의 개인적 필요보다는 실패한 학교에 있었다(Armstrong, 2005). 보다 포괄적인 실천방안을 개발하려는 정책에도 불구하고 도전적 행동을 하는 것으로 낙인된 학생들은 계속해서 제거되었다. 또한 여전히 급진적인 장애학의 사회적 모델과는 반대로 학생의 결점에 중점을 두었다. '문제'는 학생이었다. 학교는 학생에게 책임을 돌리면서 학교의 모든 책임을 경감시켰다. 즉, 학생이 교육시스템에 의해 실패한 것이 아니라 그저 학생이 실패한 것이다.

도전적 행동을 하는 학생을 제거하다

도전적 행동을 하는 학생을 제거하기 위해 여러 가지 메커니즘이 사용되었다. 학교에서는 '원치 않는' 학생을 제거하기 위해 그들이 보여 주는 행동의 수준에 따라 다양한 접근 방식을 채택한다. 가장 일반적인 기술 중 하나는 학교로부터 배제하는 것이다. 배제는 단지 수업에서 제외된 학생에서부터 학교에서 영구히 제외되는 학생까지 정도를 조절하며 변경할 수 있다(Daniels & Cole, 2010). 그러나 학교는 영구적인 배제의 수를 줄이자는 압력에 따라 문제가 있는 학생들을 제거하는 대안적인 형태로 전환했다.

비공식 배제라는 용어는 학교가 고정된 기간 또는 영구 배제의 절차를 실제로 거치지 않고 학생들이 출석하는 것을 막기 위해 사용하는 방법을 설명하기 위해 만들어졌다(Stirling, 1992; Stirling, 1996). 이러한 비공식적인 배제는 연장학습 휴가 또는 단축된 시간표와 같은 완곡한 표현으로 언급됐다(Evans, 2010). 이러한 형태의 배제는 명백히 불법이다. 하지만 이전의 연구에서는 비공식적으로 불필요한 학생을 제거하는 학교의 수많은 사례를 발견했다(Stirling, 1992; Gordon, 2001; Gazeley, 2010). 이러한 배제는 불법이므로 학교는 당당하게 할 수 없었지만 이 학생들을 작업장에 보내야 한다는 요건도 없었고, 결석한 학생은 공식적 기록에도 나타나지 않았다(Evans, 2010). 가족은 학교 권한에 도전하는 방법을 모르기에 이러한 배제에 도전하지 않았다(Evans, 2010). 이로 인해 부모와 자녀는 교육 전문가에게 의존하는 극히 취약한 상황에 놓이게 되었다. 힘의 불균형은 학생과 부모를 모두 효과적으로 침묵시켰다.

40년이 넘도록 통합이 교육체계의 특징으로서 알려져 왔음에도 불구하고, 이 학생들은 주류 교육의 주변부에 머물러 있다(Armstrong, 2005; Tomlinson, 2005; Adams, 2008). 이것이 사회적 태도가 특별한 관심사가 되는 이유이다. BESD로 분류된 학생은 교실에서 보여 주는 행동으로 인해 받아들여질 가능성이 적다(Tobbell & Lawthom, 2005). 그들은 문제를 가졌다기보다는 오히려 그 자체로 문제인 것으로 간주됐다(Heary & Hennessey, 2005). 공리주의적 접근법을 채택한 교육자로 인해 BESD로 분류된 학생들은 주류 교육에서부터 제거되었다.

> 이들을 주류 교육에 참여시켜야 하느냐 마느냐에 따라 다수와 개인 간의 욕구 사이에 계속해서 긴장감이 돌고 있다. 이 논쟁은 BESD 아동에 대한 통합교육의 영역에서 그 어느 영역에서보다도 더 치밀하게 논의된다.
>
> (Ellis et al., 2008: 130)

교육자는 과반수의 요구를 우선적으로 들어주어야 한다. 따라서 이렇게 타자화된 학생들은 수업에서 제외되고, 교사에 의해 무시되고, 학교에서 배제된다. 최근 학교에서의 핵심 목표로 성과 측정에 중점을 두어(Gillborn & Youdell, 2000; Torrence, 2002; Cassen & Kingdon, 2007) BESD 라벨을 받은 학생들의 교육에 악영향을 미쳤다(Gillborn & Youdell, 2000; Torrence, 2002; Cassen & Kingdon, 2007).

BESD로 분류된 학생들의 교육과정을 추적하려고 시도했던 이전 연구자들은 종종 그들의 혼란스러운 경로를 일반화하는 데 어려움을 겪었다(Pirrie & Macleod, 2009; Gazeley, 2010; Pirrie et al., 2011). 이는 각 학생들이 종종 비교적 짧은 기간에 광범위한 교육을 경험한 결과 교육의 경로가 무너졌기 때문이다(Gazeley, 2010; Pirrie et al., 2011). 이러한 학생들이 경험하는 어려움은 학생들의 다수

가 복잡하고 불안정한 학교 출석 패턴을 가짐으로써 더욱 악화된
다(Gazeley, 2010). 무너진 교육 경로와 빈약한 출석은 학생의 기존
학습 및 사회적 어려움에 해로운 영향을 미칠 수 있다(Pirrie et al.,
2011).

말로 잘 포장을 했음에도 불구하고 새 노동당 정부는 결코 통
합 정책을 수용하지 않았다. 교사는 목표와 학업 성적에 대한 강
조가 계속됨에 따라 도전적 행동을 하는 학생을 수용할 수 없었다
(Hodkinson, 2012). 전통적으로 도전적 행동을 하는 청소년들은 보
호시설과 같은 분리된 교육 기관에 배치되었다(Garner, 2009). 포용
해야 한다는 의제에도 불구하고 학생들이 주류 교육환경에서 계속
해서 제거됨에 따라 변화가 거의 없게 되었다는 것이 나의 주장이
다. 이렇게 특수학교에 배정된 학생의 수가 증가하면서 특수학교
가 분리되기까지 이르렀다(Rustmeier & Vaughan, 2005). 더욱이 주
류 교육에서 학생을 제거하는 일은 결국 학생들을 대안적 교육공
급의 범위에 배치하는 식으로 발전되었고, 이를 '버리고 희망하는
(dump and hope)' 모델이라 하였다.

고쳐 보자

문헌에 따르면 학생은 이러한 현실을 원하지 않는다는 것이 명
확하다. 그러나 이 명백한 윤리적 딜레마 속에서 교사의 입장을 고
려해야 한다. 교사의 경우 도전적 행동을 보이는 학생을 가르치기
위해서는 그들에게 수업을 할 수 있는 전문 기술과 공격적인 행동

을 다루는 데 필요한 정서적인 에너지 모두가 필요하다(Swinson & Knight, 2007). 한 연구에서 이러한 학생의 행동은 교사를 직업으로 삼기 꺼리게 하는 주요 요인 중 하나로 밝혀졌으며, 심지어는 기존의 교사가 그만두는 이유가 되기도 했다(Barmby, 2006). 따라서 정부가 법안을 정할 때 각 교사가 이 청소년 집단을 지원할 수 있는 능력이 있는지 고려해야 한다.

영국 정부에서 제작한 최근 문서에는 학교에서의 행동 기준 및 실천에 대해 검토하였다(Steer, 2009). 여기에 나온 기준들을 보면 새로 자격을 갖춘 교사들은 보다 도전적인 학생들의 행동을 다루기 위해 자신감과 기술을 가져야 됨이 강조된다. 새로 자격을 갖춘 많은 교사는 스스로 BESD로 분류된 학생들을 가르칠 능력이 없다고 생각한다(Garner, 1996; Avramidis et al., 2000). 왜냐하면 교사가 사범대학원 졸업증명서(PGCE)를 받기 전 수행하는 연수는 정서적 · 심리적 웰빙에 대해 거의 다루지 않으며, 많은 교사가 이러한 문제, 특히 도전적인 태도에 어떻게 대처해야 하는지에 대한 지식이 부족한 상태로 졸업하기 때문이다(Margo et al., 2008). 그 결과 교사들은 불가능한 상황에 놓이게 된다. 그들은 이러한 학생들을 지도할 충분한 준비가 되어 있지 않지만, 그들의 교육적 욕구를 다루도록 요구된다. 이 때문에 많은 교육자가 주류 환경에서 도전적이라고 여겨지는 학생들을 제거하는 공리주의적 접근 방식을 개발하게 되었다. 이것은 교사들에게 주어진 외부의 압력 때문이라고 주장되었다.

특수교육 욕구가 있는 것으로 분류된 학생들을 가르치는 데 아동 중심 접근법을 적용한 교사가 있다는 증거들이 있으며, 이는 학생들을 돕기 위한 노력으로 나타났다. "(교육공급의 성격보다) 더 중요한 것은 공급이 어떻게 되더라도 굴하지 않고 직원이 보여 준 기술과 헌신의 정도였다"(Daniels et al., 2003: 134). 한 연구에서는 교사 중 몇 명이 학생의 가정 상황에 대해 잘 알고 있었다(Gross & McChrystal, 2001). 그들은 가족을 참여시키기 위해 노력을 기울였으며, 아이를 수용하고 포함하는 엄청난 유연성을 보여 주었다. 이 연구는 교사가 개별 학생의 욕구를 인식하는 것이 중요하고, 이것이 학생의 교육과정에 긍정적인 영향을 미친다는 것을 인식하고 있음을 보여 준다. 그러나 교사가 이 학생들의 학습 요구를 충족시키기 위해서는 BESD를 인식할 수 있을 만큼 유능하고 자신감을 가져야 한다. 하지만 우려스럽게도 한 연구에 따르면 교사들은 그렇게 할 준비가 되어 있다고 느끼지 않는다(Visser & Stokes, 2003; Male, 2003; Grieve, 2009, Goodman & Burton, 2010).

문헌 자료는 교사들이 BESD라는 용어가 의미하는 바를 공유하지 못했음을 보여 준다. 이는 부적절한 행동의 개념이 사회적으로 구성되는 것으로 이어진다(Visser & Stokes, 2003; Male, 2003; Grieve, 2009). 대부분의 경우 교사는 학생의 추가 학습 요구사항이 있는지 여부를 확인하고, 특수교육 욕구에 대한 평가를 받아야 한다. 그러나 교사들은 BESD에 대한 전문 교육과 이러한 각 조건들에 대한 이해가 필요하다고 표명해 왔다(Goodman & Burton, 2010). 이러한 문제는 교육 전문가가 학생이 BESD를 가졌는지 여부에 관해 합의에 도달하기 어렵게 만들었다. 또한 이러한 모호성은 특수교육 욕구가 있는 대상자를 식별하는 교사의 확신에도 영향을 미쳤다.

교사는 평가가 필요한 청소년을 식별하는 데 중요한 역할을 한

다. 그러나 그들의 판단은 그들의 태도뿐만 아니라 특정 행동에 대
해 어떻게 인식하는지, 얼마나 관용할 수 있는지에 따라 주관적일
수 있다(McKay & Neal, 2009). 그렇기 때문에 청소년이 BESD인지
아닌지 여부를 결정할 때 환경 요인 및 상황의 영향을 고려하는 것
이 중요하다. '맥락상 행동'이라는 개념은 다른 곳에서도 강조되었
다(Hargreaves et al., 1975). 결국 여기서의 논쟁은 사회적 행동이 문
제가 있거나 문제가 아닌 것으로 간주되는지의 여부가 사람, 장소
및 시간에 따라 다양하다는 것이다. 교사들은 그들의 개인적 가치
관에 따라 학생들을 본다(Hargreaves et al., 1975). 이 또한 더 넓은
정책 전망과 압력이 반영되어 있다(Adams, 2008). 교사는 적절한
훈련을 받지 못하기 때문에(Goodman & Burton, 2010) 그저 이들을
도왔던 자신의 이전 경험에 의존하게 된다(Gray & Panter, 2000).

결론

영국의 현행 교육 제도는 배제와 통합 사이에 모순이 있어 도전
적 행동을 하는 학생들을 위한 제도는 거의 없다고 봐도 무방하다.
이 장에서는 현재 시스템이 학생 또는 교사의 관점에서 제대로 작
동하지 않는다는 것을 강조한다. 실제로 도전적 행동을 보이는 학
생들을 포함하여 교실에 있는 모든 이가 주류 교육을 받을 수 있도
록 교사에게 권한을 부여하는 변화가 필요하다. 그러나 나의 주된
관심사는 학생들이 분리와 배제의 과정을 통해 제거된다는 것에
있다. 그 결과 학생들은 혼란스러운 교육과정을 걷게 되었다. 결

국 여기서 강조하는 것은 이 모든 문제에 있어서의 근본 문제는 태도에 있다는 것이다. 이 태도는 과학적·사회적·교육적 관점으로부터는 불분명한 디스에이블리스트의 낙인 속에서 더 명확해진다. 그러므로 진보는 태도의 변화로부터 시작된다.

참고문헌

Adams, P. (2008). Positioning behaviour: Attention Deficit/Hyperactivity Disorder (ADHD) in the post-welfare educational era. *International Journal of Inclusive Education,* 12(2), 113-125.

Armstrong, D. (2005). Reinventing 'inclusion': New Labour and the cultural politics of special education. *Oxford Review of Education,* 31(1), 135-151.

Avramidis, E., Bayliss, P., & Burden, R. (2000). Student teachers'attitudes towards the inclusion of children with special educational needs in the ordinary school, *Teaching and Teacher Education,* 16(2), 277-293.

Ball, S. J. (1999). Labour, learning and the economy: a 'policy sociology' perspective. *Cambridge Journal of Education,* 29(2), 195-206.

Ball, S. (2004). Education for sale! The commodification of everything?. *Annual Education Lecture. Institute of Education,* University of London, London, June 2004. Online. Available http://mykcl.info/content/1/c6/05/16/42/lecture-ball.pdf (accessed 22 October 2010).

Barmby, P. (2006). Improving teacher recruitment and retention: the importance of workload and pupil behaviour. *Educational Research,* 48(3), 247-265.

Bolt, D. (2012). Social encounters, cultural representation and critical avoidance. In N. Watson, A. Roulstone & C. Thomas (Eds), *Routledge*

Handbook of Disability Studies. London: Routledge.

Booth, T. (1996). Stories of exclusion: natural and unnatural selection. In E. Blyth & J. Milner (Eds), *Exclusion from School: Inter-professional Issues for Policy and Practice*. London: Routledge.

Carrington, S. (1999). Inclusion needs a different school culture. *International Journal of Inclusvie Education*, 3(3), 257–268.

Cassen, R., & Kingdon, J. (2007). *Tackling Low Educational Achievement* (Joseph Rowntree Foundation). Online. Available www.jrf.org. uk/bookshop/ebooks/2063-education-schools-achievement.pdf (accessed 10 May 2011).

Clough, P., Garner, P., Pardeck, J., & Yeun, F. (2005). Themes and dimensions of EBD: a conceptual overview. In P. Clough, P. Garner, J. Pardeck & F. Yeun (Eds), *Handbook of Emotional and Behavioural Difficulties*. London: Sage.

Cole, T. (1998). Understanding challenging behaviour: a pre-requisite to inclusion. In C. Tilstone, L. Florian & R. Rose (Eds), *Promoting Inclusive Education*. London: Routledge.

Cole, T., & Visser, J. (1999). The history of special provision for pupils with EBD in England: what has proved effective?. *Behavioural Disorders*, 25, 111, 56–64.

Cole, T., & Visser, J. (2005). *Review of Literature on SEBD Definitions and 'Good Practice'*. University of Birmingham, accompanying the 'Managing Challenging Behaviour' report published by OfSTED (2005). Online. Available www.ofsted.gov.uk (accessed 24 February 2009).

Cooper, P. (2005). Biology and behaviour: the educational relevance of a biopsychosocial perspective. In P. Clough, P. Garner, J. Pardeck & F. Yeun (Eds), *Handbook of Emotional and Behavioural Difficulties*. London: Sage.

Cooper, P. (2006). Setting the scene. in M. Hunter-Carsch, Y. Tiknaz, P. Cooper & R. Sage (Eds), *The Handbook of Social, Emotional and Behavioural Difficulties*. London: Continuum.

Daniels, H., & Cole, T. (2002). The development of provision for young people with emotional and behavioural difficulties: an activity theory analysis. *Oxford Review of Education, 28*(2-3), 312-329.

Daniels, H., & Cole, T. (2010). Exclusion from school: short-term setback or a long term of difficulties?. *European Journal of Special Needs Education, 25*(2), 115-130.

Daniels, H., Cole, T., Sellman, E., Sutton, J., Visser, J., & Bedward, J. (2003). *Study of Young People Permanently Excluded from School*. Report no. 405 DfES, London.

Department for Education (1981). *The Education Act* HMSO. London: DfE.

Department for Education (2010). *Permanent and Fixed Period Exclusions from Schools in England 2008/09* HMSO. London: DfE.

Department for Education and Employment (1997). *Excellence in Schools*. HMSO. London: DfEE.

Ellis, S., Tod, J., & Graham-Matheson, L. (2008). *Special Needs and Inclusion: Reflection and Renewal*. Birmingham: NASUWT.

Evans, J. (2010). *Not Present and Not Correct: Understanding and Preventing School Exclusions*. Barnardo's. Online. Available www.barnardos.org.uk/not_present_and_not_correct.pdf (accessed 16 June 2009).

Foucault, M. (1979). *Discipline and Punish: The Birth of the Prison*. Harmondsworth: Peregrine.

Frederickson, N., & Cline, T. (2009). *Special Educational Needs Inclusion and Diversity*. Buckingham: Open University Press.

Galloway, D., Armstrong, D., & Tomlinson, S. (1994). *The Assessment of*

Special Educational Needs: Whose Problems?. London: Longman.

Garland-Thomson, R. (1997). *Extraordinary Bodies: Figuring Physical Disability in American Culture and Literature*. New York: Columbia University Press.

Garner, P. (1996). Students'views on special educational needs courses in Initial Teacher Education. *British Journal of Special Education*, 23, 176-179.

Garner, P. (2009). *Special Educational Needs: The Key Concepts*. London: Routledge.

Gazeley, L. (2010). The role of school exclusion porcesses in the reproduction of social and educational disadvantage, *British Journal of Educational Studies*, 58(3), 293-309.

Gewirtz, S. (2002). *The Managerial School: Post-welfarism and Social Justice in School*. New York: Routledge.

Gillborn, D., & Youdell, D. (2000). *Rationing Education: Policy, Practice, Reform and Equity*. Buckingham: Open University Press.

Gillman, M., Heyman, B., & Swain, J. (2000). What's in a name? The implications of diagnosis for people with learning difficulties and their family carers. *Disability and Society*, 15(3), 389-409.

Goodman, R. L., & Burton, D. (2010). The inclusion of students with BESD in mainstream schools: teachers'experiences of and recommendations for creating a successful inclusive environment. *Emotional and Behavioural Difficulties*, 15(3), 223-237.

Gordon, A. (2001). School exclusions in England: children's voices and adult solutions?. *Educational Studies*, 27(1), 69-85.

Gray, P., & Panter, S. (2000). Exclusion or inclusion? A perspective on policy in England for pupils with emotional and behavioural difficulties. *Support for Learning*, 15(1), 4-7.

Grieve, A. (2009). Teachers'beliefs about inappropriate behavior: challenging attitudes?. *Journal of Special Educational Needs*, 9(3), 173-179.

Gross, J., & McChrystal, M. (2001). The protection of a statement? Permanent exclusions and the SEN code of practice. *Educational Psychology in Practice: Theory, Research and Practice in Educational Psychology*, 17(4), 347-359.

Hargreaves, D., Hester, S. K., & Mellor, F. (1975). *Deviance in Classrooms*. London: Routledge and Kegan Paul.

Heary, C., & Hennessy, E. (2005). *Developmental Changes in Children's Understanding of Psychological Problems: A Qualitative Study*, presented at the Annual Conference of the Psychological Society of Ireland. November 2005, Galway, Ireland.

Hodkinson, A. (2012). Illusionary inclusion-what went wrong with New Labour's landmark educational policy?. *British Journal of Special Education*, 39(1), 4-11.

Jones, R. (2003). The construction of emotional and behavioural difficulties. *Educational Psychology in Practice*, 19(2), 147-157.

Kelly, N., & Norwich, B. (2004). Pupils'perceptions of self and of labels: moderated learning difficulties in mainstream and special schools. *British Journal of Educational Psychology Society*, 74, 411-435.

Lauchlan, F., & Boyle, C. (2007). Is the use of labels in special education helpful?. *Support for Learning*, 22(1), 36-42.

Lloyd, G., & Norris, C. (1999). Including ADHD? *Disability and Society*, 14(4), 505-517.

Male, D. (2003). Challenging behaviour: the perceptions of teachers on children and young people with severe learning disabilities. *Journal of Special Educational Needs*, 3(3), 162-171.

333

Margo, J., Benton, M., Withers, K., Sodha, S., & Tough, S. (2008). *Those Who Can?*. London: IPPR.

McKay, J., & Neal, J. (2009). Diagnosis and disengagement: exploring the disjuncture between SEN policy and practice. *Journal of Research in Special Educational Needs*, 9(3), 164-172.

Miller, A., Ferguson, E., & Moore, E. (2002). Parents'and pupils'causal attributions for difficult classroom behavior. *British Journal of Educational Psychology*, 72, 27-40.

Office for Standards in Education (Ofsted) (1999). *Managing Pupil Behaviour Principles into Practice: Effective Education for Pupils with Emotional and Behavioural Difficulties*. A report from the Office of Her Majesty's Chief Inspector of Schools London: OFSTED. Online. Available www.ofsted.gov.uk (accessed 5 March 2009).

Pirrie, A., & Macleod, G. (2009). Locked out: researching destinations and outcomes for young people permanently excluded from special schools and pupil referral units. *Emotional and Behaviorural Difficulties*, 14(3), 185-194.

Pirrie, A., Macleod, G., Cullen, M., & McClusky, G. (2011). What happens to pupils permanently excluded from special schools and pupil referral units in England?. *British Educational Research Journal*, 37(3), 519-538.

Riley, K. (2004). Voices of disaffected pupils: implications for policy and practice. *British Journal of Educational Studies*, 52(2), 166-179.

Rustmeier, S., & Vaughan, M. (2005). *Segregation Trends in LEAs in England 2002-2004*. Bristol: CSIE.

Steer, A. (2009). *Learning Behaviour: Lessons Learned: A Review of Behaviour Standards and Practices in our Schools*. DCSF publications. Online. Available www.publications.dcsf.gov.uk (accessed 5 March 2010).

Stirling, M. (1992). How many pupils are being excluded. *British Journal of Special Education*, 19(4), 128-130.

Stirling, M. (1996). Government policy and disadvantaged children. In E. Blyth & J. Milner (Eds), *Exclusion from Education*. London: Routledge.

Sutcliffe, J., & Simons, K. (1993). *Self Advocacy and People with Learning Difficulties*. Leicester: NIACE.

Swinson, J., & Knight, R. (2007). Teacher verbal feedback directed towards secondary pupils with challenging behaviour and its relationship to their behaviour. *Educational Psychology in Practice*, 23(3), 241-255.

Thomas, G. (2005). What do we mean by 'EBD'?. In P. Clough, P. Garner, J. T. Pardeck & F. Yuen (Eds), *Handbook of Emotional Behavioural Difficulties*. London: Sage.

Tobbell, J., & Lawthom, R. (2005). Dispensing with labels: enabling children and professionals to share a community of practice. *Educational and Child Psychology*, 22(3), 89-97.

Tomlinson, S. (2005). *Education in a Post-welfare Society*. Buckingham: Open University Press.

Torrence, H. (2002). Assessment, accountability and standards: using assessment to control reform of schooling. In A. Halsey, H. Lauder, P. Brown & A. Wells (Eds), *Education, Culture, Economy and Society*. Oxford: Oxford University Press.

Visser, J., & Stokes, S. (2003). Is education ready for the inclusion of pupils with emotional and behavioural difficulties: a rights perspective?. *Educational Review*, 55(1), 65-75.

Watling, R. (2004). Helping them out. *Emotional and Behavioural Difficulties*, 9(1), 8-27.

에필로그
태도와 행동

데이비드 볼트(David Bolt)

이 책은 내가 영국의 리버풀 호프 대학에서 문화와 장애 연구센터의 책임자로 있던 시기에 세미나의 일부를 기반으로 하였다. 문화와 장애 연구센터는 인문과학 및 사회과학과 함께 특히 장애 연구를 문화와 교육의 한 영역으로 묶어 분석한 혁신적인 연구로 국제적인 명성을 가지고 있는 기관이다. 이 책에서 제시된 사례들은 또한 다학문적, 학제간 접근을 통해 장애에 대한 사회의 태도, 인식의 변화에 대한 논의를 이끌어 내고자 했다.

이 프로젝트는 뛰어나고 저명한 신진 학자들의 국제적 협력을 대표하기도 한다. 즉, 이 책은 벨기에, 프랑스, 영국, 미국에 기반을 둔 박사학위를 받은 지 5년쯤 (또는 이른 시일 내에 학위과정을 마치기를 희망하는) 된 연구자들이 기반이 되었다. 우리 중 일부는 교수이거나 신진·중견 연구자이거나 또는 독립적으로 연구하는 학자들이다. 그리고 우리의 연구는 인문학과 사회과학 전반에 걸쳐 있기도 하다. 나는 이러한 다양한 협력이 장애 연구를 둘러싼 구시대적인 문제를 해결하고 장애에 대한 참신한 접근을 가능하게 할 것으로 기대하고 있다. 본 저서의 시작 부분에서 언급된 바와 같이 가장 중요한 논거는 장애에 대한 사회적 태도가 절대 과소평가되어서는 안 되며, 점점 장애에 대한 태도, 인식이 긍정적으로 변하고 있는 것처럼 보인다는 것이다. 따라서 다학문적, 학제간 접근은 이 중요한 논지에 있어서 우리에게 풍부한 지식의 확장을 제공해 줄 것이라고 본다.

내가 집필한 서론에서는 에이블리즘과 디스에이블리즘이 동정의 양면과 같다고 언급한 바가 있다. 에이블리즘은 비장애인을 우월한 존재로 만드는 개념이고, 디스에이블리즘은 장애인에 대한 태도와 행동의 차별을 뜻한다. 본 저서는 전체적으로 에이블리즘의 이데올로기가 역사, 문화, 교육과 많은 연관이 있다는 것을 고려하고 있다. 데이비드 도아(David Doat)는 에이블리스트의 인류학을 진화론에 관련된 많은 과학적 연구를 바탕으로 비판하였고, 알렉스 탄카드(Alex Tankard)와 톰 쿠건(Tom Coogan)은 에이블리스트에 의한 문화적 대표성의 변화를 비평하였다. 앨런 홉킨슨(Alan Hodkinson)은 가상 교육환경에서 에이블리즘에 의한 거대한 내러티브를 이야기했다. 또한 에이블리즘의 특정 유형은 캐서린 프렌더개스트(Catherine Prendergast)의 장에서 비난받기도 했다(또한 본서의 다른 감각에 비해 시각을 우위에 두는 10장이나 렉시즘에 대한 14장을 살펴보자).

에이블리즘과 디스에이블리즘의 개념은 서로 연관되어 있다. 디스에이블리즘을 가진 이로부터 차별받는 타자에 대해서 에이블리즘은 이를 구분·정의해 준다. 예를 들면, 크레이그 콜린슨(Craig Collinson)에 따르면 난독증은 렉시즘에 의해 타자화된 것이나 수 스미스(Sue Smith)가 사이보그 군인을 표현하면서 획득한 사회문화적 과정이나 오언 바든(Owen Barden)의 장에서 제도적 기준에 대해 논한 것도 이와 관련된다. 본 책은 장애에 대한 태도에 다학문적, 학제간 접근을 함으로써 다름에 대한 다양한 이해를 돕는다. 폴린 에어(Pauline Eyre)는 독자들에게 장애를 타자로서 취급할 기회도 주지 않은 채 문학을 통해 어떻게 장애인의 삶의 현상학을 보여줄 수 있는지를 입증했다. 장애인들은 자신의 다름을 독자들에게 전달할 기회조차 얻지 못했다. 클레리 핀케스(Claire Penketh)는 타자에 대한 관찰자로서만 연구하는 많은 학술 및 논문을 비판하였다(즉, 진단 평가 유형에 맞춰진 작업을 하는 예술 분야 학생이 그러하듯이 말이다). 마리 캐슬린(Marie Caslin)은 도전적 행동을 하는 학생을 타자화하는 것이 낙인에서 배제로 이어지는 것을 보았고, 본 연구자는 시각장애인들이 시각 중심의 사회적 심미에 의해 타자화되어 가는 것에 대해 다루었다.

본 연구자는 들어가는 장에서 장애를 연구하는 것에 대한 우려를 밝혔다. 디스에이블리스트와 에이블리스트의 장애에 대한 태도가 연구되고 바뀌기를 바라지만, 오히려 이들의 기존 태도를 강화하는 것에 대한 우려였다. 에멀린 버텟(Emmeline Burdett)은 영미 역사학자들이 해석한 나치즘과 나치의 소위 '안락사 프로젝트'

에 대한 비평 속에서 이러한 문제들을 생생하게 드러냈다. 이 안락
사 프로그램은 장애에 대한 고정관념을 반영하며, 앨리스 홀(Alice
Hall)의 장에서는 최근의 전쟁 사진을 탐구하였는데 여기도 장애에
대한 고정관념이 나타나 있다. 사실 장애 연구에 대한 이와 같은 우
려는 본 책 전반에 걸쳐서 명시적이지는 않지만 함축적으로 존재
한다.

　이러한 우려를 우리의 작업 속에서 언급하기 위한 노력으로 우
리는 장애인을 대상화할 가능성이 적은 텍스트 방법론을 채택하였
다. 하지만 이러한 접근법은 문화적 이해에 초점이 맞추어져 있어
실제 경험과는 상당한 거리가 있는 내용을 논할 우려가 있다. 그러
므로 스텔라 볼라키(Stella Bolaki)에 의해 명백히 논의되었듯이, 장
애 관련 회고록에 대한 가치가 강조되기도 한다(5장 참조). 게다가
우리 저자들은 우울증, 난독증, 다발성 경화증, 척추이분증 및 시각
장애와 같은 여러 가지 장애 특성을 지니고 있음을 언급하고 싶다.
즉, 우리 대다수는 장애에 대한 사회적 태도, 인식이 어떠한지 이미
우리 스스로 직접적으로 경험하고 있기에 실제와 거리가 먼 내용
을 다룰 우려는 줄어든다.

　우리가 연구하는 분야의 성격을 감안할 때 우리의 경험적 지식
이 덜 직접적이라는 한계는 분명히 존재하지만 여전히 중요한 지
식으로 판단되고 있다. 이 점을 설명하기 위해 다시 서론에서 논했
던 내용으로 돌아갈 필요가 있다. 본 연구자는 수십 년 동안 안내견
을 사용했으므로 시각안내견과 관련된 법조차 잘 알고 있다. 하지
만 관련법에도 불구하고 안내견을 사용하는 시각장애인은 실제로
장애인에 대한 차별적인 인식과 태도를 가진 식당 주인과 관리인

에 의해 환영받지 못하는 것이 현실이다. 본 연구자의 경험을 바탕으로 결과적으로 장애인에 대한 편견이 적은 식당에 가게 되면 장애인은 상당히 귀족적인 고객이 된다. 최근에 이루어진 장애학 콘퍼런스의 말미에 기념 식사를 위해 예약했던 레스토랑에서 겪은 일을 통해 이야기하고자 한다.

자리에 앉고 나서 불과 몇 분 후에 본 연구자는 2명의 동료와 마주쳤다. 그들은 우리와 합류할 생각이었다. 그래서 우리가 추가 인원에 대해 예약하지 않았다는 것을 고려하여 식당 주변을 둘러보다가 합류한 동료들이 앉을 수 있는 자리를 찾기 시작했다. 우리 중 일부는 휠체어를 사용하고, 다른 사람들은 안내견을 사용했기 때문에 약간의 여유 공간이 필요할 것이라고 레스토랑에 언급했다. 식당 대표는 얼마나 많은 대표단이 우리와 함께할 지 확신할 수는 없지만 자리를 마련하는 것을 망설이지 않았다. 30분쯤 후에 2명은 곧 4명이 되었고, 결국 14명으로 늘어나게 되었다.

동료 중 한 명은 휠체어를 사용하고 있었지만 큰 문제없이 식당까지 도착할 수 있었다. 하지만 전동휠체어를 사용하는 동료는 무사히 식당까지 도착하지 못했다. 식당 입구가 전동휠체어가 들어가기 힘든 구조로 되어 있었기 때문이다. 이러한 문제가 발생하면 본 연구자는 식당을 떠나서 다시 오지 않지만 우리 동료 중 일부가 이미 식사를 시작한 상황이어서 식당을 나갈 수도, 머무를 수도 없는 매우 난감한 상황에 처하게 되었다.

이러한 경우가 바로 장애에 대한 태도가 직접적으로 드러난 사례라고 할 수 있다. 물리적 환경은 에이블리스트의 주장대로 매우 부족했지만, 식당 주인의 장애에 대한 태도는 디스에이블리스트와는 거리가 있었다. 전동휠체어가 들어갈 수 있는 경사로를 제공받는 것보다도 동료들은 진정으로 환영받는 기분이었고, 몇 분 후 나머지 동료들과도 합류할 수 있었기 때문이다. 본 연구자는 이 같은 경험을 통해 장애에 대한 긍정적인 태도는 표면적인 것에 그칠 것이 아니라 우리 환경에 꼭 필요한 요건이라는 것을 깨달았다.

반대로, 본 연구자의 파트너가 버스 이용 도중 목격한 사례를 언급해 보고자 한다. 첫 번째로 강조할 요인은 바로 버스의 접근성이었다. 파트너는 버스를 타고 집으로 가는 중이었다. 이후 버스 정류장에서 남자 한 명과 여자 한 명이 버스에 승차했다. 여자는 상대적으로 키가 작았는데, 버스기사는 농담조로 남자에게 2명의 성인 요금이 아니라 1명하고도 성인 반 분의 요금을 내라고 하였다. 이는 여성의 신체를 '아이'와 같다고 판단하고 남자에게 그에 맞는 요금을 내라고 하는 매우 우생학적인 차별을 행하고 있었던 것이다. 이런 사례에서 버스기사의 소위 농담이라는 것이 버스회사의 이용자 접근성의 정책상 문제가 되는 방해요인임을 분명히 보여 준다고 하겠다(역자: 버스의 물리적 접근성과 마찬가지로 장애에 대한 태도의 문제도 매우 중요하다).

이러한 사례들은 장애에 대한 사회적 태도에 대한 주요 관심사가 어떤 것인지 알려 준다. 이는 사회적 접촉이 중요함을 의미하는데, 감각적 또는 정신적으로 더 큰 이슈에 공감하는 사회적 접촉을 말한다. 예를 들면, 서구의 생각은 힌두교와 불교, 이슬람교에 의해 도전받을 수 있을 뿐더러(Miles, 1992) 서구의 신앙공동체는 장애인을 사회참여자로 온전히 환영할지 안할지 논의하거나 장애인을 인식하는 방식을 바꿀 필요가 있다(Reynolds, 2012). 이 시점에서 수많은 질문이 떠오른다. 장애에 대한 깊은 이해가 왜 종교적 설교의 내용과 양립할 수 없는가? 대부분의 종교적인 은유는 왜 에이블리스트가 아니면 디스에이블리스트에 기반을 두고 있는가? 다시 말하지만, 충분조건은 아니라고 해도 장애에 대한 사회적 태도의 변화는 장애인 접근성 보장의 필요조건이라 하겠다.

이 책에서 우리는 장애에 대한 사회적 태도의 변화를 문서화하고 변화를 요구하기 위해 역사적·문화적·교육적 연구에 대해 비판적인 접근 방식을 취했다. 최종적으로 에이블리스트와 디스에이블리스트의 태도는 행동이 진정한 의미를 가지기 전에 도전받고 변화되어야 한다. 21세기 영국 거리에서 접근할 수 있는 버스의 경우 관련 정책과 입법적인 면에서는 에이블리즘의 관점을 탈피한 것이 명백하다. 하지만 버스기사가 저렴하기 짝이 없는 농담을 던질 만큼 기사는 디스에이블리스트의 담론을 따르고 있으며, 문제는 그대로 남아 있다. 물리적인 측면에서는 더 이상 그렇지 않다고 할지라도, 손상을 입은 이들은 매일의 일상 속에서 마주치는 에이블리스트와 디스에이블리스트의 태도를 통해 타자화되고 있는 것이다.

참고문헌

Miles, M. (1992). Concepts of mental retardation in Pakistan: toward cross-cultural and historical perspectives. *Disability, Handicap and Society,* 7(3), 235-255.

Reynolds, T. E. (2012). Theology and disability: changing the conversation. *Journal of Religion, Disability and Health,* 16(1), 33-48.

찾아보기

인명

책에 기여한 사람들

오언 바든(Owen Barden)
영국 리버풀 호프 대학교 교수, 2011년 셰필드 대학교 교육학 박사 수료, 현재 난독증, 디지털 소셜네트워크, 새로운 교육기술을 포함한 다양한 연구에 참여하고 있다.

스텔라 볼라키(Stella Bolaki)
영국 켄트 대학교 영어 학교 교수, 2007년 에든버러 대학교 박사 수료,『불안하게 만드는 교양소설: 동시대의 미국 소수민족 여성의 소설 읽기(Unsettling the Bildungsroman: Reading Contemporary Ethnic American Women's Fiction)』(2011)의 저자이며 현재 질병 체험에 대한 책을 쓰고 있다.

에멀린 버르뎃(Emmeline Burdett)
영국 독립학자, 2011년 런던 종합 대학교 박사 수료, 현재 슈테판 츠바이크의 1939년 소설『연민에 조심하라(Beware of Pity)』에 대해 작업 중이다.

마리 캐슬린(Marie Caslin)
영국 리버풀 호프 대학교 교육 교수, 2012년 리버풀 존 무어스 대학교 박사 수료, 현재 행동적 · 감정적 · 사회적 장애를 가진 어린 학생들의 교육과정에서 두드러지게 나타나는 비난문화에 대해 조사하는 일을 하고 있다.

크레이그 콜린슨(Craig Collinson)
영국 리버풀 호프 대학교 학업지원 담당자, 2008년 레딩 대학교 중세학 대학원 철학 석사 수료, 현재 에지 힐 대학교 박사학위 과정 중이다.

톰 쿠건(Tom Coogan)

영국 버밍험 대학교 경영 대학원에서 경영진 교육 강사, 2008년 레스터 대학교 박사 수료, 레베카 맬릿과 코미디와 장애에 중점을 두고 『문학적, 문화적 장애학 저널(Journal of Literary and Cultural Disability Studies)』에 초청 편집자로 활동하고 있다.

데이비드 도앗(David Doat)

프랑스 리릴 가톨릭 대학교 전체 조교, 2006년 루뱅 라너브 가톨릭 대학교 문학 석사 수료, 현재 벨기에 나무르 대학교에서 박사학위 과정 중이다.

폴린 에어(Pauline Eyre)

영국 독립학자, 2010년 맨체스터 대학교 박사 수료, 현재 영어권 편견을 방해하는 문학적 장애 표현에 대한 연구 중이다.

앨리스 홀(Alice Hall)

영국 요크 대학교 영어, 관련 문학과에서 현대 · 세계 문학 강연 교수, 2010년 케임브리지 대학교에서 박사학위 수료, 『장애와 현대소설: 포크너, 모리슨, 쿠체 그리고 노벨 문학상(Disability and Modern Fiction: Faulkner, Morrison, Coetzee and the Nobel Prize for Literature)』(2012) 저자이다.

앨런 홉킨슨(Alan Hodkinson)

영국 리버풀 호프 대학교 조교수, 2003년 랭커스터 대학교 박사학위 수료, 필립 비커맨과 『특수교육의 욕구와 포함(Key Issues in Special Educational Needs and Inclusion)』(2009) 저자이다.

클레리 핀케스(Claire Penketh)

영국 리버풀 호프 대학교 부교수, 2010년 골드스미스 런던 대학교 박사학위 수료, 『어설픈 만남: 통합운동장애와 그림(A Clumsy Encounter: Dyspraxia and Drawing)』(2011)의 저자이다.

캐서린 프랜더개스트(Catherine Prendergast)

미국 일리노이 대학교 어바나-샴페인 캠퍼스 교수, 1997년 위스콘신 대학교 매디슨 캠퍼스 박사학위 수료, 『인종 간의 정의를 읽고 쓰는 능력: 브라운 대 교육위원회 소송사건 이후 학습의 정치(Literacy of Racial Justice: The Politics of Learning after Brown v. Board of Education)』(2003), 『영어의 주식을 사들이다: 신자본주의자 세계에서 언어와 투자(Buying into English: Language and Investment in the New Capitalist World)』(2008)의 저자이며, 엘리자베스 도날드슨과 감정과 장애를 표현하는 것에 중점을 두고 『문학적, 문화적 장애학 저널(Journal of Literary and Cultural Disability Studies)』에서 초청 편집자로 활동하고 있다.

수 스미스(Sue Smith)

영국 레스터 대학교 지도교수, 2010년 레스터 대학교 박사학위 수료, 현재 1980년대 미국 문화 내 장애와 사이보그 군인의 표현을 작업하고 있다.

알렉스 탠가드(Alex Tankard)

영국 체스터 대학교 방문 강연자, 2010년 리버풀 대학교 박사학위 수료, 현재 1880년부터 독 홀리데이에서 묘사하는 장애와 남성-남성 친밀감 표현들에 대해 작업 중이다.

저자 소개

데이비드 볼트(David Bolt)

영국 리버풀 호프 대학교 부교수, 2004년 스태포드서 대학교 박사 수료,『시각 장애인의 대서사: 20세기 영어사용자적 집필 다시 읽기(The Metanarrative of Blindness: A Re-reading of Twentieth-century Anglophone Writing)』(2014) 의 저자이며, 줄리아 로다스, 엘리자베스 도날드슨과 함께『광녀와 장님: 제인 에어, 담론, 장애(The Madwoman and the Blindman: Jane Eyre, Discourse, Disability)』(2012)를 편집, 문화·장애연구 센터 임원; 문학적, 문화적 장애학 저널 편집장, 줄리아 로다스, 엘리자베스 도날드슨과 함께 장애문학연구 서적 시리즈 편집, 국제 장애문학·문화 전공자 네트워크 창립자이다.

역자 소개

전지혜(Jeon Jihye)

이 책을 번역한 이로, 현재 인천대학교 사회복지학과의 조교수로 재직 중이다. 장애인이며 연세대학교 사회복지학과에서 학사, 석사를 마쳤고, 미국의 일리 노이 주립대학교에서 장애학 박사를 받았다. 장애학을 한국에 알리기 위해 방 송, 강연, 연구 등 다양한 활동을 하고 있으며, 장애인 복지와 장애학을 연구하 고 있는 교수로서 후학 양성에 힘쏟고 있다.

장애 인문학

-장애에 대한 사회적 태도의 변화-

2018년 1월 5일 1판 1쇄 인쇄
2018년 1월 10일 1판 1쇄 발행

지은이 • David Bolt
옮긴이 • 전지혜
펴낸이 • 김진환
펴낸곳 • ㈜**학지사**

04031 서울특별시 마포구 양화로 15길 20 마인드월드빌딩
대표전화 • 02-330-5114   팩스 • 02-324-2345
등록번호 • 제313-2006-000265호

홈페이지 • http://www.hakjisa.co.kr
페이스북 • https://www.facebook.com/hakjisabook

ISBN 978-89-997-1439-9 93330

정가 15,000원

이 도서의 국립중앙도서관 출판시도서목록(CIP)은 서지정보유통지
원시스템 홈페이지(http://seoji.nl.go.kr)와 국가자료공동목록시스템
(http://www.nl.go.kr/kolisnet)에서 이용하실 수 있습니다.
(CIP 제어번호: CIP2017032351)

교육문화출판미디어그룹 학지사

심리검사연구소 **인싸이트** www.inpsyt.co.kr
원격교육연수원 **카운피아** www.counpia.com
학술논문서비스 **뉴논문** www.newnonmun.com
간호보건의학출판 **정담미디어** www.jdmpub.com